MONIKA GRUBER
Man muss das Kind im Dorf lassen

MONIKA GRUBER

Man muss das Kind im Dorf lassen

Meine furchtbar schöne Jugend auf dem Land

Piper München Zürich

Mehr über unsere Autoren und Bücher:
www.piper.de

Für meine Familie

MIX
Papier aus verantwortungsvollen Quellen
FSC® C014496

ISBN 978-3-492-05635-9
4. Auflage 2014
© Piper Verlag GmbH, München 2014
Abbildungen im Bildteil Seite 12/13: © Iberl-Bühne
Gesetzt aus der Adobe Garamond Pro
Satz: Greiner & Reichel, Köln
Litho: Lorenz & Zeller, Inning am Ammersee
Druck und Bindung: GGP Media GmbH, Pößneck
Printed in Germany

Inhalt

Einleitung   7

Heimat   11
Strawanzen   24
Erster Schultag   33
Paps   43
Die Mama, die Oma und Valentino   55
Familienbande   68
Das Häusl   85
Kirchgang   101
Der Jackl   110
Frauenfußball und der Kaba-Mann   117
Allein unter Brüdern   130
Der Flocki   137
Bauernhochzeiten   151
Der Häuslschleicha   174
Die armen Seelen   181
Ungeschriebene Gesetze des Landlebens   186
Nomen est omen   203
Servicewüste Gruber   213
Die Bühne   230

Ganz zum Schluss …   253

Einleitung

Ich wollte nie ein Buch schreiben. Ich hatte immer Angst davor, dass alle Leute denken: »Oh Gott, jetzt schreibt sie auch noch! Reicht es nicht, dass man die Gruber ständig in Bild und Ton vor der Nase hat, sie einem beim Anzapfen auf der Wiesn oder bei der Eröffnung einer Boutique für Swarovski-Hundehalsbänder entgegengrinst, muss es jetzt auch noch ihre Lebensgeschichte in gebundener Form sein?«

Sie müssen mir glauben: Ich wollte Ihnen wenigstens ein friedliches Refugium in der Buchhandlung Ihres Vertrauens lassen und Sie nicht mit meinem von einem Hardcover heruntergrinsenden Konterfei belästigen. Ich habe es versucht – und bin doch gescheitert. Und wer ist schuld? Unser Bildungssystem. Ha! Wie so oft! Aber nicht etwa das von allen verhasste G8 (ich bin ja noch ein langsamer G9-Trottel, der für alles mindestens ein Jahr länger gebraucht hat, auch fürs Abitur), sondern etwas konkreter das Gymnasium Erding, mein Heimatgymnasium also.

Das heißt, die Hauptschuld trifft eigentlich den Leiter der dortigen Bibliothek, Olaf Eberhard, denn er kam auf die grandiose Idee, anlässlich des 75-jährigen Schuljubiläums ein paar ehemalige Schüler zu bitten, einen kurzen Beitrag zur Festschrift zu verfassen. Leichtfertig – wie immer – sagte ich natürlich zu, ohne mir auch nur im Geringsten Gedanken zu machen, über was ich eigentlich zu schreiben gedenke, denn obwohl ich eine recht gute Schülerin war, gehörte der Besuch der Unterrichts weiß Gott (und meine Mama) nicht zu den

Top Five meiner Lieblingsbeschäftigungen. Dazu müssen Sie wissen, ich hatte eigentlich nur zwei Lieblingsbeschäftigungen, nämlich Fernsehen und Lesen, aber selbst wenn mir keine weiteren drei einfielen, gehörte die Schule ganz bestimmt nicht unter die ersten fünf! Also, was tat ich? Genau das, was ich immer tue, wenn etwas von mir verlangt wird, von dem ich noch nicht so genau weiß, wie ich es anpacken soll: Ich stellte mich tot! Tagelang antwortete ich nicht auf Telefonate, E-Mails und Briefe, vermied jegliche Lebenszeichen, bis irgendwann – das Schuljubiläum war in bedrohliche Nähe gerückt – ein notrufähnlicher Anruf von Herrn Eberhard kam: »Leben tust aber schon noch?«

Na klar lebte ich! Was aber noch nicht hieß, dass ich auch nur den Schimmer einer Ahnung hatte, worüber ich schreiben könnte: meine Vorliebe für die saftigen Nussecken am Pausenstand unseres Hausmeisters, die ich besonders liebte, weil sie eine außergewöhnlich dicke Schokoglasur hatten? Zu profan. Meine damalige Panik vor dem berüchtigten Ausfragen an der Tafel und dem damit verbundenen Sprechen vor der ganzen Klasse? Ha, das glaubt mir doch kein Schwein! Die Tatsache, dass ich heute noch ab und zu aufwache und denke: »Hilfe, ich habe meine Lateinvokabeln nicht gelernt! Und warum war ich wieder mal zu faul zum Klavierüben?« Zu langweilig. Meine langjährige Schwärmerei für meinen Mitschüler Florian Nickisch? Zu peinlich. Für mich. Und die Familie von Florian Nickisch, weil ich ja noch auf dem Abiturfoto aussah, wie die blasse, kurzsichtige Anwärterin auf den Titel »Erdings erste Strickkönigin im Bereich Kratzpullover aus Mohair und Angora«!

Nein, nein, nein, ein anderes Thema musste her. Aber an was erinnerte ich mich wirklich noch ganz genau? Den Geruch der Aula, klar: diese eigene Mischung aus Desinfektionsmitteln, jahrzehntelangem Pubertätshormondunst, Zitronentee aus dem Automaten und Salami-Semmeln. Manche Lehrer, natürlich! Allen voran Herr Hilburger, aber dazu später mehr. Und natürlich: Der allererste Schultag am Gymnasium!

Diese Mischung aus Nervosität, Angst vor den neuen Mitschülern, den Lehrern, dem Unterrichtsstoff und dem Gefühl, dass ich völlig unpassend gekleidet war, in einem schwarz-roten Dirndl mit blauer Schürze, weißen Kniestrümpfen mit einem orange und grasgrünen Schweinslederschulranzen auf dem angstschweißnassen Rücken. So wurde ich von meinen Eltern, genauer gesagt von meinem Vater, in das Schulgebäude geschickt. Allein. Er setzte mich nur ab, kam aber nicht mit hinein, da er noch sein Stallgewand anhatte und seine Arbeit nur kurz unterbrochen hatte, um mich von Tittenkofen nach Erding zu fahren.

Und dieses Gefühl werde ich nicht vergessen: Vorfreude und Angst gepaart mit der Einsicht, dass ich in den wichtigsten Situationen des Lebens immer allein sein würde. Also fing ich an zu schreiben. Die Vorgabe war laut Herrn Eberhard: »Eine Din-A-4-Seit'n reicht.« Ich schrieb und schrieb und war plötzlich bei acht Seiten! Puh, viel zu lang. Also kürzte ich auf vier Seiten herunter. Mehr ging nicht, ohne die Geschichte zu ruinieren. Ich rief Herrn Eberhard an und sagte: »Jetzt san's vier Seiten, aber ich kann nix dafür. Lests es halt durch und kürzt selber, wo Ihr meints!«

Eine halbe Stunde später rief er mich zurück und meinte nur: »Des lass' ma so. Den Kollegen gefällt's.«

Und am selben Tag fing ich an, weitere Erinnerungen an meine Kindheit, meine Familie, an frühere Dorfbewohner und kleine Anekdoten, an die ich mich noch erinnern konnte, aufzuschreiben. Eben Erinnerungen an meine furchtbar schöne, durch und durch bäuerlich geprägte Kindheit auf dem Land. Für mich. Und vielleicht noch für meine Familie. Eventuell Freunde. Und später für meine Nichten und Neffen, falls man dann noch liest. Aber vielleicht mietet man sich dann ja kleine, chinesische Austauschschüler, die einem das Buch vorlesen und als Gegenleistung bayerische Vokabeln gelehrt werden wie zum Beispiel: »Do waars oiwei a so.« Oder: »Do daad a mia fei aa stinga!« Der Unterschied zum Chinesischen ist gar nicht so gravierend, wenn man schnell spricht.

Ich weiß natürlich nicht, ob das Buch Ihnen als quasi völlig Unbeteiligtem gefallen wird. Ich weiß nur, es hat sich alles so zugetragen, auch wenn ich manchmal den ein oder anderen Namen verfremdet oder das eine oder andere Detail weggelassen oder entschärft habe, um niemanden zu brüskieren oder gar zu verletzen. Denn so ein persönliches Buch sollte doch den meisten, die sich darin wiederfinden – meinen Eltern, meinen Brüdern, unseren Nachbarn wie der Königseder Rosa und der Blumoser Liesi, den restlichen Tittenkofenern, Verwandten, Bekannten und allen darin Erwähnten – eine Freude machen, denn es ist weitgehend als Hommage und als Zeichen meiner Wertschätzung gedacht. Und auch als kleines Loblied an dörflichen und nachbarschaftlichen Zusammenhalt und an Werte wie Freundschaft, Aufrichtigkeit und Anstand. Hoffentlich geraten sie nicht ganz in Vergessenheit. Amen.

Heimat

Heimat ist für mich ein bissl Landschaft, viel Geruch und wenig Gred. Heimat ist natürlich noch viel, viel mehr, aber wenn ich das, was ich persönlich damit verbinde, in einem Satz zusammenfassen müsste, dann würden diese Schlagwörter übrig bleiben: ein bissl Landschaft, viel Geruch, beziehungsweise Gerüche, und wenig gesprochene Worte.

Die Landschaft ist natürlich schon ein ganz wesentlicher Teil des Heimatgefühls, aber wenn man vom Bauernhof stammt, dann schaut man sich nicht ständig die Landschaft an. Der Regisseur Franz Xaver Bogner hat einmal zu mir gesagt: »Der Bauer schaut sich die Landschaft um ihn herum nicht an, der Bauer *ist* die Landschaft.«

Wenn man in der Stadt aufgewachsen ist, dann ist es verständlich, dass man sich gern im Grünen aufhält, die Natur bewundert. Dass man sonntags an den Tegernsee fährt oder nach Garmisch, eine kleine Bergwanderung unternimmt und schließlich, irgendwo vor einer Hütte sitzend, auf die bayerischen Berge schaut und zwischen zwei Brocken saurem Presssack vor sich hin seufzt: »Mei, is' scho schee, unser Bayern, gell.«

Aber als wir Kinder klein waren, ist mein Vater mit uns selten ins Grüne gefahren, weil: Wozu soll man sich in den wenigen Stunden zwischen Mittagessen und dem Zeitpunkt, wenn man wieder zur Stallarbeit daheim sein muss, ausgerechnet das anschauen, was man sechs Tage die Woche sowieso vor der Nase hat. Deshalb fuhr mein Vater mit uns regelmäßig in die

Stadt oder vielmehr durch die Stadt. Nach der Nachspeise – sonntags gab es nämlich immer eine Ananas-Quark- oder eine Schwarzwälder-Kirsch-Creme – hat er uns drei Kinder und die Mama in seinen distelgrünen 190er Mercedes Einspritzer geschlichtet und uns kreuz und quer durch München geschaukelt, ohne auch nur einmal anzuhalten. Und wir Kinder starrten mit offenen Mündern auf die Sehenswürdigkeiten dieser großen, großen Stadt mit den vielen, vielen Menschen, die alle Fahrrad fuhren. Bei uns auf dem Land fuhren nur alte Weiber mit Kopftüchern und Kinder mit dem Radl. Die Erwachsenen waren entweder mit landwirtschaftlichen Gefährten oder mit dem Auto unterwegs. Auf ein Dorffest oder in den Biergarten, da fuhr man schon mal mit dem Radl hin, allein schon deshalb, weil man damals noch betrunken wieder heimfahren durfte, ohne gleich auf einen schweren geistigen Defekt untersucht und für den Rest seines Lebens schikaniert zu werden.

Manchmal machten wir auch sonntags eine kleine Runde mit unseren Fahrrädern über die Felder, weil der Babba schauen wollte, »wie die Gerstn steht und ob in die Zuckerrüben ned an Haufen Disteln drin san«. Aber vormittags, in die Kirche, die nur zwei Kilometer entfernt war, da fuhr man mit dem Auto, schließlich wollte man weder die frisch geföhnte Frisur noch das schöne Feiertagsgewand ramponieren.

In München dagegen fuhr anscheinend *jeder* mit dem Fahrrad. Zumindest am Sonntag. Die Autofahrer stammten allesamt aus dem Umland wie wir. Hauptsächlich sah man folgende Autonummern, für die wir Kinder uns die passenden Ausschreibungen ausdachten: FFB (Fünf Flaschen Bier), DAH (Die Amsel hustet), GAP (Ganz arme Penner), EBE (Ein bisserl Einbahnstraße). Mein Vater schuckelte die Leopoldstraße hinunter, vorbei an Eisdielen, Cafés und Bars mit coolen Namen in Richtung Siegestor und Universität, über die er fast ein wenig feierlich sagte: »Da gehen nur die ganz Gscheiden hin, die Gstudierten!« Sowohl das mächtige Gebäude mit dem gewaltigen Brunnen davor als auch die Tatsache, dass es in München unfassbar viele »gscheide Leut'« geben musste, imponierten uns mächtig. Dann weiter in die Brienner Straße mit dem Nymphenburger-Porzellan-Geschäft (»Kinder, da wenns ihr an Teller zammhauts, der kost' so viel wie unser Bulldog!«), mit ihren feinen Läden und Kunstgalerien in Richtung Königsplatz, wo der Babba nur meinte: »Des hat alles der Hitler gebaut.« Aha. Bei uns auf dem Hof baute immer alles der Käsmaier Erich aus Thalheim, aber der hatte eh schon so viel Arbeit, und München war auch ganz schön weit weg, sodass die Münchner eben andere Baufirmen hatten, zum Beispiel diese Firma Hitler.

Wenn wir auf der Donnersberger Brücke waren, fuhr er immer ein bisschen langsamer, damit wir sehen konnten, wie die Züge in den Hauptbahnhof ein- und ausfuhren: »Kinder, schauts die langen Züge an!« Und wir taten, wie uns befohlen, denn es konnte nicht mehr lange dauern, und unsere Geduld würde vielleicht mit einem Eis belohnt werden.

Wenn wir die Maximilianstraße mit ihren Luxusgeschäften fast im Schritttempo entlangkrochen (und dabei ständig von den Taxlern angehupt wurden, wovon sich mein Vater überhaupt nicht aus der Ruhe bringen ließ), damit wir besser in die Schaufenster der edlen Geschäfte schauen konnten, dann meinte der Babba nur: »Des is' nur was für die ganz Noblen, so wie die Oper vorn. Des is' nur was für feine Leut'.« Damit war klar: Das war alles nichts für uns, aber anschauen durfte man die prachtvollen, beleuchteten Auslagen und die luxuriösen Autos, die vor dem Hotel Vier Jahreszeiten parkten, auch wenn man nicht zu den feinen Leuten gehörte.

Während also die Stadtbevölkerung am Wochenende aufs Land fuhr, um Seen, Berge und Almhütten zu bestaunen, brachen wir Kinder beim Anblick der Münchner Großmarkthalle und des Schlachthofes in begeisterte »Ahs« und »Uhs« aus, bevor wir dann schlussendlich vor der Heimfahrt in irgendeinem Gasthof einkehrten. Bevor wir über die Schwelle des Wirtshauses traten, stellte die Mama kurz sicher, dass sie sich mit uns nicht würde blamieren müssen: »Gell, und ihr seids brav und sagts schön Grüß Gott, bitte und danke, weil sonst bleibts das nächste Mal daheim!« Da diese Ausflüge eher selten waren und wir Kinder uns die Chance auf Würschtl mit Pommes *und* danach ein Eis nicht verbauen wollten, hockten wir brav und schweigsam auf unserem Hosenboden, und wenn wir die Mama etwas fragen wollten, dann flüsterten wir ihr das ins Ohr.

Einmal schüttete mein Bruder Seppi aus Versehen sein Limo über die Tischdecke und war darüber so bestürzt, dass er sofort zu weinen anfing und erst durch die tröstenden Worte unserer Mama zu beruhigen war. Wahrscheinlich hatte er Angst, dass Kinder, die sich so schlecht benehmen, erst aus dem Lokal geworfen und anschließend zur Adoption freigegeben würden.

Viele Jahre später, als ich immer am Sonntagmittag beim Alten Wirt in Goldach kellnerte und junge Mütter mit ihren Monsterkinderwägen den Kücheneingang blockierten und stolz schweigend ihren Ablegern dabei zuschauten, wie diese sich gegenseitig am Tisch mit Spätzle bewarfen oder zwischen den Tischen Fangen spielten, dachte ich oft daran zurück, wie die Leute früher ihre Kinder erzogen hatten. Ich habe einmal in einem meiner Programme gesagt, dass ich nach solchen Kellnertagen heimfuhr und eine ganze Schachtel Antibabypillen auf einen Sitz auffraß. Das war natürlich eine gnadenlose Übertreibung um eines billigen Lachers willen, aber unsere Eltern hätten eben auch nie zugelassen, dass wir Kinder uns so aufführten. Und dazu mussten sie nicht einmal die Stimme heben, es genügte schon, wenn meine Mutter lediglich die linke Augenbraue leicht hob, dann wussten wir genau: »Au weh, jetzt heißt's brav sein!«

Außerdem mussten wir allein deshalb schon still sein, weil sich meine Eltern in der knapp bemessenen Freizeit, die sie hatten, unterhalten wollten. Miteinander. Nicht mit uns. Uns störte das aber nicht weiter, denn wir waren mit dem Festessen beschäftigt, das es daheim nie gab: Pommes, die wir mit den Fingern essen durften, weil es dann leichter war, den glibberigen Ketchup so zu balancieren, dass er im Mund und nicht auf dem Feiertagsgewand oder der Tischdecke landete.

Und wenn wir dann nach der Brotzeit aus München hinausfuhren, durch die flache, spärlich bewaldete Landschaft des Erdinger Moos, und uns schließlich dem Ortsschild von Tittenkofen näherten, von wo aus man bereits die hügeligen Ausläufer des Holzlandes erkennen konnte, dann stellte sich immer unmittelbar – spätestens, wenn wir bei uns durch die Hofeinfahrt fuhren – das wohlige Gefühl des Heimkommens ein. Und fast jedes Mal, wenn meine Mama in der Garage aus dem Auto stieg, sagte sie seufzend: »Mei, auf d'Nacht is' ma einfach froh, wenn ma wieder heimkommt!« Vier Stunden waren ja auch ein ziemlich langer Ausflug.

Aber tatsächlich verbinde ich den Begriff Heimat in erster Linie mit Gerüchen, den Gerüchen meiner Kindheit: dem Duft von fast trockenem Heu, das in der flirrend heißen Sommerluft gewendet wird, von herbstlichen Maisfeldern, die gerade abgedroschen werden … irgendwie leicht grasig-säuerlich, aber auch satt und sonnengereift. Und dazu die letzten Herbststrahlen einer späten Nachmittagssonne, die nicht mehr so recht Kraft hat und bald der stechend kühlen Novemberluft und dem über Wochen undurchdringlichen Nebel des Erdinger Moos weichen wird. Der ganz spezielle Geruch unseres Hausflurs daheim (der »Flez«) erinnert mich sofort an die Spiele unserer Kindheit, als mein Bruder seine dreckigen Spielzeugtraktoren mit Anhänger voller Maiskolben, Sämaschinen und überhaupt sein ganzes Glump in unserer Flez vor dem angekündigten Regen in Sicherheit brachte, sodass man sich trotz der stattlichen Größe unseres Hausflurs kaum noch umdrehen konnte, ohne über einen Pflug oder ein halb mit Regenwasser gefülltes Odelfassl zu stolpern.

Der Geruch in der Küche meiner Mutter, der ganz eigen war und vor allem appetitanregend. Dieser Duft lässt einen sofort hungrig werden, wenn man von der Flez aus in die Küche kommt, denn die Luft duftet immer so, als sei sie mit einem Hauch von Butterschmalz und Puderzucker und einer leichten Bratensoßennote versetzt.

Der Geruch von Wäsche, die auf der Leine an der frischen Luft getrocknet worden ist. Dieser Geruch ist mit nichts auf der Welt zu vergleichen. Vor allem, wenn die Mama vergessen hat, dass der Babba auf dem Feld nebenan Gülle gefahren hat, sodass die ganze Wäsche nach Odel roch und in der Schule wieder keiner neben mir sitzen wollte ... ah, ich sage es Ihnen: unvergleichlich!

Und dass Heimat wenig Gred bedeutet, heißt nicht, dass es wenig Klatsch und Tratsch gibt. Um Gottes willen: Klatsch hält die Gesellschaft zusammen wie die Mehlschwitze die Soße in einer Betriebskantine. Der Bayer redet ja in der Regel eher wenig – Barbara Schöneberger, mein Vater und ich sind die großen Ausnahmen –, aber mit diesem wenigen ist alles gesagt.

In einer meiner Münchner Lieblingsgaststätten, Beim Sedlmayr, habe ich einmal folgende Szene beobachtet: Ein junger Kerl Anfang dreißig, Typ Investment-Hedgefonds-Wealth-Manager-Banker im gut geschnittenen Anzug mit dunkler Krawatte und mit Sonnenbrille im Haar, kommt lässig in das Lokal gewackelt. Seine Lässigkeit verfliegt allerdings sogleich, als er sich umsieht und feststellt, dass im ganzen Lokal nur noch ein Stuhl frei ist: an einem Tisch, an dem sechs waschechte Münchner Mannsbilder (also kein Trachtenanzug) im Alter von Ende sechzig bis Mitte siebzig hocken. Die gut gelaunten Herren benehmen sich so, wie man sich an einem Ort benimmt, der einem sehr vertraut ist: eben mit einer natürlichen Entspanntheit. Man ist so ungefähr beim zweiten Weizen, bevor man sich später eine kleine Portion Tellerfleisch oder saure Kalbsnieren zu Gemüte führen wird. Es wird gelacht, geflachst und ein bissl mit der Bedienung geschäkert. Als die Geltube auf zwei Beinen an den Tisch tritt, wird es auf einen Schlag ruhig. Nicht, weil man dem Typen sofort ansieht, dass es sich hierbei um eine im München häufig auftretende ganz besondere Art der Gattung »VIP«, also »Very Impertinent Preißndepp« handelt, sondern weil er einen der gröbsten Kardinalfehler begeht, den man in einem Münchner Wirtshaus machen kann: Er nähert sich einem bereits besetzten Tisch und fällt gleich mit der Frage »Ist hier noch frei?«, also quasi mit der Tür ins Haus, ohne das Gespräch mit einem »Grüß Gott« oder zumindest mit einem »Guten Tag« (weil Preiß) in friedliches Gewässer zu lenken. Da die Herren lediglich mit einem kaum als Worte zu deutenden Brummen antworten, setzt sich der Schnösel schließlich und beginnt sofort seine Handykollektion in eine für ihn logische Position zu bringen, während er mit der freien Hand nach der Bedienung schnippt und durch das ganze Lokal »Fräulein!« plärrt. Zweiter Kardinalfehler. Keine Bedienung – und sei sie noch so jungfräulich – möchte von irgendeinem Gast »Fräulein« genannt werden. Wenn man schon meint, nicht warten zu können, bis die Servicekraft von selbst an den Tisch kommt, dann macht man sie höchstens mit einem »Entschuldigung« oder »Entschuldigung bitte, (derfad i was bstell'n)?« auf sich aufmerksam.

Aber wer schon einmal Gast im Sedlmayr war, der weiß, dass man sich um die Servicedamen dort keine Sorgen machen muss: Sie sind allesamt in der Lage, *jedem* Gast Paroli zu bieten ... ob es sich nun um einen besoffenen Randalierer handelt, einen alten Gschaftlhuber oder halt einen jungen Preiß. Die Bedienung, die sofort erkannte, dass sie da ein ganz besonders wichtiges Gscheidhaferl (Besserwisser) vor sich hat, lässt ihn extra lange warten, bevor sie an den Tisch kommt und fragt: »Was'n kriagn ma denn, der Herr?«

Der schon leicht ungeduldige, weil wahrscheinlich unter Zeitdruck stehende Businessman schießt wie ein Maschinengewehr seine Bestellung ab: »Einen kleinen Schweinebraten und ein kleines Radler, aber mit alkoholfreiem Bier und zuckerfreiem Sprite!«

Au weh. Dritter Kardinalfehler: ein kleines Radler mit alkoholfreiem Bier und zuckerfreiem Zitronenlimo, da gibt es vonseiten der Münchner Mannsbilder nur ein kurzes Augenbrauenzucken, vereinzelt Geschmunzel, während die Bedienung im Abgehen zurückblafft: »Alkoholfreies Radler hamma ned, weil mir 's Bier aus der Flaschen ausschenken, und da müssat ja ich den Rest von der Halbe saufen, und ich muss ja noch fahren, gell. Und ein zuckerfreies Gracherl hamma aa ned, weil des is ja a bayerische Wirtschaft und kein Müttergenesungswerk.« Im Gang zur Bonkasse plärrt sie dem grinsenden Schankkellner zu: »A kleins Radler für Herrn Doktor.« Und in die Küche ruft sie laut: »Und an Seniorenschweinsbrat'n.«

Der Schnösel ist kurz geplättet, vermutlich weil er einen Teil der Antwort rein sprachlich nicht verstanden hat. Dafür hatten es alle anderen Gäste im Lokal mitbekommen. Kurze Zeit später bringt ihm die Bedienung ein kleines Radler und eine kleine Portion Schweinsbraten. Die Mahlzeit ist recht übersichtlich und daher gleich verzehrt, und sie schmeckt ihm offensichtlich auch gut. Zufrieden wirft der Schnösel die Serviette auf den Teller, ruft: »Fräulein, zahlen!« und fängt an, seine Geldbörse nach der passenden Kreditkarte abzusuchen. Als er die Golden Amex mit einem leisen Schnalzer auf die Tischplatte gleiten lässt – natürlich nicht, ohne zu schauen, ob jeder am Tisch das Objekt kaufsüchtiger Begierde auch erspäht hatte –, meint die Bedienung wiederum recht laut: »Karten nehmen wir keine, nur Bares ist Wahres. Neunachtzig wären's dann!«

Das ist des Guten zu viel. Der Hedgefonds-Mensch holt kurz Luft und beginnt sich aufzuplustern wie eine von Mamas Puten, die man mit lauten Pfeifgeräuschen geärgert hat: »Also, das ist doch wohl nicht Ihr Ernst? Auf der ganzen Welt zahle ich mit meinem guten Namen, nur in Bayern lebt man offensichtlich trotz Laptop und Lederhos'n noch hinter dem Mond! Das ist ja wohl eine Unverschämtheit, einen Gast so zu brüskieren. Sie sollten lernen, etwas mehr mit der Zeit zu gehen, sonst bleibt Ihnen irgendwann einmal die Kundschaft weg!« Während er der Bedienung einen Zehner hinwirft, so wie man sonst einem Hund seinen Knochen zuwirft, blickt er, um Zustimmung heischend, in die Runde der schweigsamen Herren, die ihn nur anschauen. Kein Wort wird gesprochen. Unter weiterem Gezeter und Gefluche verlässt er schließlich das Lokal. Die Münchner Herren an dem Tisch schauen sich nur kopfschüttelnd an, und ein Herr mit einer sehr sonoren dunklen Stimme brummt unter seinem Schnauzbart hervor: »Der ander!«

Sonst nichts. Nur: »Der ander!« In diesen beiden Worten steckt alle Verachtung und Geringschätzung, die man für so ein Gewächs aufbringen sollte. Nicht mehr und nicht weniger.

Aber der Bayer braucht eben oft nicht viele Worte, um die Situation auf den Punkt zu bringen.

Einmal, als ich weinend von unserem Erdinger Wald-und-Wiesen-Friseur heimkam, weil er mir eine astreine Ich-bin-das-bayerische-Double-von-Mireille-Matthieu-Frisur verpasst hatte, meinte mein Babba nur: »Wein' ned, wachst ja wieder!« Ich muss nicht extra dazusagen, dass ich diesen Satz in meiner Jugend nicht nur einmal gehört habe.

Wenn wir uns als Kinder wehgetan hatten, weil es uns mit dem Radl wieder mal gescheit zerlegt hatte oder weil wir von irgendeinem Baum, Heustock oder Schuppendach gefallen waren, klatschte unsere Mama immer Wund- und Heilsalbe und ein großes Pflaster auf die Stelle und meinte dazu: »Bis d' heiratst, vergehts scho wieder!«

Auch bei der Kindererziehung vermeidet der Bayer lange Vorträge und beschränkt sich auf kurze Kommandos:

»Wenn man was gschenkt kriegt, sagt ma danke!«

»In der Öffentlichkeit tut ma ned Nasenbohren!«

»Wenn Erwachsene reden, dann san die Kinder staad (still)!«

»In einem Geschäft darf ma nix anlangen. Das Eis wird draußen gegessen!«

»Sag schön Grüß Gott!« Diesen Satz habe ich so oft gehört, dass mir das Grüßen in Fleisch und Blut überging und ich irgendwann anfing, prophylaktisch einfach jeden zu grüßen. Auch in München, wenn wir einmal im Jahr zum Viktualienmarkt fuhren. Irgendwann meinte eine fremde alte Dame mal zu mir, die offensichtlich merkte, dass ich vom Land war: »Mädi, mir sind in der Stadt, da braucht man nicht jeden zu grüßen.«

Auch bei Autofahrten gab es klare Anweisungen: »Im Auto wird ned gegessen!«

Und bei längeren Autofahrten hieß es immer: »Kinder, wenns ihr spucken müssts, dann sagts es!«

Es gab eigentlich nie längere Autofahrten in meiner Kindheit – bis auf die seltenen Ausflüge nach München, und jedes Vierteljahr besuchte meine Mutter mit unserer Tante Anneliese ihre dritte Schwester, also unsere Tante Ottilie. Tante Ottil, wie wir sie nannten, lebte mit dem Onkel Ludwig in einem kleinen Dorf in der Nähe von Wasserburg, reine Fahrtzeit von uns aus circa eine Stunde und fünfzehn Minuten. Eine Weltreise also. Und es wurde dabei regelmäßig einem von uns Kindern schlecht. Also entweder einem meiner Brüder oder mir. Oder halt einem meiner zwei Cousins oder meiner Cousine. Die fuhren alle mit. Damals konnte man nämlich noch sechs Kinder auf die Rückbank pferchen, ohne dafür ins Gefängnis zu wandern.

Nachdem es nachmittags schon Kaffee und reichlich Kuchen gegeben hatte, gab es noch eine kräftige Brotzeit, bevor wir uns auf den Heimweg machten. Und wer beim Budapester Fleischsalat am kräftigsten zugelangt hatte, der hatte ganz schlechte Karten, es heil bis nach Tittenkofen zu schaffen. Deshalb ermahnten uns entweder meine Mama oder die Tante Anneliese – je nachdem, wer fuhr – beim Losfahren: »Gell, Kinder, wenns speim müssts, sagts es.« Nur diesen einen Satz. Es wurden nicht etwa Vorkehrungen getroffen, um das drohende, unvermeidbare Unheil etwas abzufedern, denn man hätte ja zum Beispiel die Rücksitze gleich mit einem alten Leintuch abdecken oder uns Plastiktüten (»Speibsackerl«) in die Hand drücken können. Man hätte uns leere Rama-Schüsselchen als mögliche Auffangbehälter geben können, so wie es die Eltern meiner Freundin Gabi machten, wenn sie in ihrem kleinen Simca mit drei Kindern von Hallbergmoos nach Spanien aufbrachen. Aber Tante Anneliese und meine Mutter dachten wohl, dass man mit Gottvertrauen und genügend Rei-Schaum im Gepäck nicht schon vorher in unnötige Hysterie ausbrechen müsse. Eine klare Ansage müsste genügen: »Wenns speim müssts, dann sagts es!« Das tat derjenige, der dran war, auch immer brav. Exakt eine halbe Sekunde, bevor sich ein Strahl von Fleisch- und Eiersalat, gemischt mit Butterkekskuchen, in den Fond des Wagens und meist auch auf die anderen Kinder ergoss. Mein Cousin Thomas schaffte es einmal genau in der letzten Kurve vor unserer Hofeinfahrt, uns seine Salamibrote noch einmal zur Besichtigung zur Verfügung zu stellen. Aber solch eine Sauerei brachte pragmatische, krisenerprobte bayerische Mütter wie die Mama oder Tante Anneliese nie ins Wanken, sondern sie meinten einfach nur cool: »Das nächste Mal sagst es eher, gell!« Ein Satz, der bestimmt in Bayern im Zusammenhang mit dem Thema natürliche Empfängnisverhütung schon oft zur Anwendung gekommen ist.

Auch bei Liebeserklärungen liebt der Bayer die Knappheit. Ich habe mal vor vielen Jahren einem gestandenen Bayern eine wortreiche, (aus meiner Sicht) romantische Liebeserklärung gemacht, worauf dieser Kerl mich ganz lässig anschaute – ohne auch nur eine Miene zu verziehen – und meinte: »A so glei, ha?« (Übersetzung: »Du hegst wirklich solch dramatische Gefühle für mich? Da bin jetzt aber einigermaßen überrascht und durchaus angetan, und ich möchte dir hiermit feierlich mitteilen: ›Ja, ich liebe dich auch!‹«)

In ganz jungen Jahren hat mir mal in unserer Erdinger In-Disco, dem Pascha, ein junger Mann, den ich schon seit Längerem unter Beobachtung hatte, selbstbewusst sein Interesse mit den dürren Worten bekundet: »Also, i daad scho mögen!« Angesichts von so viel charmantem Wortwitz und rotziger Poesie habe ich auf der Stelle die Flucht ergriffen und mir die nächsten drei Stunden auf der Tanzfläche den Frust von der Seele gezappelt.

Wenn der Bayer irgendetwas völlig Außergewöhnliches, Unglaubliches erfährt, wird er seine ganze Emotionspalette zusammenkratzen und mit großen Augen ausrufen: »Geh!« oder »Ha?!« oder »Spinnst!« oder auch »Sachen gibt's!«

Gefühlsbekundungen im Allgemeinen sind dem Bayern eben eher peinlich, und er wird in der Regel immer versuchen, das Thema schnell abzuhaken, um sich Interessanterem zuzuwenden, wie zum Beispiel dem (Lokal-)Fußball, dem Wetter oder den völlig überzogenen Getränkepreisen in Münchner Lokalen. Fragt man einen Bayern, wie es ihm geht, kommen meist folgende Antworten: »Guad.« (Bedeutet: »Gut.«)

»Es geht.« (Bedeutet: »Irgendwas ist ja immer.«)

»Passt scho.« Oder wahlweise nur: »Passt.« (Bedeutet: »Worüber soll ich anfangen, mich zu beklagen, Bandscheibe, Ehe oder Finanzen?«)

»Muass ja.« (Bedeutet: »Es geht mir beschissen, aber ich werde den Teufel tun und dir die ganzen furchtbaren Details auf die Nase zu binden, weil ich sonst wahrscheinlich zu weinen anfangen und drei Tage nicht mehr aufhören würde.«)

Erwischt man einen sehr gesprächigen Tag, dann wird er nach »Guad« noch fröhlich hinzufügen: »Schlechte Leut' geht's immer guad!«

Der Ausdruck »Passt scho« wird vom Bayern übrigens in fast allen Bereichen des Lebens angewendet, weil dadurch detailliertere Erläuterungen abgeblockt werden und den Beteiligten oft viel Unangenehmes, gerade in Beziehungen, erspart bleibt. Fragen, auf die ein männlicher Bayer seiner Freundin, Gattin oder Lebenskurzzeitabschnittsgefährten häufig mit »Passt scho« antworten wird, sind unter anderem:

»Hasi, wie gefällt dir mein neues Kleid/meine neue Frisur/meine neue Nase?«

»Schatzi, liebst du mich auch?«

»Schneckerle, möchtest du von meinem Tofu-Schnitzel probieren?«

»Stinkerle, du sollst nicht so viel Augustiner trinken, möchtest du nicht doch lieber einen Hugo?«

»Schnuffi, möchtest du nicht doch in den Geburtsvorbereitungskurs mitgehen?«

»Schnacki, willst du nicht doch mit der Susi, der Tini, der Isi und mir zum David-Garrett-Konzert mitgehen?«

»Spatzerl, du bist ganz sicher, dass dir beim Formel-1-Rennen in Monte Carlo mit dem Tschako, dem Stevie und dem Fatso nicht langweilig wird ohne mich?«

Die Liste ließe sich beliebig lange fortsetzen.

Diese Reduktion der Sprache auf das Wesentliche ist das, was ich oft vermisse, wenn ich längere Zeit von daheim weg war. Noch heute, wenn ich aus dem Urlaub zurückkomme und bei meinen Eltern vorbeischaue, gibt es keinen großen Bahnhof à la: »Endlich bist wieder da! Schön! Hast an guten Flug ghabt? Bist müd? Magst was essen? Erzähl, wie war's? Was hast alles gseng? Was hast erlebt? Wen hast kennengelernt? Wie war das Hotel? Das Essen? Der Strand? Das Land? Erzähl halt was, oder muss man dir alles aus der Nase ziehen?!?« Ich habe mir von Freunden, die zwar allesamt Bayern, aber nicht auf dem Land aufgewachsen sind, erzählen lassen, dass sich manche Eltern bei der Rückkehr ihrer Kinder aus einem einwöchigen Mallorca-Urlaub so aufführen.

Ich war irgendwann drei Wochen in Amerika, und als ich nach insgesamt vier Wochen Absenz – ohne zwischendurch angerufen zu haben – bei meinen Eltern in die Küche kam, meinte meine Mutter leise lächelnd: »So, bist aa wieder da?« Und da war ich angekommen. Daheim.

Strawanzen

Da ich das erste von drei Geschwistern war – ich habe noch zwei jüngere Brüder – und ich erst im Alter von vier Jahren in den Kindergarten kam, waren lange Zeit meine einzigen Bezugspersonen meine Eltern und meine Oma väterlicherseits mitsamt dem Großonkel Miche, die beide bei uns auf dem Hof lebten. Aus diesem Grund war mir anscheinend bereits als Zweijährige oft ziemlich langweilig, denn ich bin fast täglich stundenweise »Gassi gegangen«, wie meine Mutter es auszudrücken pflegte. Meine bevorzugte Anlaufstation waren unsere Nachbarn, die Familie Königseder, die in einem kleinen Spitzhäusl auf der anderen Seite der Straße lebten. Es gab keine anderen direkten Nachbarn außer der Familie Franz, die nicht nur neben den Königseders wohnten, sondern auch noch verwandt mit ihnen waren (die beiden Frauen, Mari Franz und Rosa Königseder, waren Schwestern). Sie hatten aber nur einen viel älteren Sohn, den Fredi. Außerdem hatte die wunderbar großherzige und großzügige Rosa Königseder drei Kinder, die immer mit mir spielten, auch wenn sie ein gutes Stück älter waren als ich: Roswitha, die Älteste, dann den zwei Jahre jüngeren Seppi und meinen absoluten Liebling der Familie, das Nesthäkchen Konrad, der von allen nur liebevoll »Koni« genannt wurde. Deshalb nannte ich die Rosa auch nie Rosa, sondern von klein auf immer nur Koni-Mama, weil sie ja die Mama vom Koni war, logisch.

Natürlich gab es auch einen Vater Königseder, aber der Ludwig redete nur wenig, weil er sich ausruhen musste, er stand nämlich jeden Tag sehr früh auf, um seiner Frau beim Zeitungsaustragen zu helfen, und dann fuhr er in die Erdinger Stiftungsbrauerei, wo er als Bierfahrer arbeitete. Und zu der damaligen Zeit war es noch üblich, dass die Bierfahrer in den Wirtschaften, zu denen sie das Bier lieferten, eine Brotzeit einnahmen oder einfach nur eine sogenannte Stehhalbe. Und wenn man auf einer Tour mehrere gastfreundliche Wirte hintereinander hatte, da konnten bis zum Feierabend schon ein paar Halbe zusammenkommen. Das heißt, wenn Ludwig Königseder nach einem langen Tag nach Hause kam, dann setzte er sich – wenn das Wetter es zuließ – meist in Unterhemd und Hose auf die kleine Bank an der Nordseite des Hauses, um sich zu entspannen oder – wie meine Mutter immer sagte – »ein bissl auszudampfln«, während er den zwei Familienschildkröten beim Fressen zuschaute.

Denn Königseders hatten vor dem Haus ein kleines selbst gezimmertes Freigehege aus Holz für ihre beiden Haustiere. Wir Kinder hatten selber ja nur Katzen als Haustiere, deshalb übten die Schildkröten mit ihren Zeitlupenbewegungen und ihrem steinharten glänzenden Panzer immer eine besondere Faszination auf uns auf. Jedes Mal, wenn wir sie besuchen gingen, baten wir unsere Mutter um ein paar Salatblätter, um dabei zuzuschauen, wie die Schildkröten langsam ihren schuppigen, runzligen Minidinosaurierkopf aus dem Panzer schoben, sich in Richtung des Blattes hievten und ihre Kieferleisten in die Blätter schlugen. Manchmal nahmen wir sie auch aus dem Gehege heraus, wir wurden allerdings immer von Rosa gewarnt, dass wir sie nicht aus den Augen lassen dürften, denn – so langsam sie auch zu sein schienen – wenn man ein paar Minuten nicht Obacht gab, dann konnte es passieren, dass die Schildkröte unter den Sträuchern verschwand, und durch ihre gute farbliche Tarnung konnte sich die Sucherei dann etwas hinziehen. Denn ihren Namen zu rufen bringt ja bei einer Schildkröte eher weniger.

Als ich noch sehr klein war, hat meine Mutter mir die Schildkröten beim Spaziergehen einmal gezeigt, und da die Rosa Königseder einem immer ein Stück Schokolade oder ein »Gutti« (Bonbon) schenkte, beschloss ich im Alter von zwei Jahren, nicht erst auf eine Einladung ins Haus der Königseders zu warten, sondern meine Besuche selber zu planen, was nichts anderes bedeutet, als dass ich fast täglich von zu Hause abgehauen bin, obwohl meine Oma eigentlich hätte auf mich aufpassen sollen.

Meine Mutter beschrieb mein »Ich-hau-jetzt-mal-ganz-heimlich-still-und-leise-von-daheim-ab-Ritual« so: Sobald ich mich auch nur einen Moment unbeobachtet fühlte, ließ ich mein Spielzeug fallen, krabbelte die Terrasse herunter, lief um den Kuhstall herum (es gab zwar eine Absperrung mit Seilen, die für die Kühe gedacht war, weil sie damals noch jeden Tag auf die Weide durften, aber ich war ja so klein, dass ich problemlos darunter durchgeschlüpft bin) und setzte mich in unsere Wiese gegenüber dem Königseder'schen Haus. Und dann hieß es einfach nur: warten. Denn irgendwann kam Rosa schon aus der Haustür, um entweder nach den Schildkröten, dem Kirschbaum oder ihrem Mann zu sehen oder Holz aus dem kleinen Schuppen neben der Garage zu holen, und dann sah sie mich und rief immer denselben Satz in ihrem weichen egerländisch gefärbten Bayerisch: »Ja, Mounigga (sie sprach meinen Namen immer wie »Mounigga« aus), geh weida, geh eina!«

Das war mein Stichwort. Ich rannte über die Straße – natürlich nicht, ohne nach rechts und links zu schauen, das hatte mir meine Mutter eingebläut – vorbei am Königseder Luggi, der mich mit einem sanften Gegrummel begrüßte, vorbei an den Schildkröten, drei Stufen rauf bis zur Haustür, und schwupps, schon war ich drin, in diesem kleinen Häuschen, wo der Kühlschrank im Flur stand, weil in der Küche kein Platz war und wo das Bad so klein war, dass ich mich immer wunderte, wie fünf Menschen sich täglich darin fertig für den Tag (oder die Nacht) machen konnten. Vor meiner Geburt lebten sogar noch Rosas Eltern mit im Haus, aber wie das auch nur ansatzweise möglich gewesen sein konnte, war mir ein absolutes Rätsel, denn alle in der Familie, auch die Rosa, waren ziemlich groß gewachsen. Aber nach dem Krieg war man halt froh, dass man überhaupt ein Dach über dem Kopf hatte, und dazu noch eines, das das eigene war. Welch ein Luxus! Da musste man halt ein wenig zusammenrücken, denn Platz ist schließlich in der kleinsten Hütte. Und das Besondere war nicht nur das Haus an sich: Gleich rechts, wenn man hineinging, war die separate Toilette, dahinter das winzige grüne Bad mit der elektrischen Wäscheschleuder, die immer einen Höllenlärm machte, gegenüber davon war das Elternschlafzimmer, und geradeaus ging man in die Küche, diese gemütliche Küche, die aussah wie ein größeres Puppenhaus: links neben der Tür war die Spüle und daneben der Holzofen, der vor allem im Winter heimelig vor sich hinbullerte. Geradeaus an der Wand ein bequemes Sofa und darüber das Radio, das eigentlich immer lief, daneben das Fenster, das in den Gemüsegarten ging, mit den orange geblümten Vorhängen, rechts hinter der Tür die circa zwei Meter lange, weiße Anrichte mit den Prilblumen und gegenüber die Eckbank und der Tisch mit seiner hellblauen Resopaloberfläche, der immer blitzsauber war und der eine Schublade hatte, in die die Rosa ihr Haushaltsbuch legte. Jede noch so kleine Ausgabe, jeder Einkauf wurden von ihr mit einem gespitzten Bleistift in dem Buch notiert, damit sie jederzeit einen Überblick über ihre Einnahmen und Ausgaben hatte und die Familie so nie über ihre Verhältnisse lebte. Wenn Rosa Königseder damals schon Kurse an der Volkshochschule gegeben oder ein Buch mit dem Titel »Wie ernähre ich mit wenig Geld eine große Familie« geschrieben hätte, dann wäre Peter Zwegat heute arbeitslos …

Im Eck war ein kleiner Herrgottswinkel mit einem Holzkreuz und den Bildern der verstorbenen Eltern und Schwiegereltern, bei denen immer frische Wiesenblumen standen. Und wenn man gerade in die Küche hineinspazierte, konnte man links durch die Tür in ein ebenfalls sehr kleines Wohnzimmer gehen, das mit einem kleinen Ölofen, einer dick gepolsterten Couch und einem großen Ohrensessel ausgestattet war, über dem ein kleines Holzkästchen hing, in dem die Rosa ihre Medikamente aufbewahrte. Rosa half bei einigen Bauern – auch bei meinen Eltern – bei der Feldarbeit mit, und ich habe oft gesehen, dass sie sich ihre Beine mit großen Bandagen umwickeln musste, weil sie Schmerzen hatte, aber für ständige Arztbesuche hatte sie einfach keine Zeit.

In der Ecke hatte sie eine riesige Persil-Tonne stehen, die bis zum Rand mit Bauklötzen gefüllt war, und eine PUMA-Schuhschachtel mit Matchbox-Autos. Selbst als ihre Kinder schon lange nicht mehr mit den Autos spielten, standen die Tonne und die Schachtel immer noch da, denn meine Brüder übernahmen später die Angewohnheit von mir, der Rosa ungefragt mehrmals die Woche einen Besuch abzustatten, wenn auch nicht ganz so häufig wie ich. Denn das Beste war: Bei der Rosa durfte man immer alles, nie hat sie uns nur einmal geschimpft oder ist laut geworden, selbst wenn wir mal aus Versehen etwas kaputt gemacht oder wir unser Limo verschüttet haben.

Außerdem roch es in ihrer Küche so wunderbar nach dem herrlichen Kirschstreuselkuchen, den sie immer machte. Der beste Kirschstreuselkuchen, den man sich überhaupt vorstellen kann: saftig, mit knusprigen, buttrigen Streuseln und Puderzucker obendrauf, und der Boden bestand aus lockerem Mürbteig, der nicht zu süß war. Nie wieder in meinem Leben habe ich besseren Kirschstreuselkuchen gegessen als bei der Rosa Königseder. Noch heute, wenn ich zu ihr sage: »Jetzt kimm i dann fei amal wieda, gell!« Dann antwortet sie: »Dann mach' i wieder den Streuselkuacha, denst so gern mogst, gell, Mounigga!«

Bei Rosa entdeckte ich auch meine Liebe zum Spinat. Bei Rosa gab es oft Spinat, den sie selber in einem kleinen Gärtchen vor dem Küchenfenster anbaute. Meist mit Spiegeleiern oder Kartoffeln, aber ich habe ihn am liebsten pur gegessen. Neben Koni auf der Eckbank sitzend, meinen Arm hatte ich auf seinem Arm aufgestützt, saßen wir nebeneinander, und während er erzählte, mit was für einem Traktor er heut wieder bei meinem Vater fahren durfte, hab ich ihn jedes Mal voller Bewunderung angeschaut. Und er erzählte und lachte, und ich lachte und rutschte auf der Bank herum, während ich Spinat in mich hineinschaufelte – und plötzlich saß ich neben der Bank auf dem Boden, den vollen Spinatlöffel noch in der Hand. Ich hatte mich erst total erschrocken, die anderen ebenso, weil sie dachten, ich hätte mir wehgetan, aber als sie merkten, dass dem nicht so war, brach das Gelächter los. Ein Bild, das ich heute noch ganz deutlich vor mir sehe: Koni half mir wieder auf den Platz zurück, und ich habe weitergelöffelt und ihn weiter angehimmelt, bis meine Mutter irgendwann in der Küche stand: Sie wusste ja, wo sie mich im Zweifel finden konnte. Nur manchmal war es ihr – glaube ich – etwas peinlich, dass ich mich ständig bei anderen durchfraß, deshalb sagte sie manchmal: »Unser Zigeunerkind is' halt immer auf der Achs', die kann ned daheim bleiben!«

Aber auch der Koni und sein Bruder, der Sepp, waren viel bei uns. Nachmittags um zwei hörte man – bei uns stand die Haustür tagsüber offen – das Plumpsen von zwei Fahrrädern vor der Terrasse, was bedeutete, dass Koni und Sepp gleich nach dem Mittagessen und noch vor dem Erledigen der Hausaufgaben schauen wollten, wer heute mit welchem Traktor und Anhänger oder sonstigem Gerät fahren durfte. Und obwohl mein Vater versuchte, beide Buben gleich zu bedenken, kam es ab und zu Reibereien zwischen den beiden, die erst bei der Brotzeit in einem vorläufigen Waffenstillstand endeten. Mit vollem Mund stritt es sich auch ein bisschen schwer. Mein Vater kam kaum dazu, selber zu essen, weil er damit beschäftigt war, daumendicke Brotkeile abzuschneiden und diese ordentlich mit Kochsalami, Leberkäs oder Aufschnittwurst und mit saftigen, selbst eingelegten Gewürzgurken zu belegen. Als die zwei in die Pubertät kamen, brauchten wir zur Brotzeit einen ganzen Drei-Pfund-Laib Brot. Aber die beiden waren unermüdlich: Wenn sie sich nicht gerade darum stritten, wer mit was und vor allem ganz allein fahren durfte, dann wurde ich mit meinen zwei Jahren hin- und hergezogen »wie ein

Katzl«, wie meine Mutter sagte. Oder wir fuhren alle zusammen sonntags ins Waldbad nach Taufkirchen oder machten einen Ausflug, wo wir am späten Nachmittag in eine Wirtschaft einkehrten und Würschtl mit Pommes bekamen und danach noch ein gemischtes Eis: drei Kugeln mit Sahne. Das waren immer die besten Tage, alles war unbeschwert und sorgenfrei, und der Sommer schien endlos zu sein. Manchmal wünschte ich, ich könnte die Zeit zurückdrehen und nochmals einen solchen Sonntag erleben.

Aber wir wurden älter, und der Koni kam auch nicht mehr ganz so oft zu uns, denn er hatte eine Lehre als Automechaniker begonnen, außerdem hatte er jetzt eine Freundin und – was keinem in unserem kleinen Ort verborgen geblieben war – ein Schlagzeug. Jeden Abend, wenn er von der Arbeit heimkam, wurde die Anlage aufgedreht, und er begann zu Van Halen oder Slayer auf das gute Stück einzudreschen. Ich fand, er machte sich ganz gut als »Phil Collins von Tittenkofen«, der Rest der Dorfgemeinschaft hätte mir – bis auf meine Brüder vielleicht – nicht zugestimmt. Kopfschüttelnd fuhren manche mit dem Radl am Königseder'schen Anwesen vorbei, wahrscheinlich, weil sie sich wunderten, dass das Häuschen unter dem Gehämmere und Gedresche vom »narrischen Königsederbuam« nicht auseinanderbrach.

Im Sommer bekam der Koni oft Besuch von seinen Spezln, und sie saßen dann in der Einfahrt auf einer Bierbank und begutachteten ihre Mopeds und später ihre Autos. Der Koni hatte sich ein ganz ausgefallenes Gefährt hergerichtet: einen tiefer gelegten Opel Manta in Schwarz, bei dem die Kühlerhaube und die Seitentüren mit gelben und roten Flammen bemalt waren, in dem ich aber nie mitgefahren bin, weil ja die Freundin vom Koni immer mitfuhr. Ich hatte sie zwar nie gesehen, aber sie war anscheinend Krankenschwester und lebte in München, und der Koni besuchte sie jede Woche. Ich erinnere mich noch, dass ich ein bisschen eifersüchtig war, denn schließlich war es ja *mein* Koni, und ich kannte ihn schon *vor* dieser Schwesterntussi.

Ab und zu schlich ich mich abends zum Haus der Familie Franz, deren Garten direkt an den Garten der Königseders angrenzte, und durch die Hecke konnte ich den Koni und den Sepp mit ihren Freunden beobachten. Das meiste ihrer Gespräche über Mopeds und Autos und natürlich über Mädels habe ich nicht verstanden, aber ich fand sie alle damals furchtbar cool: den Glück Franze, die Daschinger-Brüder und wie sie alle hießen.

Eines Morgens – ich muss etwa in der neunten Klasse gewesen sein, denn ich hatte nachmittags als Wahlfach Stenografie bei Frau Schuholz – mussten wir mit dem Schulbus auf dem Weg nach Erding plötzlich einen Umweg von der Hauptstraße über einen Feldweg nehmen. Als der Bus über die holprige Straße zuckelte, schauten wir alle aus dem Fenster, um herauszufinden, was die Ursache für diese außerplanmäßige Umleitung war. Und da sah ich sie am Straßenrand stehen – nie werde ich diesen Moment vergessen –: Konis schwarzer A-Manta mit den Feuerzungen stand völlig demoliert etwas abseits der Hauptstraße, und das Herz blieb mir fast stehen, als ich bemerkte, dass die komplette Heckscheibe voller Blutspritzer war. Ich war mir sicher, dass etwas Schreckliches passiert war. Ich konnte mich den ganzen Tag kaum auf den Unterricht konzentrieren, und dann hatte ich auch noch nachmittags den verfluchten Stenographie-Unterricht, also musste ich bis um achtzehn Uhr warten, als meine Mutter mich von der Schule abholte und mir mit tränenerstickter Stimme erzählte, was ich im Innersten schon wusste: Koni war tot. Mein Koni. Beim Schreiben dieser Zeilen stehen mir die Tränen in den Augen. So jung. So voller Lebenshunger. Immer gut gelaunt. Selbst seine Augen lächelten immer. Das ganze Leben noch vor sich. Aus. Vorbei. Zu Ende. Unfassbar, unbegreiflich. Ich weinte die ganze Nacht und den ganzen nächsten Tag.

Die Beerdigung war eines der schrecklichsten Erlebnisse, die ich je hatte. Alle auf dem Friedhof waren zutiefst erschüttert, und alle weinten, auch die Männer. Jeder einzelne Dorfbewohner hätte sicherlich viel darum gegeben, noch einmal abends zu hören, wie der Koni auf sein Schlagzeug eindrosch. Und alle werden wir uns immer erinnern an den lustigen Burschen mit seinem roten Haarschopf und den vielen Sommersprossen, den blauen Augen, aus denen der Schalk blitzte, und der immer ein leicht schiefes Lächeln auf den Lippen hatte.

Erster Schultag

Bereits an meinem ersten Schultag am Gymnasium Erding war mir klar: Ich war anders als die anderen. Wenn man das als erwachsener Mensch von sich behauptet, klingt das ja durchaus wie ein kleines Kompliment an sich selber, als zehnjähriges Kind jedoch wünscht man sich in erster Linie eines: Man möchte genauso sein und vor allem genauso ausschauen wie alle anderen. Zur Gruppe gehören. Aber schon bei der ersten groben Durchsicht (auf Bayerisch: Abchecken) meiner Mitschüler stieg leichte Panik in mir hoch: Wie sollte ich wohl jemals zur Gruppe dieser feschen Stadtkinder gehören, die da im Klassenzimmer versammelt waren? Bereits in den ersten drei Minuten war mir klar, dass keines dieser Kinder vom Bauernhof stammen konnte, denn sie hatten alles, was ich auch gern gehabt hätte: einen passablen Haarschnitt, Klamotten von damals sehr begehrten Marken wie Benetton, Lacoste oder Chiemsee und bunte, leichte Nylonschulranzen von Scout. Das Ganze war garniert mit einem Rest Adriabräune vom gerade zwei Wochen zurückliegenden Italienurlaub. Und all diese gut gebräunten, gut gekleideten Kinder wurden von ihren ebenfalls braun gebrannten mittelständischen Unternehmereltern zur Schule begleitet. Ein Bild wie aus einem Otto-Katalog.

Und da war ich: leichenblass und als Einzige im roten Dirndl mit blauer Schürze, mit Haferlhaarschnitt (Topfschnitt) und einem orange-grasgrünen altmodischen Schweinslederschulranzen. Der Ranzen war noch vom Trollmann-Opa aus Tittenkofen handgefertigt (heute würde man ihn wahrscheinlich als »vintage must-have« für viel Geld über Sotheby's ersteigern, aber damals war er das nackte Grauen in Signalfarben). Die blasse Hautfarbe habe ich übrigens von meinem Vater geerbt, dem meine Oma früher immer Lebertran verabreicht hatte, weil sie sich so geschämt hatte, dass die nach dem Zweiten Weltkrieg bei uns einquartierten Kinder ausgebombter Münchner Familien allesamt rote Backen hatten, während der Hoferbe wegen seiner gelblichen Gesichtsfarbe von vorbeiziehenden Hamsterern ebenfalls für ein armes, ausgehungertes Flüchtlingskind gehalten wurde. Und jedes Mal wenn einer dieser Hamsterer zu meiner Oma sagte: »Der arme Bub, da siegt ma gleich, der kommt aus der Stadt!«, dann wusste mein Vater, dass die nächste Ration übel stinkenden Lebertrans quasi schon auf dem Löffel war und seiner harrte. Und alles nur, weil da Bua so gschleckig, also heikel war! Das heißt: Daheim war er gschleckig, aber bei unserer Nachbarin, der Stimmer-Oma, da schaufelte er alles in sich rein, was auf den Tisch kam, denn da war ja auch sein bester Freund, der Kurbi, daheim. Und alles, was der Kurbi aß, musste ja schließlich gut sein. Die arme Stimmer-Oma jedoch, deren Mann im Krieg gefallen war und die sechs Kindern allein durchfüttern musste, verköstigte also auch Nummer sieben noch mit. Dafür half ihr mein Großvater auf dem Feld und bei der schweren Arbeit. Denn schließlich gibt es in Bayern ein Sprichwort: Eine Hand wäscht die andere. Und alle zwei Händ' waschen das G'sicht! Aber ich schweife vom Thema ab ...

Da stand ich also an meinem ersten Schultag in der Aula des Gymnasiums Erding: schwitzend aufgrund meines zu engen Dirndls und wegen der bevorstehenden Ereignisse an der »höheren Schui«, die neuen Schuhe drückten, und der Schulranzen war mir bereits jetzt peinlich. Außerdem hatte ich ein bisschen Angst, denn als einzige meiner Klasse musste ich mich allein in die Höhle des Löwen, also ins Klassenzimmer, begeben, denn mein Vater hatte mich zwar zur Schule gefahren, aber er hatte sein Stallgwand an und meinte, als er mit seinem roten Fiat Panda vor der Schule hielt: »Findst eh alloa eini, oder?« Von da an war mir klar: In den entscheidenden Situationen des Lebens würde ich immer allein sein.

Da ich noch dazu etwas spät dran war – eine Tradition, die in meiner Familie väterlicherseits seit Jahrzehnten liebevoll gepflegt wird –, waren nur noch wenige, ältere Kinder in der Aula, die ich damals als riesig, ja geradezu monströs empfand. Ebenfalls monströs erschien mir der große, schlanke, sehr strenge Mann, der mir mit lauter, energischer Stimme befahl, mich endlich in mein Klassenzimmer zu begeben. Ich antwortete etwas in der Art, dass ich doch noch gar nicht wisse, wo mein Klassenzimmer sei, und es entwickelte sich ein Wortwechsel, den ich mir nicht gemerkt habe, denn vor lauter Angst und Eingeschüchtertsein konnte ich gar nicht mehr richtig zuhören. Ich weiß nur noch, dass ich spürte, dass meine Knie in meinen gehäkelten weißen Kniestrümpfen weich wurden und mir pochende Röte ins Gesicht stieg und ich die Farbe meines Dirndls angenommen haben musste: Noch nie hatte ein so großer Mann so laut und so bös mit mir gesprochen. Und schon gar nicht auf Hochdeutsch!

Wie sich später herausstellen sollte, war dieser Mann der Direktor dieser »höheren Schui«. Ich habe ihn später noch oft laut und bös erlebt, obwohl er nicht immer einen Grund dazu hatte. Aber ich vermute, dass der Grund seiner Boshaftigkeit vielleicht ja gar nicht der Ungehorsam seiner Schüler war, sondern die Tatsache, dass er seinen Beruf nicht mochte, ihn aber ausüben musste, weil es nach dem Krieg nichts anderes gab. Oder weil sein Vater schon Oberstudiendirektor war und er somit mehr oder weniger gezwungen war, die Familientradition fortzusetzen. Oder weil seine Mutter eine sehr pragmatische Frau war und auf einen Lehrerberuf pochte, weil einem doch als Beamter eine gute Pension sicher war. Außerdem, welchen Beruf hätte er in der kargen Nachkriegszeit schon ausüben sollen? Freilich, er hätte Pianist werden können, weil er sehr filigrane Hände hatte, aber wahrscheinlich war er nicht musikalisch genug. Und vielleicht hatte ihm seine Mutter auch abgeraten, denn man weiß ja, wie alle Künstler enden. Man hätte Metzger werden können. Ein damals angesehener Beruf, dessen großer Vorteil es war, dass man immer genug zu essen hatte. Aber für einen Metzger war er nicht kräftig genug. Kaum vorstellbar, dass dieser feingliedrige Mann eine halbe Sau hätte schultern können. Für einen Fußballer war er zu groß und zu schlaksig, und Basketball gab es meines Wissens nach dem Krieg bei uns noch nicht. Vielleicht wäre er ja gern ein fußballspielender Pianist geworden. Oder Schriftsteller. Ich finde, als Mensch, der keine anderen Menschen mag, hätte er halt irgendetwas machen müssen, wo er mit möglichst wenig Menschen in Kontakt gekommen wäre, wie zum Beispiel Maler oder Polarforscher. Stattdessen musste er 1300 Schulkinder und den dazugehörenden Lehrerkörper verwalten. Ich vermute, da wäre ich auch unglücklich und bös geworden.

Als ich mit hochrotem Gesicht und noch mehr schwitzend endlich mein Klassenzimmer erreicht hatte, erlebte ich den nächsten Schock: Fast dreißig Kinder waren in dem Klassenzimmer zusammen mit ihren Eltern, manche hatten sogar Oma oder Opa mitgenommen, einige beides. Alles in allem dürften sich circa hundert Personen dort befunden haben. Noch nie zuvor hatte ich so viele Menschen in einem Raum gesehen, außer in der Kirche, aber da sieht man sie ja nicht so gut wegen des vielen Weihrauchs. Und – was das Schlimmste war – ich kannte nur zwei Menschen in dem Raum: Gabriele Haindl von der Zimmerei Haindl in Grucking und ihre Mutter, die sie begleitete (als Zimmerersgattin hatte sie ja keine Stallarbeit). Wir waren schon zusammen in die Grundschule Reichenkirchen gegangen, und ich war sehr froh, als ich sah, dass sie mir einen Platz neben sich freigehalten hatte. Am ersten Schultag in der Grundschule, damals vor vier Jahren, da hatten wir beide zufällig das gleiche Kleid an: gelb, mit Puffärmeln und kleinen weißen Margeriten am Ausschnitt. Wir mussten beide lachen, als wir im gleichen Kleid auf unserem Klassenfoto der ersten Klasse verewigt wurden. Heute hätte ich mich sehr gefreut, wenn sie auch ein rotes Dirndl mit blauer

Schürze angehabt hätte, als moralische Schützenhilfe quasi. Aber Gabi hatte sich bereits den Stadtkindern optisch angepasst. Ich weiß zwar nicht mehr genau, was sie trug, aber es war in jedem Fall so weit von einem Dirndl weg wie Tittenkofen von den Pariser Champs-Elysées. Unser Dorf liegt zwar nur circa sechs Kilometer von der Kreisstadt entfernt, diese Entfernung reichte aber schon aus, um die Stadtkinder anders aussehen zu lassen. Und sie sahen nicht nur anders aus (kein Haferlhaarschnitt, Urlaubsbräune), sie redeten auch ganz anders: Einige sprachen zwar Dialekt, aber er war anders als unser dörfliches, kerniges Bayerisch, es war dieses gepflegte Vorstadtbayerisch, das ich heute sehr gern als Dallmayr-Bayerisch bezeichne.

Sie sagten zum Beispiel nicht: »I geh ins Klassenzimmer *eini*.«

Sondern: »I geh ins Klassenzimmer *rein*.«

Sie gingen auch nicht in den ersten Stock in die Schulbibliothek *auffi*, sondern *nauf*.

Und in den Stuhlreihen im Klassenzimmer rutschte man nicht *umme*, sondern *nüber*. Und nach dem Unterricht fuhr man mit dem Radl *heim* und nicht *hoam*.

Und wenn es an grauen Novembertagen gar nicht hell werden wollte, dann sagte der Lehrer zu einem von uns: »Mach as Licht an.« Und nicht wie die Oma daheim: »Reib as Liacht auf.« Denn die Lichtschalter mit Drehmechanismus, die es früher (und in Opas Zimmer immer noch) gab, die kannte natürlich von diesen Kindern und auch von den jüngeren Lehrern keiner mehr.

Alles kleine, feine, aber für mich damals gewaltige Unterschiede.

Gerade deshalb war ich sehr erleichtert, als ich feststellte, dass alle Kinder nett waren und mich – ohne Vorbehalte – ein bisserl betrachteten, wie man ein exotisches Tier im Zoo bestaunt. Vor allem meine Pausenbrote sollten bei meinen Mitschülern in Zukunft noch für viel Furore sorgen. Sie riefen bei meinen Klassenkameraden die gesamte Emotionspalette hervor: von Verwunderung (schwammige Marmeladenbrote, die mein Babba immer in Bernbacher-Nudel-Tüten einwickelte, die ich – selbstverständlich – nach der Schule wieder mit heimzubringen hatte, wo sie ausgewaschen, über Einweckgläsern getrocknet und wiederverwendet wurden) über Erstaunen (von meiner Mama schmalzgebackene exotische Speisen wie »Schuxn« oder »Hauberlinge«) bis zu höchster Verzückung (ebenfalls von meiner Mama zubereitetes Gebäck wie knusprige Krapfen, resche Kirchweihnudeln oder filigrane Weihnachtsplätzchen, je nach Jahreszeit). Ich habe im Laufe der Jahre so manche Kirchweihnudel und viele Schuxn gegen eine Cola aus dem Schulautomaten beziehungsweise gegen eine Salamisemmel vom Schulkiosk getauscht und fand immer, dass ich dabei den besten Schnitt gemacht hatte. Es scheint irgendwie ein Instinkt des Menschen zu sein, immer das als verlockender zu empfinden, was die anderen haben.

Was mich aber an der Schule am meisten fasziniert hat, war das Sammelsurium von Lehrkräften, die ausgezogen waren, um uns Bildung und Wissen beizubringen (Anstand und Benehmen wurden damals nämlich noch frei Haus von den Eltern geliefert und fielen daher nicht in den Zuständigkeitsbereich des Lehrerkollegiums). Einige Lehrer amüsierten mich, wie zum Beispiel Herr Häberl, unser Lateinlehrer, um den sich die nie bestätigte Mär rankte, dass er früher einmal Autorennen gefahren sei und sein versteiftes Bein ein Relikt aus eben dieser Zeit sei. An dem Gerücht könnte tatsächlich etwas dran gewesen sein, denn sein Fahrstil war legendär: Rote Fußgängerampeln waren für ihn lediglich ein Vorschlag, den es nicht unbedingt zu beachten galt, und wenn sein weinroter Wagen auf den Lehrerparkplatz bog, dann tat man als Schüler gut daran, sich hinter einem Radlständer, einem Gebüsch oder anderen Autos in Sicherheit zu bringen. Wenn während des Unterrichts das Geheul eines Krankenwagens in der Stadt zu hören war, meinte Herr Häberl nur lapidar: »Was soll das? Ich bin ja noch gar nicht auf der Straße!« Wir fanden das sehr lustig.

Manche Mitglieder des Lehrerkollegiums ängstigten mich aber auch: Es gab zum Beispiel ein geradezu autistisches Nachtschattengewächs, das unter anderem Wirtschaft und Stenografie unterrichtete. Ein dürres Weiblein, das ich nie in etwas anderem als einem schwarzen Faltenrock und ebenfalls schwarzen Pullover gesehen habe. Dazu kombinierte es schwarze Schnürschuhe, wie ich sie bis dato nur an Männern gesehen hatte, eine schwarze Umhängetasche, einen altmodischen, von weißen Haarfäden (oder waren es Spinnweben?) durchzogenen Dutt, und um den dünnen, blassen Hals wand sich stets ein dünnes Silberkettchen mit einem kleinen Silberkreuz. Ältere Schüler erzählten, dass die Dame früh Witwe geworden sei und ihre Trauer nie überwunden habe. Ehrlich gesagt, war meine Theorie, dass es sich bei diesem unheimlichen Geschöpf um einen Lehrervampir handelte, der zu Staub zerfallen würde, falls er jemals die Räumlichkeiten des Gymnasiums verlassen würde. Und tatsächlich habe ich diese Person nie in der Stadt oder im Park gesehen. Auffällig war auch, dass dieses Wesen schon zu meiner Schulzeit wie siebzig aussah und noch lange Jahre nach Beendigung meiner Schulzeit unterrichtete, weil es wahrscheinlich alterslos war. Oder unsterblich? Ich weiß es bis heute nicht.

Faszinierend fand ich außerdem unseren Geschichtslehrer, Herrn Zölch, der damals schon an die sechzig Jahre gewesen sein dürfte und der ein Bein (ich weiß leider nicht mehr, ob nun das rechte oder das linke) im Russlandfeldzug verloren hatte, was natürlich ein sehr trauriger Umstand für ihn war. Für uns waren seine Erlebnisse aus der russischen »Daiga und da Dundra« (der Mann war vermutlich Franke) Anschauungsunterricht par excellence. Da machte es uns auch wenig aus, dass die anderen Länder im Vergleich zum russischen Großreich inhaltlich ein wenig wegbröselten und sich überhaupt der Unterricht im Wesentlichen auf den Zweiten Weltkrieg beschränkte. Herr Zölch fesselte uns mit seinen Erzählungen, und wenn wir den Unterricht mal zu sehr mit privatem Geschwätz zu zersetzen drohten, dann schnallte er einfach sein

Holzbein ab und klopfte damit auf das Lehrerpult, wobei er uns immer als »Hundsknochen, elendige« betitelte. In unseren Ohren klang es aber gar nicht so sehr wie ein Schimpfwort, wahrscheinlich war es sogar ein Kompliment, denn Herr Zölch hatte wie alle Soldaten im Russlandfeldzug Hunger gelitten, und ein Hundsknochen war ja in so einem existenziellen Zustand geradezu eine Delikatesse. Ich denke, Herr Zölch mochte uns.

Meine guten Fremdsprachenkenntnisse (im Gegensatz zu meinem geradezu verheerenden Mathewissen) verdanke ich vor allem einer einzigartigen Lehrerin, die offensichtlich alle romanischen Sprachen beherrschte und diese mit mütterlicher bis eiserner Disziplin in uns hineinzupressen versuchte, was ihr bei den meisten ihrer Schüler auch gelang. Denn halfen Schimpfwörter und stundenlanges Ausfragen nicht, griff sie ab und zu (leider viel zu selten) zu der ungewöhnlichen Methode, uns mit italienischem Essen gefügig zu machen. Ja, tatsächlich: Es gab damals noch Lehrer, die ihre Schüler zu sich nach Hause zum Essen einluden. Und ihre Leibesfülle versprach, was ihre Kochkunst hielt: Sie war eine wunderbare Köchin und eine gesellige und großzügige Gastgeberin. Auch wenn im Juni noch der natürlich völlig kahle, aber immer noch dekorierte Christbaum in ihrer Wohnung stand. Als sie unsere etwas schockierten Blicke sah, meinte sie nur lapidar: »Da brauchts euch nicht dran stören, Kinder, da bin ich noch nicht dazugekommen.« Man muss eben im Leben Prioritäten setzen: Und was ist schon das Abdekorieren eines abgenadelten Christbaums gegen eine köstliche selbst gemachte Lasagne.

Entgegen der landläufigen Meinung vieler Eltern heutzutage, dass Lehrer nur den Karriereweg ihrer hochbegabten Kinder torpedieren möchten, hatte ich bei den meisten meiner Lehrer diesen Eindruck nie: Unsere Lehrerin war die geduldigste aller Englischlehrer, die selbst dann nicht aus der Fassung zu bringen war, als eine Mitschülerin einmal ein Referat über die unfaire Einwandererpolitik der USA halten sollte und dabei den guten alten Elvis-Song »Return to Sender« als Beleg anführte. Unsere allererste Französischlehrerin hatte selbst etwas sehr Pariserisch-Bohemienhaftes, und beim Sprechen flatterten ihre Hände immer irgendwo in der Luft, sodass unser Klassenzimmer fast zu einem Pariser Bistro wurde. Unser Deutschlehrer war von uns Schülern respektiert bis gefürchtet, aber seine Begeisterungsfähigkeit für Lyrik und Prosa übertrug sich selbst auf Fernsehjunkies wie uns. Und dass es Schulen gibt, die jemanden wie unseren Kunstlehrer, der genauso hieß wie das berühmteste aller Bücher, einstellen, stimmt mich bis heute hocherfreut. Einen Mann, der in abgerockten Klamotten plus schmuddeligem Malerkittel und Zottelhaaren im Klassenzimmer stand und uns unsere eigene Gossensprache um die Ohren haute, aber auch nach Jahren noch zu jedem Klassentreffen erschien.

Und ich war geradezu hingerissen, um nicht zu sagen ein bisserl verliebt in meinen ersten Erdkundelehrer, Lorenz Hilburger. Einen Mann wie ihn hatte ich noch nie gesehen, außer im Film. Herr Hilburger trug immer Anzug und Krawatte, dazu einen äußerst penibel gepflegten Vollbart. Aber sein auffälligstes Accessoire war die große Duftwolke, die ihn umgab. Vielleicht ist man als Kind vom Bauernhof für ausgefallene Düfte noch anfälliger. Ich jedenfalls war immer wie paralysiert, wenn ich Herrn Hilburger schon riechen konnte, bevor er überhaupt das Klassenzimmer betreten hatte. Und da ich damals in der ersten Reihe saß, war der Unterricht vor allem olfaktorisch eines der einschneidendsten Erlebnisse meiner Schulzeit. Jedes Mal, wenn Herr Hilburger uns durch Zusammenschlagen der Handflächen fragte, ob wir seine Ausführungen kapiert hätten, befand ich mich in einer Dunstglocke aus Moschus, Amber und Ingredienzien, die mir bis dato fremd waren. Auf dem Land fuhren die Männer dufttechnisch eher auf der Schiene Tabac Original oder Sir Irisch Moos, aber Herr Hilburger war zu weltmännisch für solch schnöde Wässerchen. Meine innige Zuneigung hatte er endgültig erlangt, als er beim Schulfasching – das muss in der siebten Klasse gewesen sein – mit mir zu »Skandal im Sperrbezirk« von der Spider Murphy

Gang tanzte. Ich weiß nicht mehr genau, als was ich verkleidet war, vermute aber, dass ich im Zweifel etwas Dirndlartiges anhatte, was ich mit Glitzerhaarspray und viel zu viel Makeup zu etwas wie einer Transvestiten-Rosenresli aufgepeppt hatte. Aber was Herr Hilburger trug, werde ich nicht vergessen, solange ich lebe: einen hautengen schwarzen Lederanzug, der Catwoman vor Neid hätte erblassen lassen, vorn mit Reißverschluss, der fast bis zum Bauchnabel offen war und sein Brusthaar entblößte. Er tanzte wild um mich herum und schwang dabei Tom-Jones-mäßig seine Hüften. Ich war im Himmel! Seit diesem Tag weiß ich, dass man mir zwei Dinge nie mehr wegnehmen kann: mein großes Latinum und mein Faible für Brusthaar.

Paps

Mein Vater redet gern. Gut, das wird jetzt viele von Ihnen nicht so arg überraschen. Aber mein Vater redet am liebsten mit Menschen, die er nicht kennt. Das heißt, er liebt es, fremde Menschen anzusprechen. Einfach so. Überall: in der U-Bahn, im Café, in der Wirtschaft, am Flughafen, in Geschäften. Nicht aus Neugierde oder Sensationsgier oder weil ihm vielleicht langweilig ist. Nein, er interessiert sich einfach sehr für andere Menschen. Er will etwas über ihr Leben erfahren, wie es ihnen gerade geht und natürlich wie es den Kindern (falls vorhanden) und den Eltern (falls noch vorhanden) geht. Was sie so essen, trinken und machen (beruflich und privat). Und was sie denken. Über den längst überfälligen Mindestlohn in Deutschland, über Seitensprünge, das Preisgefälle beim Bier in Stadt und Landkreis (»urbi et orbi«), Tätowierungen an schönen Frauen (»Braucht's des, ha?«) und wo es am Viktualienmarkt die beste Bratwurst gibt.

Dabei gibt es allerdings manchmal ein Problem: Dass ein völlig Fremder mit einem redet, einfach so, das ist ungewöhnlich heutzutage. Man merkt es an den Reaktionen der Menschen, wenn mein Vater sie anspricht. In der U-Bahn zum Beispiel:

»Heut' is' wieder voll, ha?« Wenn die gewünschte Reaktion ausbleibt, setzt er noch ein «Wo's nur allaweil alle hinwolln, gell!?« nach.

Bevor die Angesprochenen sich entschieden haben, ob sie finden, dass sie es mit einem Spinner oder einfach nur mit einem freundlichen älteren Herrn zu tun haben, sind sie meist schon wieder ausgestiegen.

Ganz so leicht macht er es Menschen zum Beispiel in einem Café nicht. Denn mein Vater sucht sich auch in einem halbleeren Lokal immer einen Tisch aus, wo schon Leute sitzen, weil er der Meinung ist: »Allein essen kann ich ja daheim auch – da brauch' ich ned wegfahr'n!«

Wo er recht hat, hat er recht. Trotzdem ist es vor allem meiner Mama immer furchtbar peinlich, wenn er bereits beim Betreten eines Lokals nach einem Tisch Ausschau hält, der einen potenziellen Gesprächspartner aufzuweisen hat (gern auch mehrere). Wenn er glaubt, den Tisch mit der passenden Gesellschaft in Form einer alleinstehenden Dame Anfang vierzig, die bei einem Cappuccino in einem Buch liest, ausfindig gemacht zu haben, ruft er meiner Mutter und mir freudig auf den Tisch deutend zu: »Nehm' ma den, ha?« Und während er schon auf den Platz mit der armen Ahnungslosen zusteuert, zischt meine Mama ihm halblaut zu: »Gell, aber die Dame lasst in Ruh!« Solche oder ähnlich mahnende Kommentare überhört das in langen Ehejahren in Auf-Durchzug-schalten geübte Ohr meines Vaters natürlich geflissentlich, und während meine Mutter und ich uns in unser Schicksal fügen und ihm an den Tisch folgen, überrascht er die daran sitzende Dame bereits mit den Worten: »Entschuldigen S', wär' bei Ihnen noch frei?«

Oft zögert die angesprochene Person kurz, weil sie sich im Raum umsieht und sich darüber wundert, dass dieses kleine kuriose Dreiergrüppchen ausgerechnet an ihrem Tisch Platz nehmen will, wo es doch noch so viele unbesetzte Tische gäbe. Und wo sie doch in Ruhe bei einem Cappuccino (kein Kuchen – eine gute Figur verträgt keinen Kuchen, Sie verstehen!) in ihrem Buch lesen möchte. Dies ist eine Tatsache, die mein Vater auch akzeptiert. Und er lässt die Dame in Ruhe lesen, weil er ja mit dem Aussuchen des Kuchens (immer Kuchen – ein kleines Stückchen Kuchen verträgt jede Figur, Sie verstehen!) beschäftigt ist. Aber kaum hat die Kellnerin unsere Bestellung aufgenommen, lauert er auf seinen Moment. Den

Moment nämlich, wo die Dame ihr Buch sinken lässt und an ihrem Cappuccino nippt. Der perfekte Moment für meinen Vater – im Leben ist alles eine Frage des Timings –, um seinen Standardsatz anzubringen: »San's öfter da?«

Kurzes Schweigen. Ich sehe, die Dame überlegt:

Ein Psychopath? (»Aber er schaut so harmlos aus mit seiner braunen, etwas zu kurzen Cordhose, seinem Flanellhemd und seinem Trachtenjanker!«)

Ein Perverser? (»Aber die beiden Frauen, die er dabeihat, schauen aus wie seine Frau und seine Tochter. Gott, die Tochter! Macht mit ihren Eltern einen Stadtbummel, weil sie wahrscheinlich grad von ihrem Mann verlassen worden ist!«)

Eine Nervensäge? (»Adieu, zweiter Cappuccino. Ich trinke eh viel zu viel Kaffee, seit Karl-Heinz mich verlassen hat!«)

Wenn meinem Vater die Antwort zu lange dauert, dann setzt er ein »Die Kuchen da herin schaun sehr gut aus!« nach.

Das ist der Moment, wo meine Mutter und ich ein intensives Gespräch vortäuschen – über Mode und die Läden, die wir heute noch heimsuchen wollen. Weil es uns ein wenig peinlich ist, dass Paps die fremde Dame vom Lesen abhält. Denn sie hat tatsächlich aufgehört zu lesen. Nach kürzester Zeit reden die beiden. Und reden. Und lachen. Auch die Dame. Die Bedienung bringt unseren Kaffee und den Kuchen, und die Dame bestellt sich noch einen zweiten Cappuccino. Zwischendurch redet mein Vater auch wieder mit uns (»Gut, der Kuchen!«). Wenn wir dann bezahlen, das heißt, wenn ich bezahle, dann klärt mein Vater die Dame auf, wer ich bin: »Mei' Tochter zahlt immer, weil sie Angst hat, dass ich zu wenig Trinkgeld gebe, weil sie war selber amal Bedienung, wissen's, haha!« Alles klar.

Nach dem Bezahlen verabschieden uns meine Mama und ich mit einem freundlich-neutralen »Auf Wiederschaun und einen schönen Tag noch!« von der geduldigen Dame, während mein Vater überschwänglich-herzlich eine Lebensweisheit gratis mit dazu liefert: »Alles Gute, gell, und lassen Sie sich ned unterkriegen, weil es hängt ned immer nur auf eine Seit'n, gell!«

Draußen fasst er dann das soeben mit der Dame Besprochene noch einmal für uns zusammen: »Nette Dame. Und gebildet, Lehrerin, gell. Ihr Mann war a Trottel. Abg'haut isser. Jetzt hat's Schulden wegen der Doppelhaushälfte in Obermenzing draußen. Die wird's demnächst verkaufen müssen. Mit'm Sohn hat's auch ein bissl Probleme – der kommt nach'm Vater. Na wirklich: eine sehr nette Dame!«

Nach der obligatorischen Kaffeestunde trennen sich unsere Wege immer: Mama und ich stürmen weiterhin die Shopping-Tempel, während Paps seine Streifzüge durch die Stadt fortsetzt. Denn mein Vater hasst nichts mehr als Einkaufengehen. Genauer gesagt, er hasst es, Klamotten einkaufen zu gehen. Der Satz, mit dem er – meist vergeblich – versucht, uns davon abzuhalten, ihm etwas Neues oder gar etwas Modisches unterzujubeln, lautet seit über vierzig Jahren: »Ich brauch nix, ich hab alles!«

Der Trick, ihm dann doch Neues für den Kleiderschrank aufdrängen zu können, beinhaltet drei Grundregeln:

Man darf ihn nie in ein Geschäft zur Anprobe mitnehmen, sondern muss ihn daheim, sprich in gewohnter Umgebung, zwischen »Rosenheim Cops« und »Heute Journal« zwingen, das Zeug, das in die Endausscheidung gelangt war, möglichst rasch durchzuprobieren.

Mit gedeckten Farben verzögert sich die Kaufentscheidung: »Des is' alles so fad, so dunkel, des mag ich ned.« Mit leuchtenden, kräftigen Farben dagegen kann man meist sofort bei ihm punkten: »Des is' a schönes Blau, des is' gut. Wie heißt des, sagst du?« – »Türkis, Babba.« – »Türkis, ja, des lass' i mir ei'geh.« (Soll heißen, mit so einer positiven Farbe lasse ich mich leichter zur Kaufentscheidung überreden.)

Grundregel im Sommer: einfarbige Poloshirts in Knallfarben. Argument dafür: »Babba, schau, die passen zu allem, da musst du ned lang überlegen!« Argument dagegen von ihm: »Ich brauch kein Poloshirt, ich hab scho in jeder Farbe eines!«

Eigentlich besteht der Trick aus vier Grundregeln, denn ganz wichtig ist auch, dass man ihn nicht mit der verhassten

Kleiderfrage belästigt, wenn er hungrig ist, das heißt, am besten folgt die Anprobe einer leichten Brotzeit mit passender Getränkebegleitung.

Ein einziges Mal haben meine Mutter und ich ihn sozusagen kalt erwischt: Wir haben ihn ins Auto gepackt unter dem Vorwand, dass wir ein neues Lokal in Erding ausprobieren wollten, wo man gemütlich draußen sitzen kann und wo es jetzt dieses neue In-Getränk gab, Aperol Sprizz (das war zu einer Zeit, als die meisten Leute »Aperol« noch für ein Motorschmieröl hielten). Ein neues italienisches Getränk nach getaner Arbeit auf der Sonnenterrasse eines schönen neuen Lokals, dafür konnte sich mein Vater immer schon erwärmen.

Auf dem Weg zu ebendiesem Lokal lag allerdings das »Gewandhaus Gruber« (kaum verwandt und schon gar nicht verschwägert), an dem mein Vater natürlich vorbeigehen wollte. Selbst als meine Mutter und ich beim Anblick der fesch dekorierten Schaufensterpuppen in entzückte »Ahs« und »Ohs« und »Schau amal« ausbrachen, federte er unsere Begeisterung mit den üblichen Worten ab: »Ich brauch nix, ich hab scho alles.« Unter dem Vorwand, uns nur »kurz« ein bissl im Laden umschauen zu wollen, zogen wir ihn in den zweiten Stock, wo meine Freundin Cordula, seit nunmehr über dreißig Jahren treue Angestellte des Gewandhauses und Spezialistin in Sachen Herrenmode, bereits an der Rolltreppe auf uns wartete, weil ich sie telefonisch auf unseren »Kurzbesuch« vorbereitet hatte. Sie empfing uns mit den Worten: »Servus beinand. Gruaber-Babb', keine Angst, des hamma gleich, es tut auch nicht weh!«

Da mein Vater zu diesem Zeitpunkt immer noch der Meinung war, dass er sich nur zufällig in den Räumlichkeiten des Gewandhauses befand und der eigentliche Grund des Besuches wieder mal die Modelust seiner Damen war, ließ er sich von Cordula am Arm in Richtung der Umkleidekabinen führen. Erst als sie – mit Blick zu Mama und mir – sagte: »A kurze Hos'n braucht er, gell!«, da schwante ihm das Schlimmste, und er versuchte kurz vor der Kabine noch eine 180-Grad-Drehung mit dem üblichen Argument: »Kurze Hos'n? Brauch ich ned, ich hab alles … in allen Farben!« Doch Cordula schaffte es mit der ihr eigenen sanften Unerbittlichkeit sowie dem Gesamteinsatz ihrer weiblichen Rundungen, ihn zum Probieren von zwei Hosen zu bringen. Durch ihr extrem gutes Auge greift sie in 99,9 Prozent der Fälle zur passenden Größe, denn sie weiß nur zu gut: Jeder Fehlversuch würde – gerade bei modeunwilligen Männern – die Erfolgsquote des Probierprozesses verringern. Während mein Vater sich in der Umkleidekabine mit den zwei Hosen herumschlug und laut hörbar vor sich hin murmelte: »Also, was die mit mir treiben …«, wurden von uns Frauen im Schnelldurchlauf die Farben der Poloshirts bestimmt – Cordula hatte natürlich die richtigen Größen bereits vorsortiert. Als mein Vater in den neuen kurzen Hosen, aber mit den alten Socken an den Füßen aus der Kabine kam, wurden ihm noch von Cordulas ebenfalls eingeweihtem Kollegen Helmut zwei Gürtel unter die Nase gehalten mit den sparsamen Worten: »Der oder der? Ich tät' den linken nehmen, der passt zu allem.«

Paps: »Ich hab alles.«

Helmut: »Dann passts ja.« Sprach's und legte den linken Gürtel zu den restlichen Neuerwerbungen.

Als die Kaufentscheidung von Mama und mir gefallen war und wir uns bei Cordula für die generalstabsmäßig organisierte Vorbereitung des diffizilen Unterfangens bedankten, wandte sich Paps, der sich bereits unserem Kaufentschluss gebeugt hatte, an Cordulas Kollegen mit den Worten: »Du, Chef, wie schaut's jetzt da aus: Wenn ich des alles nimm', wie viel Prozente krieg ich dann?«

Meine Mutter meinte nur peinlich berührt: »Mei, jetzt fangt er s'Handeln an! Komm, mir schleichen uns und warten draußen!«

Gesagt, getan. Als mein Vater schließlich mit dem ungewollten Einkauf nach draußen kam, nahm ich ihm die Tüte ab, um das soeben vollzogene Geldausgeben wieder vergessen zu machen, und verstaute die Sachen im geparkten Auto, während meine Mutter ihn auf die Terrasse des neuen Lokals zog und drei Aperol Sprizz bestellte. Als er von dem pappig-orangenen, leicht bitteren Getränk probiert hatte, die Eiswürfel im Drink fröhlich-sommerlich vor sich hinschepperten und die bayerische Abendsonne uns ins Gesicht schien, da war die Tortur von eben bereits vergessen, und er meinte nur: »Heut habt's mich wieder sauber ausgschmiert!«

Wenn wir allerdings in München unterwegs sind, dann geht mein Vater stets allein auf Tour, um dem lästigen Probieren zu entkommen. Haben wir nach einem langen Tag etwas für ihn mitgebracht, protestiert er sowieso immer. Hatten wir dagegen nur für uns Frauen geschaut, war es ihm lieber (»Wie's euch ned zu blöd is, mir wär' des zu blöd.«).

In der Regel lassen wir einen langen Münchentag bei ein paar Schoppen Frankenwein im Ratskeller ausklingen. Da hat Paps meist wieder einiges zu berichten, was immer so ganz nebenbei zwischen einer Olive und einem Stückchen Käse geschieht:

Paps: »Im Bayerischen Hof war ich auch.«
Ich: »Im Bayerischen Hof?!«
Mama: »Was hastn da gmacht?«
Paps: »Da hab ich den netten Herrn am Empfang gefragt, wie denn die Auslastung so is', weil die Zimmer sind ja ned billig.«
Mama: »Geh, woher weißt'n du, was die Zimmer kosten?«
Paps: »Ich hab gefragt. Mechst ja gar ned glauben, dass des Hotel immer voll is'. Dann hab ich mir noch an Espresso kafft.«
Ich: »Wo?«
Paps: »Im Foyer. Die bringen dir an Espresso. Der war teuer, aber zum Schaun gibt's da fei viel.«
Ich: »Du hast dich einfach ins Foyer vom Bayerischen Hof gesetzt und Kaffee trunken?«
Paps: »Freilich. Des derf ma. Da geht's scho sehr nobel zu. *(Ein Schluck Silvaner)* Und die Uschi Glas hab ich troffa!«
Mama (verschluckt sich an ihrem Wein): »Die Uschi Glas … hast *du* troffa?«
Ich (zögerlich): »Aber du hast ned geredet mit ihr … oder??«
Er: »Freilich. Ich hab zu ihr gsagt: ›Uschi, gut schaust aus, aber mager bist!‹«

Vor vielen Jahren einmal saßen meine Eltern und ich im alten Café Kreutzkamm inmitten von älteren Damen mit ondulierten, bläulich gefärbten Haaren und Trachtenhüten bei einer sehr feinen Münchnerin am Tisch. Sie hatte uns nur recht widerwillig bei sich Platz nehmen lassen, denn Small Talk mit etwas unpassend gekleideter Landbevölkerung stand offensichtlich nicht auf der Liste ihrer Lieblingsbeschäftigungen. Sie selbst war hochelegant, äußerst akkurat frisiert, und während sie sich sorgfältig ihre korallenroten Lippen mithilfe eines antiken Spiegelchens nachschminkte, bemerkte ich die vielen wertvollen Ringe an ihren manikürten Händen. Meine Mutter, von der ich mein Faible für Schmuck geerbt habe (genauso wie mein Faible für Schuhe, Taschen, Hüte, Schals, Kosmetik, Cremetorten, Orchideen und Heiligenfiguren), bemerkte sie ebenfalls, denn sie gab mir unter dem Tisch einen Stoß und deutete mit ihrem Kopf in Richtung der wertvollen Preziosen. Und fast unhörbar presste mir meine Mutter ein den offensichtlichen materiellen Wohlstand der Dame anerkennendes »Schaug's an, die Oid!« (die Alte) entgegen.

Mein Vater dagegen, dem jegliche Berührungsängste fremd waren, verwickelte die Dame unmittelbar nachdem sie ihr Schminkspiegelchen wieder in ihr Krokotäschen gepackt hatte in ein Gespräch über München im Allgemeinen und die Kriegsgeneration im Besonderen (»Sind's öfter da? Des Café gibt's ja scho ganz lang, gell. Des weiß ich immer scho!«).

War die feine Dame anfangs noch recht mürrisch und wortkarg, so kochte mein Vater sie jedoch in kürzester Zeit mithilfe von kleinen Komplimenten (»Was? Sechsundachzig san Sie schon? Da ham Sie sich aber sehr gut gehalten …!«) so weich, dass sie uns schließlich zu einem Gläschen Sekt einladen wollte. Mein Vater lehnte jedoch dankend ab (»Mir müssen noch a Häusl weida, verstengans?«), und beim Rausgehen stellte meine Mutter – die Konversationskünste meines Vaters neidlos anerkennend – fest: »Wenn du a bissl länger blieben wärst, dann hätt' sie dir ihre Villa in Grünwald vermacht!« Derlei schnöde Gedanken hatte mein Vater nie, deshalb meinte er einfach: »A feine Dame, a sehr feine Dame. Sehr reiche Familie. Die ham im Krieg alles verloren. Aber ihren Humor hat's noch!«

Vor einigen Jahren hatte ich meine Eltern zu einem Sizilienurlaub eingeladen als kleinen Ausgleich für die vielen enttäuschten Hoffnungen und schlaflosen Nächte, die sie meinetwegen hatten. Ich hatte ein wunderschönes Hotel in Taormina genau unterhalb des berühmten Amphitheaters ausgesucht, von dessen Terrasse man einen herrlichen Blick über die Bucht hatte. Eines Morgens saß ich bereits beim Frühstück, als meine Mutter sich zu mir setzte. Allein.

Ich fragte: »Wo is'n da Babba?«
Sie: »Keine Ahnung. Wie ich aufgewacht bin, war er weg.«
Ich: »Wie? Weg?«
Sie: »Weg halt.«
Ich: »Ja, der kann doch ned einfach weg sein. Wo geht denn der hin? Der spricht ja kein Wort Italienisch!«
Sie: »Geh, des is' doch am Babb' wurscht. Kennst'n ja!«

Kaum hatte sie diese wahren Worte gelassen ausgesprochen, bog Paps fröhlich pfeifend im heute azurblauen Poloshirt mit offensichtlich frischem Haarschnitt um die Ecke und ließ sich genüsslich in den weich gepolsterten Sessel neben Muttern plumpsen:
Ich: »Wo warst'n du?«
Er: »Beim Friseur?«
Ich: »Ja, wo denn?«
Er (hinter sich deutend): »Do unten im Ort. Den hab ich gestern scho gesehen und i hab mir denkt, da gehst heut hin. Netter Kerl. Mir ham uns sehr gut unterhalten.«
Ich: »Ja, hat der Deutsch gesprochen, der Friseur?«
Er: »Ah wo, kein Wort.«
Ich: »Ja, und wie – ich mein', über was habt's ihr euch dann unterhalten?«
Er: »Mei, des is' überall desselbe.«
Mama: »Was is' überall desselbe?«

Er: »Schau, die ham dieselben Probleme wie mir halt auch.«
Mama: »Was für Probleme?«
Er: »Ja, mit der Damenwelt halt. (Pause) Und an sehr guten Espresso hat er gehabt.«
Ich: »Aha. Ja, und dann bist ins Hotel zurück ganga?«
Er: »Na, dann hab ich mi noch a bissl aufn Marktplatz hingsetzt. Da sitzen die ganzen Alten im Schatten und trinken in da Früh scho an Wein. Des gefällt mir! (*Er beißt in eine halbe Semmel, die er vom Teller meiner Mutter stibitzt hat.*) Überhaupt des Sizilien, des gefällt mir. Da is' was los.«

Der kommunikativen Art meines Vaters ist es wohl außerdem geschuldet, dass er jedem alles verkaufen kann. Und er tut es auch. Alles, was in und um unseren Hof nicht niet- und nagelfest ist und nicht mehr gebraucht wird, wird verhökert. Dies geschieht meist mittels Zeitungsannoncen, die mein Vater aufgibt. Meist annonciert er etwas, ohne meine Mutter vorher zu informieren. Oft sind es Einzelteile oder landwirtschaftliche Geräte, oder Teile von landwirtschaftlichen Geräten, wo sie weder weiß, wie sie aussehen, noch, wo sich selbige auf unserem Hof befinden. Und wenn bereits vor dem Frühstück zehnmal das Telefon klingelt, dann weiß sie: Der Papa hat wieder eine Annonce in der Zeitung aufgegeben. Bloß, was für ein Trumm hat er diesmal annonciert? Meist wird sie das im Laufe des Tages herausfinden, denn spätestens wenn die ersten Interessenten um unser Wohnhaus herumschleichen, dann ist Paps wieder zur Stelle, denn da beginnt für ihn ja der interessante Teil des Geschäfts (»Und? Habt's ihr bei euch die Wintergerstn scho baut? An Erben für'n Hof habt's? Hat der scho a Frau?«)

Noch tagelang, auch nachdem das jeweilige Teil schon verkauft ist, läutet oft mehrere Dutzend Male das Telefon, und meine Mutter beantwortet jeden Anruf geduldig. Wahrscheinlich fürchtet sie, dass mein Vater auch sie irgendwann einmal verhökern könnte. Mithilfe einer Kleinanzeige im »Landwirtschaftlichen Wochenblatt« nach dem Motto: »Mei, a Frau in dem Sinn brauch ja ich keine mehr, seit mir keine Viecher mehr ham!« Und da geht sie lieber selbst ans Telefon.

Wissen Sie, was ich neben seiner positiven Lebenseinstellung und seiner Neugier auf Menschen am meisten an meinem Vater bewundere? Die Tatsache, dass er völlig vorurteilsfrei ist, denn in den zweiundvierzig Jahren, die ich ihn kenne, habe ich ihn nicht einmal über einen anderen Menschen sagen hören: »Des is' vielleicht ein Depp!« Er sagt immer nur: »Mei, der is' halt anders, weißt!«

Und wenn ich meinen Vater mit einer kurzen Geschichte skizzieren müsste à la »Machen Sie eine typische Handbewegung!«, dann würde ich immer folgende erzählen:

Vor einigen Jahren hatte mein Vater unsere ganze Familie zu einem Notartermin beordert, um alles festzulegen, was es eben im letzten Lebensdrittel festzulegen gilt: Verteilung des Erbes, Patientenverfügung et cetera. Meine Brüder, mein Vater, meine Mutter und ich saßen also im Büro des Erdinger Notars Herrn Dr. K., schön um dessen Besprechungstisch drapiert. Als wir alle unsere Personalausweise abgegeben hatten, hielt der gute Herr Dr. K. plötzlich inne und starrte eine Zeitlang auf den Ausweis meines Vaters. Ich meine sogar, eine leichte Blässe um seine Nasenspitze erkannt zu haben. Etwas um Fassung ringend, sagte er zu meinem Vater: »Ja, aber, Herr Gruber, bei Ihrem Ausweis, da fehlt ja ein ganzes Stück!«

Und mein Vater antwortete wie selbstverständlich: »Ja, freilich. Des hab ich abgeschnitten, sonst hätt' er nicht in den Geldbeutel nei'passt!«

Meine Brüder und ich schauten uns eine Zehntelsekunde lang an, um dann in schallendes Gelächter auszubrechen, meine Mutter schüttelte leicht beschämt den Kopf, während sich mein Vater zufrieden zurücklehnte und sich offensichtlich freute, dass er (wieder einmal) dem Amtsschimmel ein Schnippchen geschlagen und selbst einen staubtrockenen Notartermin mit einer Prise Gruber'schem Humor versehen hatte.

Herr Dr. K. blickte mit einer Mischung aus Fassungslosigkeit und Amüsement in die launige Runde und fuhr nach kurzem Zögern einfach mit dem Prozedere fort, weil – mal ehrlich –: Was hätte es gebracht, die ganze Gruber-Sippe heimzuschicken und den Termin auf einen späteren Zeitpunkt zu verschieben, nur weil ein kleines amtliches Dokument ungültig gemacht worden war? Ich glaube, Herr Dr. K. hatte auch ein klein wenig Angst, dass wir eine Woche später wieder in seinem Büro auftauchen würden mit einem neugeborenen Kalb oder zwanzig Stangen Presssack im Gepäck, um seine Rechnung mit Naturalien zu begleichen.

Mein Vater ist soeben fünfundsiebzig Jahre alt geworden, sieht dabei aber locker zehn Jahre jünger aus, und wenn ihn die Leute fragen, wie es ihm geht, dann sagt er immer: »Gut geht's mir. Nur die Zeit geht mir aus!« Denn er hat noch viel vor: meinem Bruder helfen, den Hof weiter zu bewirtschaften, seinen Enkeln beim Aufwachsen zuschauen, ihnen Pfeil und Bogen basteln und gemeinsam mit ihnen morgens – trotz heftiger Proteste meiner Mutter – mit dem Traktor zum Semmelholen fahren (»Mei, wenn er halt so gern mitfahrt, der Bua!«), weiterhin freiberuflich Hagelschäden für eine Nürnberger Versicherung schätzen, Inserate schreiben, und vielleicht noch nach Namibia reisen.

Die Mama, die Oma und Valentino

Ein Film über meine Familie, speziell über meine Mutter, müsste damit anfangen, dass ein ganzer Kuchen zum Küchenfenster hinausfliegt und im Garten landet. Denn meine Mutter ist die perfekte Kuchen-, Torten- und überhaupt Alles-Bäckerin: Ihre Weihnachtsplätzchen sehen besser, aus als die aus der feinsten Konditorei und schmecken noch besser als sie aussehen. Ihre Schwarzwälder Kirschtorte als göttlich zu bezeichnen wäre nicht blasphemisch, sondern die reinste Wahrheit, und wer an ihren Kirchweihnudeln beziehungsweise ihrem Apfelstrudel irgendetwas auszusetzen hat, der hätte wahrscheinlich auch bei der jungen Sophia Loren irgendein Überbein gesucht.

Aber eben weil meine Mutter so eine gute Köchin und noch bessere Bäckerin ist, ist sie sich selber gegenüber geradezu wahnwitzig kritisch: Wenn der Biskuitteig für den Erdbeerkuchen statt einer satten dottergelben Färbung nur ein Tickerl ins Ockergelbe lappt und damit – laut Mama – »staabtrucka« (staubtrocken) ist, herrscht in der Küche eine Stimmung wie kurz vor einem Unwetter mit Hagelwarnung. Und in beiden Fällen würde das Anzünden der typisch bayerischen schwarzen Wetterkerze nicht schaden, um größeres Unheil von der ganzen Familie abzuwenden.

Scheint der Sandkuchen aus irgendeinem unerklärlichen Grund trotz Verwendung von glücklichen Eiern von noch glücklicheren Hühnern aus eigener Haltung nicht so hoch aufgehen zu wollen wie gewohnt und sollte auch ihr übliches gutes Zureden durch die Backofenscheibe daran nichts ändern

(»So, Kuacherl, jetzt dua schee aufgeh', gell, dann bist brav!«), werden sofort alle verwendeten Zutaten von ihr durchforstet, um die Ursache des fatalen Kuchenzustandes zu eruieren: »Meinst, dass as Fett zu kalt war? Oder die Eier zu frisch? Die Milch wird doch keinen Stich gehabt ham?«

Wenn zum Beispiel der Kuchen zu lang im Rohr war, musste oftmals eines der Familienmitglieder (meistens ich!) als Sündenbock herhalten und wurde im Zuge der Ermittlungen einem Verhör unterzogen, das Guantanámo-Experten für Waterboarding die Tränen des Stolzes und der Rührung in die Augen getrieben hätte. So in etwa:

»Ja, du hättest auch amal nach dem Kuchen schaun können!«

»Aber, Mama, i hob doch gar ned gewusst, dass du an Kuchen im Ofen hast!«

»Des riecht ma doch!«

»Aber ich war doch oben im Büro!«

»Ja, da kann ma doch trotzdem schaun!«

»Aber wenn ich's doch ned gwusst hab?!«

»Was is'n morgen für ein Tag?« (Vorsicht, Fangfrage!)

»Mmmhhhh –Mittwoch?«

»Nein, ich mein, was für ein Datum?«

»Ähhhh, der 19. März, warum?«

»Und was is' am 19. März?«

»Keine Ahnung, Frühlingsanfang?«

»Schmarrn! Denk amal gscheid nach!«

»Ich weiß es nicht, Mama …«

»Du weißt es ganz genau: neunzeeehnter März!«

»Ahh, Josefi! Namenstag vom Babba!«

»Und vom Seppi! Und was heißt das?«

»Dass du … ähhhh … an Kuchen machst?«

»Ja, und warum hast du nicht nach dem Kuchen geschaut?«

»Es tut mir leid, Mama!«

Ihr Ton lässt keinen Widerspruch zu. Deshalb schaue ich auch heute noch als Erstes, wenn ich auf den Hof meiner Eltern komme, durch die Backofenscheibe: Es könnte ja ein Kuchen im Rohr sein, an dessen Verhunzung ich auf keinen Fall schuld sein möchte!

Wenn meine Mutter zum Beispiel Krapfen, Kirchweihnudeln, Hauberling, Auszog'ne (ein süßes, in Butterschmalz ausgebackenes Hefeteiggebäck mit Rosinen) oder Schmalznudeln (herzhafte, runde, in Butterschmalz ausgebackene Kücherl aus Roggenmehl) macht, sortiert sie das fertige Gebäck auf Blechen und Platten nach »schee« (schön) und »ned so schee« (weniger schön), wobei jeder Gault-Millau-Kritiker mit bloßem Auge keinen Unterschied erkennen würde. Das »scheene« Gebäck wird dann immer zum Verschenken benutzt (als Mitbringsel, wenn man eingeladen ist, oder für die Nachbarn, den Postboten, den Kaminkehrer, den Eisenwarenhändler, den Kaba-Mann, den Decken-Mann, den Herrn Pfarrer oder anderen zufällig hereinschauenden Besuch). Das »nicht so scheene« Gebäck jedoch ist für die Familie bestimmt. In panischer Angst, er könnte vom falschen Blech essen und dafür einen Anschiss von meiner Mama kassieren, fragt mein Vater beim Anpirschen an ein Blech schon immer vorsichtig:

»Von welchem Blech darf ich was nehma?«
Mama: »Ned von die Scheena!«
Paps: »Wo san die Scheena?«
Mama: »Des sieht ma doch!«
Paps: »I ned.«

Bei völligem Misslingen eines Gebäcks oder Kuchens – also wenn die Kirchweihnudeln zum Beispiel einen halben Zentimeter niedriger sind als sonst – ist meine Mutter so persönlich gekränkt, weil ihr das nach so langen Jahren in der Küche widerfahren muss, dass sie wild auf dem Objekt ihres Unmuts herumdrückt und vor sich hinprustet: »Na, glaubst es – ich schmeiß des Glump zum Fenster naus, sollen's die Hühner fressen!«

Selbst wenn man sie mit den Worten zu trösten versucht: »Aber es schmeckt doch trotzdem guad!« – von ihr kommt nur ein durch die Zähne Gezischtes: »I mags ned… diese zammg'hockten Dotschn!«

(Das Wort »Dotschn« lässt sich übrigens auf unförmiges, missratenes Gebäck genauso gut anwenden wie auf ebenso gebaute, etwas unbeholfene Frauen und ist in beiden Fällen nicht als Kompliment gedacht.)

Denn wie beim Eiskunsttanz bedeutet in der Küche meiner Mutter ein unperfektes Äußeres: Abzüge in der B-Note. Die Qualität ist gemindert, die Stimmung gedämpft.

Dieser hohe Anspruch an ihre Koch- und Backkunst kam nicht von ungefähr, war doch ihre Mutter, meine Oma, genauso erpicht darauf, dass alles, was aus ihrer Küche kam, nicht nur gut schmecken, sondern auch optisch ein Leckerbissen sein musste.

Wenn meine Oma zu Besuch war und die frisch gebackenen Schuxn (ein herzhaftes, längliches Sauerteiggebäck, das außen knusprig und innen hohl ist) oder Schmalznudeln meiner Mutter von allen Seiten fachfraulich betrachtete, sie unter leichtem Drücken drehte und wendete und schließlich davon probierte, meinte sie oft anerkennend: »Schee sans … guad sans auch!«

Mama: »Ja, aber so schee wie die deinen sans ned!«

Oma: »Stimmt.«

Oh, diese kleine Spitze reichte, um meine Mutter anzustacheln, ihre Küchenfertigkeiten weiter zu perfektionieren.

Trotzdem habe ich in all den Jahren und auch nach Dutzenden kulinarischen Patzern nie gesehen, dass meine Mutter ein Blech Kuchen in den Garten segeln ließ. Natürlich nicht. Bei uns wurde *nie* irgendetwas weggeschmissen, was unter den Begriff Lebensmittel fiel. Aber ich glaube, sie hätte es oft gern getan.

Wie die meisten bayerischen Frauen vom Land war auch meine Mutter eine der Frauen, bei denen immer der Pragmatismus siegte: Jeden, absolut jeden Fleck konnte man mit Schmierseife entfernen, alles Verlorene konnte durch Beten zum Heiligen

Antonius wiederbeschafft werden, bei körperlichen Schmerzen halfen Melissengeist, Lindenblütentee und eine Wärmflasche, bei seelischen ein gutes Stück Kuchen, ansonsten heilen die Zeit und Humor alle Wunden, Gesundheit und Kinder sind das Wichtigste im Leben, und Essen wird nur dann weggeschmissen, wenn der grüne Schimmelteppich nicht mehr mit einem beherzten Schnitt oder Griff entfernt werden kann.

Und dass man als Frau immer gedanklich der Männerwelt voraus sein muss, das hat einmal eine entfernte Verwandte – aus Diskretionsgründen nenne ich sie nachfolgend »Gschwendner Irmi« – in schönster Perfektion bewiesen, als sie sich zusammen mit ihrer Schwester, die wir hier Maria nennen, zum Krankenbesuch von ihrem gemeinsamen Onkel Albert aufgemacht haben. Der Krankenbesuch war längst überfällig, denn wie die beiden von Onkel Alberts Frau, der Lisbeth, erfahren hatten, war es um die Gesundheit des Onkels nicht zum Besten bestellt: Er war bereits seit über einer Woche im Krankenhaus, und die Ärzte konnten immer noch kein genaues Entlassungsdatum benennen und hielten sich, was den Krankheitsverlauf anbelangte, sehr bedeckt. Selbst die Tante Lisbeth konnte nicht genau sagen, woran es ihrem Mann eigentlich fehlte. Sie wusste nur, er sprach nicht mehr viel, fühlte sich seit Tagen so schwach und wollte nicht mehr essen. Und da Appetitlosigkeit natürlich in Bayern – auch im hohen Alter – als alarmierendstes aller genannten Krankheitssymptome einzustufen war, machten sich die beiden Schwestern Irmi und Maria mit ihrer Tante Lisbeth auf dem Weg ins Krankenhaus.

Als die Irmi von ihrem Krankenbesuch nach Hause kam, war es schon spät und ihr Mann Bertl saß mit den Kindern bei der abendlichen Brotzeit. Als dieser nachfragte, wo sie denn so lang gewesen sei und wie es denn dem Onkel Albert gehe, sagte sie nur:

»Den reißts weg!«
»Was?«
»Der stirbt! Des dauert nimmer lang!«
»Sagt des der Doktor?«

»Des braucht er ned sagen, des sieht man! Der is' ganz gelb im Gesicht! Des Wochenende packt der nimmer!«

Dann erzählte sie, dass ihre Schwester Maria das ganz genauso sehen würde und dass sie das auch ihrer Tante Lisbeth so gesagt hätten. Denn als direkt Betroffene hätte sie halt nicht genügend Abstand zur Sache und würde immer noch hoffen, dass es vielleicht doch nicht so schlimm sei mit dem Onkel und dass er bald wieder nach Hause käme. Aber den Zahn haben ihr ihre beiden Nichten gleich gezogen.

Laut ihrer blumigen Schilderung dürfte das Gespräch vor dem Krankenzimmer von Onkel Albert ungefähr so abgelaufen sein:

Irmi: »Tante Lisbeth, hast du eigentlich an schwarzen Mantel?«
Tante Lisbeth: »Schon – an alten halt. Warum?«
Maria: »Ja, schau dir mal den Onkel an. Den haut's obe (hinunter)!«
Tante Lisbeth: »Wo obe?«
Irmi: »Ja, übers Stangerl halt.«
Tante Lisbeth: »Ja, aber er schaut doch schon viel besser aus?!«
Irmi: »Der is' ganz gelb im Gesicht!«
Maria: »Wia a Biskuit vo sechs Eier!«
Tante Lisbeth: »Meint's ihr wirklich?«
Irmi: »Das Wochenende schafft der nimmer. Drum brauchst an warmen schwarzen Mantel.«
Maria: »Und an gscheiden Hut. Wo bei eurem Friedhof der Ostwind so ums Eck pfeift!«
Tante Lisbeth: »Ja, des kann ich ja immer noch kaufen, wenn's wirklich so weit is'.«
Irmi: »Tante Lisbeth, heut is' schon Mittwoch, morgen is' Donnerstag, da ham die Geschäfte zu, weil a Feiertag is'. Wenn jetzt am Samstag die Beerdigung is', was machst'n dann?«
Tante Lisbeth: »Ja, dann fahr ich halt am Freitag …«
Maria: »Das Beste wird sein, mir fahren gleich – braucht bloß was sein!«
Irmi: »Und wia leicht is' was! Und was mir ham, des hamma!«

Diese Tautologie erschien den beiden Schwestern so logisch wie angemessen. Und so fuhren die Irmi und ihre Schwester Maria mit der armen Tante Lisbeth im Schlepptau vom Krankenhaus weg direkt in ein örtliches Bekleidungsgeschäft, um die Tante Lisbeth für die scheinbar unmittelbar bevorstehende Beerdigung bei winterlichen Temperaturen auszustatten. Dass sich die beiden ihrer Sache sehr sicher waren, zeigte sich daran, dass auch sie selber ihre schwarze Garderobe in Gedanken durchgingen und die fehlenden, aber bei der bevorstehenden Kälte doch dringend benötigten Teile käuflich erwarben.

Und in der sicheren Gewissheit, ihrer Tante Lisbeth von großer Hilfe gewesen zu sein, zog Irmi, daheim angekommen, ihre Windjacke aus, hängte sie an einen Haken und setzte sich mit einem tiefen, erschöpften Schnaufer an den Brotzeittisch. Während ihr Mann Bertl amüsiert nachfragte, ob sie denn nicht ein bisserl voreilig gehandelt habe, biss die Irmi schon in ein Stück Kochsalami und schnitt sich die selbst eingelegten Gewürzgurken in kleine mundgerechte Scheiben zurecht.

»Ihr Männer habts ja von so was keine Ahnung. Weil euch des nämlich wurscht is'. Ihr tätet ja auch in einer zerrissenen Hos'n zur Beerdigung gehen. Außerdem hat der Wetterbericht angesagt, dass es am Wochenende saukalt wird!«

Der Bertl war noch nicht überzeugt, und ihm und auch seinen Kindern erschien die Geschichte so skurril wie lustig, sodass sie anfingen, ihre Mutter auszulachen.

»Aber, Mama, was machst jetzt, wenn nix is'? Weil, wenn's ganz bled lafft, dann wird er vielleicht wieder gsund, da Onkel?«

»Geh, lassts mir doch mei Ruah!«

Damit war das Thema für die Irmi vom Tisch. Der Bertl und die Kinder zogen sie die nächsten Tage immer wieder mit ihrer Vor-Exitus-Einkaufstour auf, aber ihre hämischen Kommentare verstummten, als nach zwei Tagen der Anruf von der Tante Maria kam, dass der Onkel Albert letzte Nacht friedlich eingeschlafen sei und die Beerdigung am Montag bei eisigen Temperaturen stattfinden würde. Die arme Tante Lisbeth sei zwar tief getroffen vom Tod ihres Mannes, aber doch bestens ausgerüstet für den zugigen Gang zum Grab, was ja doch ein sehr großer Trost sei.

Die Irmi war traurig, weil sie die Tante Lisbeth nämlich sehr gern mochte, was sie jedoch nicht daran hinderte, ihren Triumph auszukosten, indem sie seufzte: »Die arme Tante Lisbeth, mei … Aber die warme Pelzhaube wird's gut brauchen können!«

Bei Familienfeiern kommt heute noch ab und zu die Rede auf diesen Vorfall, und jedes Mal, wenn einer anfängt, das pragmatische Vorgehen der Irmi Gschwendner ins Lächerliche zu ziehen, sagt sie beinahe entrüstet: »Und? Was war? So froh war's, die Tante Lisbeth, dass mir rechtzeitig alles kauft ham!«

Eine gestandene bayerische Frau muss eben immer gewappnet sein für die Stürme des Lebens. Vor allem natürlich optisch. Ob bei Beerdigungen oder Hochzeiten, Kindergartenfesten oder Fahnenweihen, ob in der Kirche oder beim Gang zum Zahnarzt: Es ist immer wichtig, dass man »sauber beinand« ist, was so viel heißt wie immer dem Anlass passend und ordentlich gekleidet zu sein. Meine Oma mütterlicherseits ging zum Beispiel immer mit Hut in die Kirche. Vielleicht behielt sie auch den Huttick deshalb bei, weil der damalige Pfarrer Ellinger, der der Meinung war, dass man nur als ordentlich angezogenes Schäfchen dem Herrgott gebührend Respekt erweisen konnte, meine Oma immer lobte, dass sie einen Hut und kein einfaches buntes Kopftuch trug, wie es damals auf dem Land üblich war. Als Kind fand ich diese weich geschwungenen Gebilde in Dunkelblau, Schwarz oder manchmal ins Taupefarbene changierend sehr faszinierend: Es gab Strohhüte für den Sommer, die fast durchsichtig und auf einer Seite mit Blüten verziert waren, die so schräg sitzen mussten, dass man nur ein Auge der Trägerin sehen konnte. Und die Modelle für Herbst und Winter aus samtig schimmerndem Wollmaterial oder Alpaka, die mit Rips- oder Seidenbändern und grünlich schimmernden Federn verziert waren. Ich fand es immer erstaunlich, dass eine Frau, die einen eleganten Hut trägt – ob nun Bäuerin oder Schauspielerin – sofort die Aura eines UFA-Stars umweht. Wir Kinder durften allerdings nicht ein einziges Mal einen der Hüte von der Oma Leni anfassen, denn sie hatte geradezu panische Angst, dass wir mit unseren ständig dreck- oder schokoladeverschmierten »Pratzn« Flecken auf dem kunstvollen Gebilde hinterlassen würden und dadurch – was noch viel schlimmer wäre – die Motten in ihren Schrank hineinlocken und somit ihre kleine, aber elegante Hutsammlung mitsamt dem Fuchskragen für kalte Wintertage ruinieren würden.

Meine Oma musste als alleinstehende Bäuerin mit erst sechs und später vier Kindern mit ihrem Geld sehr haushalten, und das auf dem Hof erwirtschaftete Geld wurde sofort wieder in den Hof investiert: Vom Milch- oder Stiergeld wurden Saatgut, Dünger und Jungtiere gekauft. Die finanzielle Situation wurde nach dem Krieg noch enger, als sie auch noch ukrainische Vertriebene, die in ihren Stall einquartiert wurden, und eine Münchner Familie, die durch die Bombenangriffe ihre Wohnung verloren hatte und bei ihr und den Kindern zusammen mit Mägden und Knechten im Haus wohnten, durchfüttern musste. Freilich, die Münchner halfen meiner Oma bei der Wäsche, in der Küche und auch auf dem Feld, weil in der Nachkriegszeit das Wort »Zusammenhalt« noch mehr bedeutete, als dass man auf der »Wiesn« am Biertisch gemeinsam schunkelt und sich eine Maß teilt, aber meine Oma hatte nie viel Geld auf der hohen Kante, und so etwas wie Taschengeld für ihre Kinder war undenkbar. Meine Mutter hat einmal ein kleines Ferkel, das von der Muttersau verstoßen wurde, mit der Flasche aufgezogen, was zur Folge hatte, dass ihr das Ferkel »Hutschgaggerl«, selbst als es schon eine riesige Sau war, wie ein Hund auf Schritt und Tritt hinterherlief. Meine Oma meinte damals: »Wenn das Hutschgaggerl amal verkauft wird, dann kriegst du das Geld.«

Aber dieses Geld hat meine Mutter natürlich nie gesehen, weil es wieder verwendet worden war, um die Löhne für Knechte und Mägde oder Reparaturen beim Schmied zu bezahlen.

Trotzdem konnte meine Oma ab und an etwas Geld abzweigen, für das sie meist ein paar Bahnen Stoff kaufte, um für ihre Töchter Kleider bei der Schneiderin im Nachbardorf nähen zu lassen. Und mit viel Glück blieb auch noch etwas Geld für die passenden Schuhe übrig, die sich meine Mutter oft mit ihrer Schwester Otti im Doppelpack kaufte, passend zum gleichen Kleid von der Schneiderin, der Kath', sodass beide wie das doppelte Lottchen am Samstag zum Tanzen gingen.

Noch im hohen Alter hat meine Oma immer gern Modezeitschriften mit mir durchgeblättert, und wenn sie oft sonntags bei uns zum Kaffee zu Besuch war, dann wurden alle prominenten Frauen in der *BUNTE* auf ihren modischen Geschmack und ihre Stilsicherheit hin durchgehechelt. Omas Favoriten waren immer Königin Silvia von Schweden und Karin Stoiber, denn »die hod immer was von ESCADA an, und da war noch nie a Glump dabei, die Gwander san alle schee!« (Sie meinte, dass Karin Stoiber bei der Auswahl ihrer Kleider stets ein stilsicheres Händchen bewiesen hatte).

Meine Oma und meine Mutter einte die Liebe zu einem besonderen Designer: Valentino, dessen wunderbar eleganten, teils herrlich romantischen Märchenroben uns besonders faszinierten, und seine Entwürfe, die wir an berühmten Hollywoodschauspielerinnen bewundern durften, wurden mit vielen »Ahhhs« und »Mei, schau amoi des!« kommentiert. Und bevor die Damen sich von *Gala* und *BUNTE* ab- und wichtigeren Dingen, nämlich der Kuchenauswahl, zuwandten, wurde das Thema Mode jedes Mal geschlossen mit dem immer gleichen Satz von mir: »Gell, Mama, wenn ich amal heirat', dann kauf' ich mir ein Brautkleid von Valentino, weil der hat's einfach drauf!« Aber der gute Valentino ist nun bereits in Rente. Wahrscheinlich konnte er nicht länger auf meine Hochzeit warten.

Meine Oma habe ich bewundert dafür, dass man sie immer noch so leicht zum Lachen bringen konnte, obwohl sie so viel Schlimmes erlebt hatte: Zwei ihrer Kinder starben ganz jung, die kleine Elisabeth fiel im Alter von zwei Jahren in den Brunnen hinter dem Haus und ertrank, und ihr Seppi erstickte im Alter von zehn Jahren in einer Sandhöhle, die er sich mit seinem Bruder und den Nachbarskindern gebaut hatte. Mein Bruder, der auch Seppi heißt, erinnerte sie oft an ihren eigenen Sohn, und dann fing sie oft von einem Moment zum anderen zu weinen an. Und wenn ich sie dann fragte, warum sie weine, dann erzählte sie, wie man ihr den toten Sohn, als man ihn schließlich im Wald gefunden hatte, in den Flur legte. In der Hand hatte er noch das Butterbrot, das sie ihm ein paar Stunden zuvor gemacht hatte. Die Erinnerung war auch im hohen Alter noch so präsent, dass sie ständig vor sich hinmurmelte: »Sand, alles war voller Sand … da Mund, alles voll Sand … und in der Hand hat er noch s'Butterbrot ghabt!«

Nach ein paar weiteren Jahren wurde ihr Mann Matthias – gezeichnet durch die viele harte Arbeit und mangelnde Ernährung in Jugendjahren – schwer lungenkrank. Er wurde in mehreren Kliniken behandelt und schließlich zum Sterben heimgeschickt. Als die Männer des Dorfes den Sarg schulterten, um ihn traditionsgemäß zum Aufbahren in die Kirche zu tragen, tropfte Wasser aus dem Sarg: Durch die vielen Medikamente war der Körper des Toten so aufgeschwemmt, dass erst nach dem Tod das Wasser abging und die Jacken der Sargträger durchnässte. Alle Männer mussten ihre Anzüge danach wegschmeißen, weil der Geruch des Leichenwassers durch kein Waschmittel der Welt mehr herauszubekommen war.

Die Nachkriegsjahre ohne Mann mussten für meine Oma genauso schwer gewesen sein wie die Kriegsjahre: Es gab immer Mäuler zu stopfen, denn fast täglich kamen sogenannte »Hamsterer« aus München auf den Hof, um meine Oma um ein (!) Ei, einen Löffel Butter oder Schmalz oder ein paar Kartoffeln anzubetteln.

Als die Amerikaner einmarschierten, stand die ukrainische Bäuerin mit ihren wenigen Habseligkeiten vor der Haustür des Bauernhauses und sagte hämisch zu ihr: »Bäuerin, du heute Stall schlafen, ich heute deine Bett schlafen.«

Meine Oma konnte sich nur mit Händen und Füßen gegenüber den Amis verständlich machen, dass sie weder ein Nazi noch eine »Leutschinderin« war, sondern nur ihre Arbeit auf dem Hof gemacht hatte und immer gut zu ihren Leuten gewesen war. Die Amis glaubten ihr schließlich und ließen sie mit ihren Kindern im Haus wohnen, quartierten sich aber für ein paar Tage auf dem Hof ein. Da 1945 ein sehr kalter Mai war, wärmten die GIs ihre Stiefel direkt im Backofen, worauf einige der Stiefel zu schmelzen begannen. Sie lagen vollständig angezogen im Ehebett von meiner Oma und probierten den Inhalt aller Marmeladen- und Einweckgläser mit den Fingern. Was ihnen nicht schmeckte, spuckten sie einfach auf den Boden. Die Oma sagte immer: »Sie waren zwar Saubär'n, aber sonst sehr nett!« Und vor allen Dingen großzügig zu den Kindern, an die sie »Hershey's«-Schokolade und Kaugummis verteilten.

Erst mit Mitte fünfzig beschloss meine Oma, den Führerschein zu machen, kaufte sich einen BMW, und gerade, als sie es sich endlich etwas schöner hätte machen können, da bekam sie einen Schlaganfall und war von da an halbseitig gelähmt. Mithilfe ihrer Familie und vieler Reha-Stunden lernte sie wieder zu gehen, aber ihre rechte Hand blieb steif, und sie konnte sich weder frisieren noch sich selber ein Butterbrot schmieren.

Ein paar Jahre vor ihrem Tod erzählte meine entsetzte Mutter meiner Oma, als sie gerade nach dem sonntäglichen Mittagessen bei uns auf der Küchencouch lag, dass ich Schauspielerin werden möchte, in der Hoffnung, dass meine Oma mich unter Anbetung verschiedenster Schutzheiliger davon werde abbringen können. Aber meine Oma strahlte, sodass sich ihr altes Gesicht in viele kleine Fältchen legte, und meinte nur: »Wenn jemand des kann, dann d'Monika.«

An solchen Sonntagnachmittagen war auch oft die ›Tante Mare‹, die ältere Schwester meiner Oma, zu Besuch. Die Tante Mare mochten wir Kinder sehr gern, denn sie vergaß niemals, jedem von uns Kindern etwas mitzubringen. Sie war einer der liebenswertesten, großzügigsten und geselligsten Menschen, die man sich vorstellen konnte. Und auch einer der dicksten: Bei jedem Stück Kuchen, das sie über ihren üppigen Busen, der immer in zu engen Pullovern steckte, balancierte, hatten wir Kinder Angst, sie könnte unter lautem Ächzen zerplatzen. Denn sie musste schon stark schnaufen, wenn sie nur ihre massige Figur aus dem Auto ihres Sohnes und über die zwei Treppen unserer Gret (Terrasse) ins Haus wuchtete.

Wenn jemand am Tisch etwas Lustiges erzählte oder ich etwas vorspielte, dann schrie sie immer laut auf, und im selben Moment schossen ihr die Lachtränen aus den Augen, ihre Barthaare am Unterkiefer vibrierten, und ihr mächtiger Vorbau wippte vor und zurück, sodass sie sich selbigen oftmals mit Buttercreme beschmierte, weil die BH-Form so spitz zulief, dass der Inhalt leicht im Kuchenteller landete, meistens rief sie dabei laut: »Nana, des Diandl ... wo's des bloß herhat!«

Und an einem dieser Sonntagnachmittage winkte sie mich mit dem Zeigefinger ganz nah her zu sich und flüsterte leise lachend, sodass ihre sahneverschmierten Barthaare fast mein Gesicht streiften: »Gell, Diandl, und heiraten tust fei ned! Des brauchts heut nimmer!« Und ihre Augen blitzten listig.

Geht klar, Tante Mare, mach' ma.

Familienbande

Die Familie sucht man sich nicht aus. Man wird hineingeboren in diesen bunten Haufen und muss sich unter seinesgleichen behaupten, sich aneinander abarbeiten, miteinander messen und halt irgendwie durchwursteln durch diesen wilden Genpool, in den nicht das dünne Wässerchen von flüchtiger Bekanntschaft hineinplätschert, sondern der von der dickflüssigen Suppe der Blutsverwandtschaft gefüllt wird, die so abfärbt, dass man sie sein ganzes Leben lang nicht wieder loswird.

Vielleicht ist es auch gescheit, dass man sich die Familie nicht selbst aussuchen kann, denn wenn man bedenkt, dass fast die Hälfte aller Eheleute nach einiger Zeit merkt, dass sie offensichtlich aufs falsche Pferd gesetzt hat, was würde erst passieren, wenn die Menschen sich ihre Eltern und Geschwister selber aussuchen könnten? Laut Umfrage einer Jugendzeitschrift wünscht sich nämlich die Mehrzahl aller Jugendlichen zwischen vierzehn und zwanzig Dieter Bohlen zum Vater. Wen sie als Wunschmutter küren würden, daran erinnere ich mich leider nicht mehr, aber ich vermute schwer, es würde wohl auf eine multimediale Nervensäge irgendwo zwischen Heidi Klum und Carmen Geiss hinauslaufen. Obwohl Letztere schon eher als Oma infrage käme. An ihrer Seite wäre wahrscheinlich Opapa Gottschalk oder Jauch. Und Tante Nena würde zusammen mit Onkel Bushido die Gutenachtlieder trällern frei nach dem Motto: »Ey, Babo, pennste jetzt oder isch pflaster dir gediegen eine auffe Fresse, bis Wunder geschieht!«

Als Geschwister würden sich die meisten Kids vermutlich Justin Bieber und Miley Cyrus wünschen, was für die Eltern vielleicht nicht soo schlecht wäre, denn sie müssten zwar mehr Geld in die Haar- und Zahnpflegeprodukte ihrer Ableger investieren, würden das aber bei den Klamotten einsparen. Hin und wieder würde halt irgendein verzogener Rhesusaffe übers Nutellabrot am Frühstücktisch hoppeln, aber das wäre wohl bei dieser Familienkonstellation auch schon wursch.

In unserer Familie hat sich allerdings ein Familienmitglied tatsächlich seine Familie mehr oder weniger selber ausgesucht, denn der Gruber'sche Haushalt setzte sich in meiner Kindheit wie folgt zusammen: Es gab Mama und Paps, die – wie könnte es in einer guten katholischen Familie anders sein – zwar nicht Maria und Josef hießen, aber zumindest ziemlich ähnlich, nämlich: Magdalena und Josef. Dazu kamen ihre Orgelpfeifen Monika, Josef junior (Seppi genannt) und Christian. Ferner lebte noch die Mutter meines Vaters bei uns auf dem Hof, Oma Leni, die wir aber nur »Oma« nannten, weil sie erstens die Oma war, die wir jeden Tag sahen, und zweitens, weil unsere Oma mütterlicherseits auch Oma Leni hieß, die wir die Grafinger Oma nannten, weil sie – wer hätte das gedacht – in Grafing lebte. Unseren Großvater väterlicherseits, der – wie könnte es anders sein – Opa Sepp hieß, hatten wir nie kennengelernt, denn er war bereits ein paar Jahre vor meiner Geburt gestorben.

Und somit wären wir bei der einzigen Person, die sich wirklich aus freiem Willen entschlossen hatte, sich unserem Haufen als Familie anzuschließen: dem Bruder meines Großvaters väterlicherseits, also meinem Großonkel Michael. Dieser lebte eigentlich seit Jahrzehnten schon nicht mehr auf dem Hof, da ja sein Bruder, also mein leiblicher Opa, den Hof von seinem Stiefvater übernommen hatte. Der Opa Miche war ein ganz spezielles Kaliber: schwer katholisch zugerichtet und deshalb mit Leib und Seele von Beruf Kirchenmesner in diversen Klöstern, zeitweise sogar in Altötting.

Er hatte zusammen mit den Zwillingsbrüdern Adam und Korbinian schon in ganz jungen Jahren den Hof verlassen, um einen Beruf zu erlernen, und in erster Linie auch, um von seinem latent aggressiven Stiefvater wegzukommen. Der Onkel Miche hat uns Kindern immer erzählt, dass seine Mutter im Leben viel mitgemacht hatte, denn ihr erster Mann war früh gestorben, und der zweite Mann, den sie geheiratet hatte, um den Hof weiterführen zu können, mochte seine Stiefkinder, vor allem auch den Opa Miche, nicht besonders. Bei jeder Kleinigkeit schlug er sofort zu: Wenn seiner Meinung nach eines der Kinder beim Tischgebet die Hände nicht fromm genug faltete oder nicht andächtig genug schaute, setzte es unmittelbar ein paar Watschen, also Ohrfeigen.

Nach all den Jahren konnte ich immer noch seine tiefe Traurigkeit spüren, wenn er schilderte, wie er als Kind mitanhören musste, dass seine Mutter oft in ihrer Kammer laut weinte aus Verzweiflung darüber, dass sie so einen rabiaten Mann geheiratet hatte und es natürlich in der damaligen Zeit aus dieser Situation keinen Ausweg gab. Auch tat es ihr sehr weh, dass einer der Zwillinge, Korbinian, bis nach Kiel ging, wo er als Werftarbeiter tätig war und von wo aus er nie mehr zurückkommen sollte. Denn als er dort von einem großen Eisenhaken erschlagen wurde, war der Stiefvater nicht einmal bereit, die Überführungskosten für den Leichnam zu bezahlen. So wusste die Mutter nicht einmal genau, wo man ihren Sohn begraben hatte. Und sie hätte auch niemals gewagt zu fragen, ob ihr Mann ihr das Geld für die Reise nach Kiel geben würde, denn sie kannte seine Antwort bereits. Heute klingt das alles sehr dramatisch, damals war es aber die ganz normale Lebensgeschichte einer Bäuerin, so wie sie sich bestimmt Hunderte von Malen in Bayern zugetragen hat.

Und natürlich überlebte der rabiate Stiefvater auch noch die Mutter, sodass sogar mein Vater noch, der sich als Kind die Schlafkammer mit dem damals schon betagten Herrn teilen musste, in den Genuss von diversen mittäglichen Watschen kam. Den Dienstboten tat mein Vater immer leid, und deshalb sagten sie immer: »Lauf halt weg, wenn dir der Alte eine schmieren will!«

Mein Vater, der sich bereits in diese für ihn hoffnungslose Situation gefügt hatte, meinte nur lapidar: »Des hilft ja nix, weil auf d'Nacht, in da Schlafkammer, da krieg ich's ja eh!«

Einmal stand der Alte in der Früh auf und schmierte dem kleinen Josef ohne Ansage eine, worauf dieser beleidigt meinte: »Aber ich hab doch gar nix gmacht!«

»Dann hast halt eine gut!«

Diesen Watschenbonus hatte der Alte allerdings bis zum Abend schon wieder vergessen, sodass der arme Bub vor dem Schlafengehen nochmals in den zweifelhaften Genuss einer erzieherischen Maßnahme ohne erkennbaren Anlass kam.

Aber zurück zum Onkel Miche: Als eingefleischter Junggeselle *und* Mitglied der marianischen Männerkongregation Altötting stand er Zeit seines Lebens mit dem weiblichen Teil der Bevölkerung auf Kriegsfuß. Was nicht hieß, dass er die Frauen hasste. Nein, das nicht. Zu solchen Gefühlen wäre er gar nicht fähig gewesen, aber er mochte sie nicht besonders, ich vermute, dass er ihnen einfach generell nicht über den Weg traute, bis auf vielleicht den Klosterschwestern, mit denen er zu tun hatte und die er später sehr lobend erwähnte. Nicht nur, weil sie sehr christlich waren, sondern vor allen Dingen auch, weil sie gut kochen konnten. Und das war dem Onkel Miche sehr viel wert.

Der Miche war bestimmt über dreißig Jahre – wenige Kurzbesuche mal ausgenommen – nicht mehr daheim gewesen, weil er ja als Mesner das ganze Jahr über fest eingespannt war. Einen Führerschein hatte er zwar gemacht, aber gleich bei einer der ersten Ausfahrten verursachte er einen so schweren Unfall, dass es sogar zu einer Gerichtsverhandlung kam, wo der Richter den Miche beschuldigte: »Sie sind ja gefahren wie ein Irrer!« Das war ihm so peinlich, dass er beschloss, nie wieder eines dieser »Höllengefährte« zu lenken. Das Geld, das eine Zugfahrt nach Erding gekostet hätte, das legte er lieber in den Klingelbeutel oder spendete es für arme Kinder in Afrika, denn der Onkel Miche hatte ein großes Herz für die Armen und Schwachen, und darunter durften dann auch Frauen sein.

Ein triftiger Grund für ihn, wieder einmal heimzukommen, war jedoch die Hochzeit meiner Eltern, denn er war gebeten worden, Trauzeuge meines Vaters zu sein. Obwohl er zwar sonst jedes Zusammentreffen mit dem weiblichen Geschlecht mied wie der Teufel das Weihwasser, war doch eine kirchliche Zusammenführung von Mann und Frau selbst für ihn ein Grund zum Feiern. Außerdem freute er sich auf das opulente Hochzeitsmahl, denn obwohl der Onkel Miche so dünn war wie der Stiel des großen Teiglöffels unserer Mutter, war er in der Lage, aus dem Stand mehr Essen in sich hineinzuschaufeln, als ein John-Deere-Traktor Mais in ein Fahrsilo schieben konnte.

Und so kam es, dass der Miche die ganze Hochzeitsfeier lang neben meinen Eltern am Brauttisch saß, und er stand neben meinen Eltern auf dem Brautfoto, und er saß auch am Tag nach der Hochzeit bei meinen Eltern und der Oma am Mittagstisch. Und auch am nächsten Tag. Und am übernächsten. Für seinen Aufenthalt hatte er einfach sein altes Zimmer von früher bezogen, denn er wusste: Als unverheiratetes Familienmitglied hatte er quasi eine Art unausgesprochenes Wohnrecht auf Lebenszeit auf dem Gruber'schen Hof. Deshalb hatte man auch trotz eines Generalumbaus des alten Bauernhauses anlässlich der Hochzeit das alte Zimmer vom Onkel Miche genau so gelassen, wie es war, bevor er als Mesner in die klerikale Welt hinauszog: Das Zimmer hatte im Gegensatz zu allen anderen Zimmern im Haus noch den alten, morschen Holzboden, es standen seine alte Bettstatt mit der durchgelegenen Matratze drin und zwei Kleiderschränke, diverse Kasterl und ein Tisch mit einem Stuhl. Der Raum war immer etwas kühl und dunkel, weil er nur ein Fenster zur Nordseite hatte, und wenn man ihn betreten wollte, musste man vorher durch einen Rundbogen gehen, der von zwei roten Stoffvorhängen abgeschirmt war, dann stand man in einer dunklen Nische, von der linker Hand eine Tür in den Speicher führte und geradeaus die Tür mit einem alten Eisengriff in die Kammer vom Onkel Miche.

Nachdem sich der Miche ein wenig eingelebt hatte und kei-

ne Anstalten machte, wieder in sein Mesnerdasein zurückzukehren, fragte meine Mutter meinen Vater irgendwann vorsichtig, wie lang Miche denn gedenke zu bleiben:
»Bleibt er jetzt länger?«
Mein Vater: »Mei, ich weiß ned so genau.«
»Ja, muss er ned wieder zurück in die Arbeit?«
»Ich glaub, der is' scho in Rente.«
(Pause)
»Ja, mecht er dann ganz dableibn?«
»Naa – der sucht sich bestimmt demnächst a Wohnung.«
»Meinst?«
»Freilich. Geld hat er ja, weil er is ja so sparsam und hat nix braucht außer des, was er gespendet hat.«
»Ja, wenn du meinst, dass er geht.«
»Der geht scho.«
Er blieb. Dreiundzwanzig Jahre lang. Und die Mama hörte irgendwann auf zu fragen, wie lang er denn bleiben wolle, und fügte sich in ihr Schicksal: klaglos, pragmatisch und ohne an sich selbst zu denken. So, wie es die Frauen auf dem Land früher eben machten. Die Frage »Will *ich* das wirklich?« wurde nie gestellt. Es gehört gemacht, was halt gemacht gehört. Wir Kinder hatten ja unseren echten Opa nie kennengelernt und nannten deshalb den Onkel der Einfachheit halber – und in Ermangelung eines Großvaters – eben »Opa«.
Und der Opa war immer da: Er stand jeden Morgen auf und machte sich seinen Malzkaffee mit viel Milch und Zucker und schnitt sich eine dicke Scheibe Brot ab, die er mit Butter und reichlich selbst gemachter Marmelade bestrich. Lieber war ihm allerdings, wenn es noch Kuchen vom Vortag gab oder einen Hefezopf oder Schmalzgebackenes. Wenn das Gebäck schon älter war, störte es ihn auch nicht, denn er riss es einfach in große Stücke und versenkte es in der Malzkaffee-Milch-Zucker-Brühe in seinem großen geblümten Blechkaffeehaferl und fischte dann die aufgeweichten Stücke unter lautem Schlürfen und Geschmatze mit einem Suppenlöffel wieder heraus. Ihm schräg gegenüber tat meine Oma dasselbe mit ihrer ebenfalls

geblümten Tasse, die allerdings aus Porzellan war. Nie trank einer der beiden aus der Tasse des anderen seinen Kaffee.

Als Kinder stellten wir uns immer vor, was wohl passiert wäre, wenn der Opa Miche einmal aus Versehen die Porzellantasse der Oma erwischt hätte. Wahrscheinlich hätte es einen Riesenknall gegeben, der Opa Miche hätte sich sofort in alle feinstofflichen Einzelteile aufgelöst und wäre unter lautem Wehklagen in Richtung Hölle gefahren, wo ihm dann – bei seinem Pech – nicht der Teufel selber, sondern dessen Gattin die Pforte ins ewige Fegefeuer geöffnet hätte. Das waren natürlich nur unsere Hirngespinste, denn wir wussten damals schon, dass eher jeder von uns in der Hölle schmoren würde als der Opa Miche, denn es gab und gibt wenige Menschen, die so frei von negativen Eigenschaften wie Hass, Neid und Niedertracht waren wie unser Opa.

Und da er allen Frauen skeptisch gegenüberstand, schloss dies natürlich auch meine Oma mit ein. Deshalb wurde während des Frühstücks nur sehr selten etwas geredet, was wegen des lauten Geschmatzes und Geschlürfes auch akustisch schwer gewesen wäre. Ab und an wurden Satzfetzen wie träge, weiche Softbälle über die Tischplatte geworfen:

»Heut werds heiß, moan i?« (Schlürf-zutzel-zisch …)
(Saug-schlabber-schmatz) »Wos?«
»Heiß werds!« (Schluck-sabber)
»Wann?« (Brösel-schlurf)
»Heut!«
…
»Ja, vo mir aus!«
Gespräch mit lauten Schlürfgeräuschen beendet.

Bis zum Mittagessen, das zeit meiner Kindheit immer täglich um Punkt halb zwölf abgehalten wurde, vertrieb sich der Opa Miche die Zeit mit Holzhacken, Holzaufrichten, Radreparieren und diversen anderen kleinen Tätigkeiten rund um Haus und Hof. Das heißt, wenn er nicht in die Kirche ging. Denn den Gottesdienst besuchte er selbstverständlich jeden Sonntag (meistens Samstagabend auch), und jeweils dienstags und donnerstags fuhr er sechs Kilometer mit dem Rad in die Stadtpfarrkirche von Erding in die Frühmesse. An diesen Tagen frühstückte er erst später, denn er hatte noch gelernt, dass man den Leib Christi nur auf nüchternen Magen empfangen dürfe. Mindestens alle vierzehn Tage ging er samstags nach dem Gottesdienst zur Beichte. Was er dem Pfarrer da jedes Mal erzählt hat, das vermag ich mir nicht vorzustellen, denn ich habe den Opa Miche nie fluchen, nie schlecht über jemand anders reden gehört, und von unkeuschen Gedanken war er weiter weg als alle Päpste zusammen. Aber der Opa Miche nahm es eben mit den kirchlichen Gepflogenheiten sehr genau. Und da es hieß, ein guter Katholik müsse regelmäßig zur Beichte, dann ging er eben regelmäßig zur Beichte.

Einmal bemerkte unsere Oma, dass unsere beiden Ponys irgendwie aus der Weide ausgekommen waren und frei bei uns auf dem Hof herumliefen. Vater und Mutter waren auf dem Feld, sie selber war natürlich viel zu alt, um hinter dem Schneewittchen und ihrem Jungen herzulaufen, und wir Kinder waren ihrer Meinung nach zu klein. Also schickte sie uns in die Schlafkammer vom Opa, damit er gefälligst seinen Mittagsschlaf unterbrechen und die Ponys wieder zurück auf die Weide bringen sollte. Der Opa war sichtlich aufgewühlt von der Tatsache, dass seine geniale Weidezaunkonstruktion Schneewittchen und Co. offensichtlich nicht davon abgehalten hatte abzuhauen, und er zog sich schnell seine Hose und seine Schuhe an. Also, so schnell er eben mit seinen neunundachtzig Jahren konnte. Kaum fünf Minuten später war er schon unten im Hof, während unsere Oma ständig zwischen Gartentür und Haustür hin- und herlief, um die beiden gefräßigen Viecher davon abzuhalten, über den Gemüsegarten meiner Mutter herzufallen. Als sie den Opa endlich erblickte, fing sie an, ihm Anweisungen zuzuschreien, wie er die zwei schnellstmöglich wieder auf ihre Weide treiben sollte. Der Miche hatte sich mit einem kleinen Stock bewaffnet und tat angesichts seines Alters, der Hitze und der Starrköpfigkeit von Schneewittchen sein Möglichstes, aber das ging meiner Oma alles viel zu langsam:

»Ja, lauf halt, Mo'!«
»Ich lauf ja scho.«
»Schick dich halt. Die kommen sonst auf die Straß' auße.«
(Schweigen)
»Kannst jetzt du ned schneller!?«
Befehle in dieser Lautstärke und dann noch von einer Frau. Das war dem Opa zu viel. Mit großen Schritten und erhobenem Stecken ging er auf die Oma zu, während wir Kinder mit offenem Mund dastanden, und er sagte mit – für seine Verhältnisse – relativ lauter Stimme zu ihr: »Kannst jetzt du ned staad sein, wenn ich eh lauf!« Und dabei schwang er den Stecken bedrohlich vor ihrer Nase. So grantig hatten wir den Opa noch nie gesehen. Und mit Gegenständen hatte er auch noch nie vor irgendjemandes Nase herumgefuchtelt. Das war auch der Oma klar. Die war daraufhin ganz still: »I mein ja bloß.«

Und zusammen mit dem Opa trieben wir dann die Ponys wieder zurück auf die hintere Weide.

Dem Opa aber war sein aufbrausendes Verhalten so unangenehm und peinlich, dass er sofort am nächsten Morgen – es war Samstag – mit dem Radl zum Beichten fuhr, um für sein sündhaftes Verhalten um göttliche Vergebung zu bitten.

Pünktlich zum Mittagessen um halb zwölf war er wieder da, und als meine Mutter zu ihm sagte: »Aber, Miche, da hätt's ja ned gleich zum Beichten fahren müssen«, da meinte er immer noch leicht fassungslos: »Ja, ich weiß aa ned, was gestern mit mir los war.«

Aus der Stadt mitgebracht hat uns der Opa nie etwas, weil er der Meinung war, dass wir eh schon so viel bekamen. Wir nahmen ihm das nie übel, weil wir ja wussten: »Da Opa sammelt alles für die armen Leid.« Und »arme Leid«, die sahen alle ganz anders aus als wir und lebten in Afrika. Das wussten wir schon. Denn der Opa zeigte uns immer die Bilder, die vorn auf dem Prospekt von Misereor drauf waren oder auch auf der katholischen Kirchenzeitung: Bilder von kleinen schwarzen Kindern, die mit den Fingern klebrigen Reis aus dreckigen Schüsseln aßen oder einen einfach nur mit großen braunen

Kulleraugen anstarrten. Es war völlig klar, wer die Kinderschokolade, die Brausestäbchen und die Gummibärchen nötiger hatte. An Geburtstagen bekamen wir dafür immer zwei Mark von ihm und am Namenstag fünf, denn der Namenstag zählte natürlich für ihn mehr. An Weihnachten bekamen wir auch meistens nichts, weil wir ja da »eh schon so viel kriegen«.

Wenn meine Mutter Brot oder Butter benötigte, dann schaffte sie es dem Opa an, und er brachte ihr meistens auch genau das mit, um was sie ihn gebeten hatte, wobei er nie Markenprodukte kaufte, sondern immer das billigste Discounterprodukt. Das holte er dann aus seinem grau-schwarzen Stoffrucksack mit den Lederklappen, legte den Beleg dazu und sagte dann zu meiner Mama: »Fünf Mark dreiazwanzge hab i zahlt, Leni.« Denn obwohl er für Kost, Logis und die Erledigung seiner Wäsche nichts bezahlte – auf diese Idee wären meine Eltern nie gekommen –, wollte er seine Auslagen auf Heller und Pfennig wiederhaben. Und meine Mutter hat es ihm immer gegeben, weil: »So is er halt, der Miche.«

Und wenn das Essen nicht pünktlich um halb zwölf auf dem Tisch stand, dann wurde er unruhig, und wenn es vielleicht sogar schon auf Viertel vor zwölf zuging, dann sagte er meist laut in Richtung meiner Mutter, die an den dampfenden Töpfen auf dem Herd herumhantierte: »Ja, ich mein allweil, ich such mir dann selber was zum Essen.«

Mein Vater beschwichtigte ihn dann immer: »Geh, es gibt ja glei was.«

Mittags wurde bei uns immer ein Tischgebet gesprochen, sonst hätte der Opa nicht anfangen können. Geredet wurde während des Essens nie viel, weil jeder damit beschäftigt war, so schnell wie möglich alles in sich hineinzuschaufeln in der Hoffnung, noch den Knödel zu bekommen, der als Letztes einsam und allein in der Schüssel lag.

Sonntags gab es immer eine Nachspeise, auf die ich mich zusammen mit dem Opa immer besonders freute. Am liebsten mochte ich die Bayerisch Creme von meiner Mama, die meist mithilfe von eingelegten Kirschen, Kirschwasser und Schokostreuseln zu einer »Schwarzwälder Creme« aufgemotzt wurde. Ab und an passierte es, dass sie sich bei den Portionen ein wenig verschätzte und statt sieben Schüsselchen plötzlich acht fertig hatte. Da ich meiner Mama beim Tischdecken und Anrichten helfen musste, war ich eine der Ersten, die das merkte. Dann schnappte ich mir schnell einen Löffel, schaufelte die überzählige Nachspeise in mich rein, um dann nach dem Essen in aller Gelassenheit mein zweites Dessert genießen zu können.

Freitags gab es meistens eine Mehlspeise, denn am Tag des Herrn durfte man kein Fleisch essen. Nicht einmal eine Wurscht zur Brotzeit. Ab und zu gab es auch Fisch: entweder ein Goldbarschfilet in einer dicken knusprigen Panade mit dem wunderbaren Kartoffelsalat von der Mama, den sie nur mit Essigessenz und Öl, Zwiebeln, Salz, Pfeffer und etwas Dill angemacht hat. Keine Mayonnaise, lauwarme Brühe, Gurken oder irgendeinen modischen Krampf. Oder es gab einfach nur gekochte Kartoffeln, also Pellkartoffeln, mit Brathering aus der Dose. Ab und zu, wenn der Papa einen guten Tag hatte, kaufte er eine Dose Tomatenfisch beim Bäcker dazu, den wir Kinder besonders gern mochten, viel lieber als den schrumpeligen Brathering, der immer ein bissl so aussah, als hätten Archäologen ihn als Teil eines Römerfundes ausgegraben und einfach mit etwas Essigsud aufgegossen, damit er nicht so staubtrocken schmeckt. Dagegen war der Tomatenfisch in dieser sämig roten Soße, von der man auch noch den letzten Rest mit einer Semmel aus der Dose tunken konnte, ein Gedicht und wurde deshalb am Tisch ausgerauft. Vom Tomatenfisch gab es immer zu wenig, fand ich. Wahrscheinlich habe ich deshalb bis heute immer ein paar Dosen davon im Kühlschrank, auch wenn nichts anderes mehr drin liegt: mittelscharfer Senf, zwei Flaschen Prosecco und ein paar Dosen Tomatenfisch, das wären die Gaben, die ich für überraschende Halloween-Besucher auch im Juni immer vorrätig hätte. Ansonsten esse ich ihn mit Freuden selber. Gern auch ohne Semmel. Im Stehen in der Küche, nachts um zwei. Dazu ein kühles Pils. Herrlich. Ich finde, man kann nie genug Tomatenfisch daheim haben.

Nach dem Mittagessen legte sich der Opa immer zu einem kleinen Mittagsschläfchen hin, um gegen vierzehn Uhr wieder aufzustehen und draußen nach dem Rechten zu schauen: nach Ponys, Vogelhäuschen, zu flickenden Fahrradschläuchen, oder einfach, um im Holzschuppen das zusammengesammelte »Glump« nach etwas zu durchsuchen, was man per Zeitungsannonce eventuell noch verkaufen konnte. Eine anstrengende Arbeit, von der man sich natürlich gegen sechzehn Uhr mit einer kräftigen Brotzeit erholen musste.

Der Opa schnitt sich dazu immer auf einem eckigen Brotzeitbrettl aus Resopal, auf dem die Wurstmotive nur noch schwer erkennbar waren, dick mit Butter bestrichene Brotkeile zurecht, die – je nach Jahreszeit – mit Wurst, Käse oder Radi (Rettich) und Tomaten belegt waren. Weiches, flaumiges Weißbrot mochte er am liebsten, besonders wenn es ganz frisch war. Das lag wahrscheinlich daran, dass das Brot in seiner Jugend nur einmal pro Woche selbst gebacken wurde, sodass es dadurch meistens eher hart und teilweise sogar schimmelig war. Der grüne Flaum wurde damals nicht etwa durch einen großzügigen Schnitt gesundheitsbewusst entfernt, sondern lediglich mit einem scharfen Messer vorsichtig abgeschabt, damit möglichst wenig Brot verloren ging.

Brot in der Form, wie wir es immer bekamen, war eigentlich für meinen Opa die Ausnahme. Wahrscheinlich war er deshalb so leicht zu bekochen: Er aß nämlich einfach alles – außer Fleisch an einem Freitag. Als ich zwischen dreizehn und vierzehn Jahren anfing, in der Küche herumzuexperimentieren, war Opa immer eines der Opfer, dem meine Versuche vorgesetzt wurden, und er verschlang einfach alles: riesige Mengen von Penne all'arrabbiata (molto piccante, also sehr scharf!), Gyros mit viel Zaziki, Suppenteller voll von würzigem Chili con Carne, Türme von Knoblauchnudeln, Pizza mit viel zu dickem Boden, Tiramisù mit selbst gebackenem Biskuit, eine üppige, mit viel Rum getränkte Malakoff-Torte und Bananenmuffins mit einer dicken Schokoglasur. Der Opa war für alles zu begeistern, und wenn man ihn fragte, ob es ihm schmeckte, sagte er immer zwischen zwei Bissen mampfend dasselbe: »Ja, guad is'… wirklich.«

Und da er besonders scharf auf Kuchen und Torten war und diese schon mit Begeisterung zu seinem morgendlichen Milchkaffee verschlang, mussten meine Mama und ich immer aufpassen, dass er das Zeug nicht in die Finger bekam, bevor es überhaupt ganz fertiggestellt war. Einmal hatte meine Mama für einen Geburtstag von ihrer Tante Rosl eine Prinzregententorte gebacken. Eine Heidenarbeit, wenn man alle acht oder neun Biskuitböden einzeln bäckt, die Buttercreme selber anrührt und auch noch darauf achtet, dass die Form sich nicht nach oben wie der Schiefe Turm von Pisa in eine Richtung biegt, sondern ein homogener Creme-Biskuit-Turm in seiner ganzen fettglänzenden Pracht entstehen soll. Allerdings wollte sie mit dem Außenputz, sprich dem Schokoladenguss – ich möchte fast sagen: dem heikelsten Teil des Prinzregenten-Prozesses – noch bis zum nächsten Tag warten. Als sie aber morgens in die Küche kam, um das gute Stück verzehrfertig zu machen, saß der Opa schon mit einem Riesentortenkeil auf dem Teller bei seinem hochkalorischen Frühstück. Sie hätte die unfertige Torte eben besser verstecken oder als unfertig kennzeichnen müssen, denn als sie den Opa fragte: »Opa, die is' doch noch gar ned fertig, warum hast'n die scho angeschnitten?«, da meinte er nur: »Ah so. Ja, aber die schmeckt a so auch.«

Ich glaube, einer der schönsten Tage war für ihn sein Namenstag, denn da machte meine Mutter ihm immer eine große Prinzregententorte ganz für ihn allein. Beim Anblick der Torte hatte er fast immer Tränen der Rührung in den Augen, und er bot uns Kindern großzügigerweise davon an, aber – wie alle Kinder – waren wir nicht besonders scharf auf fettige Cremetorten, sodass er den Großteil seines Geschenks allein wegspachteln konnte. Und obwohl Frauen ihm durch und durch suspekt waren, hatte er meine Mutter allein schon wegen ihrer

Koch- und Backkünste zu schätzen gelernt, und er hätte nie etwas, das sie ihm vorsetzte, verschmäht.

Zur Brotzeit trank er immer ein Helles, das er sich nicht auf einmal in ein Glas einschenkte, sondern immer wieder nachgoss – eine Angewohnheit, die ich lustigerweise übernommen habe. Das Bier bleibt dadurch frischer und spritziger und wird nicht so schnell »lack«, also abgestanden. Wenn mein Vater ab und zu eine Biermarke kaufte, die ihm nicht so schmeckte, dann gab er einen Löffel Zucker ins Bier, damit es »ned so hantig is'«, denn gar zu bitteres Bier mochte er nicht.

In der Fastenzeit allerdings verzichtete der Opa auf seine tägliche Hopfenspülung. Da gab es dann zur Brotzeit Marmeladenbrote und Lindenblütentee, den meine Oma den ganzen Nachmittag über in der kalten Jahreszeit in einem großen Topf auf unserem alten, leicht windschiefen Holzofen vor sich hinsimmern ließ. Ab und an trank er auch zur Brotzeit ein rohes Ei. Wir Kinder fanden das total eklig, wollten aber immer dabei zuschauen, wie er das Ei an zwei Seiten anpikste und dann unter lautem Gezutzel ausschlürfte. Unter lauten »Pfui Deife«-Rufen schnappten wir uns dann ein Orangenlimo (»Gracherl«) und ein Radibrot, das der Opa uns hergerichtet hatte, und rannten wieder hinaus, um weiterzuspielen.

Meine Eltern machten meistens nach Opa und Oma Brotzeit, so gegen siebzehn Uhr, um danach in den Stall zu gehen und die restlichen Arbeiten zu erledigen. Ein richtiges gemeinsames Abendessen gab es eigentlich nie. Dafür war irgendwie keine Zeit, außerdem hatten sie ja mittags schon warm gegessen. Wenn meine Eltern den Tisch von ihrer Brotzeit abgeräumt hatten, dann war es schon fast wieder Zeit für das Abendessen von Oma und Opa. Da machte sich jeder wieder seine Spezial-Malzkaffee-Mischung mit viel Milch – jeder aus seiner Tasse. Die Milch holten wir immer bei der Tante Jule, der Schwester meines Vaters, die mit ihrer Familie auch in Tittenkofen wohnte und die im Gegensatz zu uns noch Milchvieh im Stall hatte. Meine Eltern hatten auf Rindermast umgestellt, als ich noch ganz klein war, denn zu der Zeit rentierte sich die Milchwirtschaft gerade wieder einmal weniger. Die Landwirte mussten nämlich circa alle zehn bis fünfzehn Jahre auf die Kurzsichtigkeit der Politiker und auf das wankelmütige Brüsseler-EU-Roulette reagieren: Mal war Milchwirtschaft relativ rentabel, aber mit Schweinezucht und Rindermast war nichts zu verdienen. Zehn Jahre später war es genau andersherum. Die Landwirtschaftspolitik in Deutschland war und ist mindestens genauso inkonsequent und wenig vorausschauend wie die Bildungspolitik, und so lässt man das Volk zwischen Lehrerschwemme und Lehrermangel, zwischen Milchseen, Butterbergen und Massentierhaltung plan- und ziellos dahinstrampeln.

Uns Kindern grauste es immer vor der Kuhmilch. In erster Linie wegen der dicken Haut, die sich immer beim Kochen an der Oberfläche bildete und die wie ein gelblich lederner Lappen in dem großen Milchtopf schwamm. Für uns musste die Mama deshalb immer ein paar Tetrapaks ultrahocherhitzte H-Milch kaufen, fettarm, damit sich möglichst wenig Haut an der Oberfläche bildete. Opa und Oma dagegen schöpften die dicke Haut mit Genuss ab, um sie dann unter fast andächtigem Geschlabber und Gezutzel von der Tasse in den Mund zu befördern und mit dicken Scheiben Brot, Kuchen, Hefegebäck, Schmalzgebackenem oder eben auch gern einem dicken Stück Torte abzufedern.

Jeder Ernährungsexperte würde bei dieser Art von Ernährung, die zum großen Teil aus tierischen Fetten und Eiweiß, aus Zucker, Butter und Butterschmalz bestand, die Hände über dem Kopf zusammenschlagen, aber die beiden waren so gut wie nie krank und wurden ziemlich alt.

Nach dem Abendessen und wenn im Radio das legendäre »Betthupferl« vorbei war, durften wir mit dem Opa noch ein bisschen Brettspiele spielen: Mühle und Mensch-ärgeredich-nicht und ein besonderes Spiel, das ich nur von unserem Opa kannte: Fuchsmühle. Das Brett dazu hatte er selbst geschnitzt, und die Figuren waren einfache, unterschiedlich große Holzstücke: Fuchs und Hühner. Ich weiß leider nicht mehr genau, wie das Spiel funktionierte, man musste aber auf jeden Fall seine Hühner schnell genug in den Stall bekommen, bevor der böse Fuchs sie fressen konnte. Mein Bruder Seppi hat das Spiel stundenlang hingebungsvoll gespielt und war dabei oft auf dem Schoß vom Opa gesessen. Einmal hat er ihm sogar in einem Anfall spontaner kindlicher Zuneigung ein Bussi gegeben, worauf der Opa gleich so gerührt war, dass er wieder Tränen in den Augen hatte. Wie bei der Prinzregententorte. Zum Beichten ist der Opa wegen des Bussis meines Wissens am nächsten Tag nicht gefahren, was wahrscheinlich daran lag, dass ein Kind noch nicht in der Lage ist zu sündigen, wie uns der Opa immer versichert hat.

Wir Kinder konnten uns unsere Familie ohne den Opa gar nicht vorstellen. Wer hätte sonst mit uns Brettspiele gespielt, unsere Räder repariert, uns Pfeil und Bogen geschnitzt, uns ein Kutschenwagerl für unsere Ponys gezimmert. Für uns war der Onkel Miche einfach unser Opa. Aber man stelle sich vor, was heutzutage los wäre, wenn eine junge Frau am Tag ihrer Hochzeit mehr oder weniger mitbekommt, dass sie in Zukunft für ein Familienmitglied mehr kochen, waschen und putzen darf. Und nicht etwa, weil sie ein Baby bekommt. Nein, weil ein alter, frommer Onkel ihres soeben angetrauten Gatten beschlossen hat, wieder in sein uraltes Zimmer, das man aus Pietätsgründen von der Generalrenovierung des Hauses ausgeschlossen hat, einzuziehen. Und ab diesem Tag isst er mit ihr, ihrem Mann und ihrer Schwiegermutter am Esstisch, benutzt dasselbe Bad, dieselbe Toilette und sitzt abends gemeinsam mit ihr und ihrem Mann – und nicht zu vergessen der Schwiegermutter – im Wohnzimmer vor dem Fernseher. Gut, man muss fairerweise dazusagen, dass der Opa meistens nie länger als eine Viertelstunde vor dem Fernseher saß, weil bereits damals schon völlig schambefreite Schauspieler auf der Mattscheibe Dinge taten, die in den Augen meines Opas mehr als sittlich fragwürdig waren. Im schlimmsten Fall küssten sie sich sogar. Das war schon fast ein Fall für die Morgenbeichte, aber natürlich der Punkt, auf den wir Kinder abends immer warteten, weil wir wussten, dass das für unseren Opa das Stichwort sein würde, denn bereits kurz vor dem Aufeinandertreffen zweier Lippenpaare stand er auf und meinte: »Ja, i werd dann ins Bett geh'.«

Wenn meine Mutter von frisch verheirateten Paaren hört, wo es Zoff gibt, weil sie mit ihren Eltern oder Schwiegereltern zwar in getrennten Wohnungen, aber doch in einem Haus zusammenleben müssen, sagt sie immer: »Mei, die wissen alle gar ned, wie schön's sie's ham. Was daadn die erst macha, wenn die morgens in ihr Bad gehen daadn, und da hockt scho einer!?«

Meine Eltern dagegen haben einfach akzeptiert, dass der Miche da ist und dableiben wird und dass er als Teil der Familie selbstverständlich nichts für Essen und Unterkunft abzugeben hat – das hätten sie auch nie von uns Kindern verlangt – und dass er seine ganze Rente für die Armen spendete. Ihnen war auch klar, dass sie ihn pflegen würden, wenn es eines Tages so weit sein sollte. Und als es so weit war, taten meine Eltern einfach, was getan werden musste, ohne etwas zu verlangen oder etwas dafür zu wollen. Wenn sie ab und zu für ein oder zwei Tage nach Bad Füssing zum Erholen fuhren, dann schrieben sie meinen Brüdern und mir immer einen Zettel mit allen Aufgaben, die wir in Haus und auf dem Hof zu erledigen hatten: Balkonblumen gießen, die Kälbermilch in einem ganz bestimmten Mischverhältnis zusammenrühren, Tomaten, Erdbeeren und Himbeeren ernten, Zuckerrüben spritzen et cetera. Und der letzte Punkt auf der Liste war immer: Opa füttern und wickeln nicht vergessen.

Sie wussten natürlich, dass er sie niemals in seinem Testament berücksichtigen würde, denn alles, was übrig sein sollte, sollten die Armen bekommen. Erst als er schwer krank wurde und sie ihn zu Hause nicht mehr pflegen konnten, kam er in ein Pflegeheim, was er aber selber nicht mehr mitbekam und wo er bereits nach ein paar Monaten starb. Der Opa Miche wurde fünfundneunzig Jahre alt.

Das Häusl

Als ich acht Jahre alt war, bekam ich mein erstes eigenes Haus. Eigentlich gehörte es nicht mir allein, sondern es war auch für meine jüngeren Brüder, Seppi und Chris, gedacht. Und es war auch nicht wirklich ein richtiges Haus, sondern meine Mutter hatte ein altes Hühnerhaus aus Holz mit einem grauen Blechdach für uns renoviert, damit wir es als Spielhäuschen benutzen konnten. Das Häusl stand auf Rädern, hatte die Größe eines Imbisswagens und auch ein fast ebenso großes Fenster auf der Längsseite, wie es Imbiss- oder Verkaufswägen normalerweise haben, durch das wir Kinder zur Not auch mal schnell klettern konnten, wenn zum Beispiel feindliche Banden aus dem Oberdorf vor der Haustür lauerten. Allerdings musste man aufpassen, dass man nicht in das Blumenkistl mit Geranien und Petunien trat, das meine Mutter als Zierde mit zwei Eisenhaken vor dem Fenster befestigt hatte. In das Häusl gelangte man über zwei Holzblöcke, die als Stufen dienten und auf der linken Seite des Häusls in den ersten Raum führten: die Küche. Die Einrichtung der Küche gab alles her, was ein damaliger Haushalt benötigte: Aus einem Holzblock hatte mein Vater uns einen Herd gemacht, auf dem wir mit Kreide die Herdplatten eingezeichnet hatten. Der Herd hatte zwar kein Backrohr, aber das stellten wir einfach aus mehreren großen Holzscheiten zusammen. Diverse Obstkisten, Schachteln und weitere Holzblöcke bildeten Schränke, Stauraum und Ablageflächen. Außerdem hatten wir jede Menge richtiges Geschirr, Porzellanteller (teilweise noch mit Hakenkreuz hintendrauf),

Blechschüsseln und Besteck, das aus sehr leichtem Material und bereits etwas angerostet war, und sogar eine kleine gusseiserne Pfanne, die wir auf dem Speicher beziehungsweise im Schuppen gefunden hatten. Als Gläser dienten ausgewaschene Joghurtbecher, Geschirrtücher staubten wir ebenso wie einen kleinen Besen und eine Plastikschaufel in Mamas Küche ab.

Von der Küche führte ein kleiner Durchgang in den Hauptraum unseres Häusls: das Wohn- und Esszimmer. Das Kernstück dieses Zimmers bildete eine verschlissene Couch in nicht näher zu definierendem Grün, die immer leicht modrig-feucht roch und die unser Vater für sein Mittagsschläfchen zu nutzen pflegte. Vermutlich weil es der einzige Platz war, an dem ihn unsere Mutter nie vermutet hätte. Irgendwie schaffte er es immer früher als wir, nach dem Mittagessen die Küche zu verlassen und sich aus dem Haus zu schleichen. Wenn wir dann in die Nähe unseres Häusls kamen, hörten wir immer schon von Weitem ein gewaltiges Grunzen und Schnarchen. Ein Wunder, dass das wacklige Häusl nie unter den Höllenlauten meines Vaters auseinandergebrochen ist.

Aber wir mussten seine mittäglichen Schnarchorgien tolerieren, denn schließlich half er uns bei der weiteren Einrichtung: Er hatte nämlich ein Brett im Wohnzimmer an die Trennwand zur Küche geschraubt, das uns als Tisch diente. Zum Tisch hatte er eine passende Bank selbst gezimmert, und als zusätzliche Sitzgelegenheit hatten wir große, bunte Waschmitteltonnen, die wir umdrehten, weil die Deckel meist nicht mehr auffindbar waren. Aus einem alten Rest geblümtem Kleiderstoff nähte meine Mutter uns zwei Vorhänge, die sie uns innen in unserem Wohnzimmer an einem Eisengestänge befestigte, sodass wir sogar untertags unseren Wohnraum verdunkeln und »Nacht« spielen konnten.

Aber wir hatten nicht nur ein Haus, sondern sogar ein Auto. Und eine Kutsche! Denn wir wussten damals schon: Wer auf dem Land lebt, der muss mobil sein, sonst ist man dazu verdammt, in seinem Kaff zu hocken, und sieht gar nichts von der großen, weiten Welt.

Die Kutsche war ein von unserem Opa zusammengezimmertes Bretterwägelchen mit Gummibereifung und einer Sitzbank, das perfekt war, um genau ein mittelgroßes Pony davorzuspannen. Denn natürlich hatten wir auch ein Pony, und zwar das bravste, verfressenste, faulste und gutmütigste Pony aller Zeiten: Schneewittchen. Sie hieß Schneewittchen, weil sie nicht nur ein weißes Fell, sondern auch eine weiße zottelige Mähne hatte, und da sie nur ein Stockmaß (die Höhe des mittigen, durchhängenden Rumpfes des gwamperten Schneewittchens bis zum Boden) von circa ein Meter zwanzig hatte, passte der Name ganz wunderbar zu diesem kleinen, dicken, weißen gutmütigen Knödel mit den warmen Augen. Während Opa Schneewittchen vor das Wägelchen spannte, machten meine Cousine Claudia und ich uns immer »ausgehfein«, was nichts anderes hieß, als dass wir den Kleiderschrank meiner Mutter plünderten. Wobei wir uns selten an ihren aktuellen Sachen vergriffen, sondern meistens die Kleider schnappten, die sie zwar nicht mehr anzog, aber von denen sie sich nicht trennen konnte und die sie deshalb in einem alten Büfett im Bügelzimmer aufhob. Darunter war unter anderem auch ihr bodenlanges spitzendurchwirktes Brautkleid, das wir – ohne mit dem Wimper zu zucken – einfach mit einer Bastelschere unten abschnitten, weil es uns mit seiner Überlänge ja nur bei der anstrengenden Kutschfahrt behindert hätte. Nichts war vor uns sicher: Wir krallten uns Mamas seidene Pumps, ihre Handtäschchen aus Lack, wir behängten uns mit ihrem Modeschmuck und schmierten uns das halbe Gesicht mit Wimperntusche zu, kleckerten ihr Rouge auf die andere Hälfte des Gesichts und sparten auch nicht mit Lippenstift. Wir entführten spitzendurchwirkte Frisierumhänge, Regenschirme, Stofftaschentucher, Nachthemden und besprühten uns mit ihrem teuren Parfüm, das sie extra in einer Schublade ihrer Frisierkommode unter ihrer Unterwäsche versteckt hatte und dessen eleganten Duft ich nie vergessen werde. Leider gibt es diesen Duft in keiner Parfümerie mehr: »J'ai osé« von Guy Laroche. Ihr ganzer Wäscheschrank roch nach diesem herrlichen Wässerchen, das sie hütete wie einen Augapfel. Leider nicht gut genug, denn – wie gesagt – nichts war vor uns sicher. Ich hatte sie so viele Male beobachtet, wenn sie sich für eine Hochzeit oder einen Kegelabend zurechtmachte, ich wusste immer, wo alles war. Trotz der Verwüstungen, die wir in Bügel- und Schlafzimmer anrichteten, wurden wir für unsere Verkleidungsarien nur ganz selten geschimpft, obwohl das Kürzen des Brautkleides natürlich nicht gerade Lobeshymnen bei meiner Mutter auslöste. Aber insgeheim war ich mir damals schon sicher, dass es nicht ihr Traumkleid gewesen sein musste, sonst wäre das Donnerwetter ganz anders ausgefallen.

Wenn wir fertig für die große Reise waren, bestiegen wir zwei aufgemaschelten »Bixl-Madamen« die Kutsche und überlegten uns die Reiseroute. Wollten wir erst zu Stimmers, wo wir bestimmt in unserem Aufzug ein paar Süßigkeiten abstauben würden, denn die Stimmer Liesi war mit uns Kindern immer sehr großzügig, und dann zu Claudias Eltern? Oder sollten wir gleich zu Claudias Eltern fahren? Zum Wirt konnten wir nicht, um uns ein Eis zu holen, denn den Hügel zur Wirtschaft hoch hätte Schneewittchen nicht geschafft. Und außerdem mussten wir der viel befahrenen Hauptstraße fernbleiben.

Egal, was meine Cousine und ich allerdings als Route festgelegt hatten, den Reiseweg bestimmte einzig und allein Schneewittchen, denn weder das Ziehen am Zügel noch Zerren am Halfter oder gar Schimpfen oder gutes Zureden konnten sie dazu bringen weiterzulaufen, wenn sie gerade mit einem saftigen Kräuterbüschel oder irgendeiner anderen Delikatesse beschäftigt war: Sie blieb einfach am Straßenrand stehen und fraß sich fest. Oder sie erinnerte sich an eine Stelle, wo sie das letzte Mal etwas Schmackhaftes gefunden hatte, und bog an dieser Stelle von der Straße ab. Da war nichts zu machen. Oft schlappten wir mit unseren High Heels schimpfend ohne Kutsche zum Häusl zurück, und Schneewittchen kam erst eine halbe Stunde später nach. Das war ja das Gute an ihr: Die treue verfressene Seele kam immer wieder zurück.

Sie war allerdings gar nicht mehr für Ausflüge jeglicher Art zu haben, wenn sie ein Junges hatte. Alle paar Jahre wurde sie »aufgelassen«, und gegen Ende ihrer Trächtigkeit, wenn sie ihre gewaltige Wampe schon fast am Boden entlangschleifte, hatte man immer den Eindruck, sie würde das Junge nicht normal zur Welt bringen, sondern einfach irgendwann explodieren. Meist brauchte sie gar keinen Geburtshelfer, sondern brachte ihr Junges allein zur Welt, und wenn wir morgens noch in Nachthemd und Schlafanzug nach ihr schauen wollten, lief das kleine Wesen schon auf wackeligen Beinchen neben ihr her. Ihre Jungen hatten bei der Geburt immer die Größe von einem mittleren Terrier und waren einfach nur zum Anbeißen süß, wie flauschige Stofftiere mit großen dunklen Augen und einem niedlichen Stummelschwänzchen, das lustig hin- und herwackelte, wenn sie bei der Mutter tranken.

Immer wenn Schneewittchen ein neues Junges geboren hatte, dann sprach sich das im ganzen Dorf innerhalb von ein paar Stunden herum, und tagelang riss der Besucherstrom von Kindern, Eltern, Jungen und Alten nicht ab, die unser neues Pony sehen wollten, weil es einfach zu nett anzuschauen war, wie dieses kleine, meist bräunliche Minipferdchen neben der stolzen Schneewittchen-Mama herhopste. Jeder Stolperer, jedes Ausschlagen mit den Hinterbeinen, jede Pose wurde mit vielen »Ahhhs« und »Uiiihs« und »Mei, schau, wie liab!« kommentiert. Schneewittchen war trotz der überstandenen Geburtsschmerzen friedfertig und gutmütig wie eh und je und ließ immer jeden ihr Junges streicheln und herzen, ganz die stolze Mama eben.

Aber wir waren nicht nur mit Ponykutsche, sondern auch mit dem Auto unterwegs, denn gegenüber von unserem Häuschen, gleich neben dem Holzschuppen, stand ein weinroter, ausgeschlachteter R4 ohne Räder. Irgendjemand hatte ihn mal bei meinem Vater gelassen und wollte ihn irgendwann zum Verschrotten bringen, schien ihn aber vergessen zu haben. Uns Kindern war das nur recht. Wir liebten dieses Auto mit den zerrissenen grauen Schaumstoffsitzen, der einzigartigen Revolverschaltung und dem seltsamen, abgestandenen Geruch nach dreckigem Gummi und Zigaretten. Letztere fanden wir zwar leider nicht im Auto, aber alte Kaugummis waren noch im Handschuhfach. Sie schienen schon länger dort zu liegen, denn das Papier konnte man kaum noch vom Kaugummi lösen, aber das war uns Kindern egal: Jede Art von Süßigkeit wurde mit Hingabe und Andacht verzehrt. Da die Reifen abmontiert waren – die hatte der Besitzer wahrscheinlich noch für gutes Geld verkaufen können –, lag der Wagen so niedrig im Gras, dass selbst mein kleiner Bruder mit seinen damals drei Jahren aufs Dach klettern konnte. Da saßen oder lagen wir nun zu zweit oder zu dritt auf dem Dach des weinroten R4, aßen Radi- oder mit Zucker bestreute Butterbrote, ließen uns die Sonne auf den Pelz brennen und stellten uns vor, dass wir einen Ausflug gemacht hatten – irgendwo ans Meer, das keines von uns Kindern jemals gesehen hatte. Manchmal rührte uns die Mama aus drei Eiern einen Biskuitteig an, den wir dann genussvoll mit Suppenlöffeln aus ihrer silbernen Teigschüssel löffelten. Meistens vergaßen wir aber – trotz diverser Ermahnungen –, die klebrige Teigschüssel mit Löffeln wieder in die Küche zurückzubringen, und meine Mutter zerrte einen Tag später die Schüssel, die inzwischen Besuch von Ameisen, Fliegen und Bienen gehabt hatte, aus unserer Häuslküche, wobei sie immer den gleichen Satz durch die Zähne zischte: »Des war as letzte Mal, dass ihr mir die Schüssel verzogn habts, ihr Dreckbären!«

Aber weil meine Mutter nicht immer im Haus, sondern oft bei der Feld- oder Stallarbeit war und meine Oma grundsätzlich nach dem Mittagessen rasten musste, gab es immer ein schönes Zeitfenster, in dem wir Kinder ungestört in Speisekammer und Küche nach etwas stöbern konnten, das picknicktauglich war. Also beluden wir unsere dickbodigen Teller mit dem Reichsadler auf der Unterseite mit schief abgeschnittenen Stücken Marmorkuchen, der mit einer dicken Schicht Schokoladenglasur überzogen war, schaufelten uns Riesenecken Streuselkuchen oder Rosinenschnecken auf die Teller. Manchmal gab es knusprige Schuxn oder dick mit Puderzucker bestäubte Auszog'ne. Am Wochenende gab es meist – neben diversen Kuchen – einen großen Hefezopf, der entweder »nackert«, also nur mit Rosinen versetzt, oder mit einer Mischung aus Nüssen und Schokolade gefüllt war. In einem Bauernhaus, in dem sieben Personen lebten, durften zwei Dinge nie ausgehen: saubere Unterwäsche und genügend Essbares.

Darüber hinaus zauberten wir in unserer kleinen Häuslküche allerhand kreative Menüs, die wir genüsslich entweder im »Esszimmer« oder auf dem R4-Dach verzehrten: Es gab grüne, unreife Äpfel oder Birnen, die wir ganz klein schnitten und in unserer Pfanne mit Ketchup würzten, gefolgt von einer Variation von Gänseblümchen, die mit Stücken eines Schokoladenosterhasen verziert waren. Den Schokohasen hatte ich im Zimmer meines Bruders gefunden (ich wäre nie auf die Idee gekommen, so etwas Gutes länger als zwei Tage aufzuheben, und habe meinen immer spätestens am Ostermontag gefressen), und die Oberfläche des Hasen, die normalerweise immer herrlich glänzend braun schimmerte, war schon mit einem matten Grauschleier überzogen. Aber wir fanden, die Schokostückchen schmeckten trotzdem gut. Vor allem mit den Gänseblümchen.

Was wir in unserem kleinen Gourmettempel in rauen Mengen zur Verfügung hatten, waren Ketchup und Senf in Portionspackungen. Das ganze Zeug hatten wir in der Garage meines Vaters gefunden, weil es vom letzten Dorffest übrig geblieben war, und ohne jemanden zu fragen (ich glaube, in dem Moment war gerade auch keiner da) hatten wir die Sachen bei uns gebunkert. Mit dem Senf gingen wir etwas sparsamer um, aber der Ketchup (im chauvinistischen Bayern ist der Ketchup männlich) wurde von uns zu fast allem kombiniert: Es gab Obstsalat aus unreifen Pflaumen, Miniweintrauben und pelzigen Stachelbeeren mit Ketchup, es gab Butterbrot mit Ketchup, es gab in kleine Scheiben geschnittene Wiener Würschtl mit Ketchup, Leberkäs mit Ketchup, Bananen mit Ketchup. Das Einzige, von dem wir schnell Abstand nahmen, war die Kombination Obstkuchen mit Ketchup. Da schwenkten wir bereits nach dem ersten Versuch wieder zu unserer ewigen Lieblingsvariante mit Schlagrahm um. Überhaupt war Schlagrahm ein wesentlicher Bestandteil unserer Ernährung und ist für mich bis heute neben Butter unverzichtbar. Ab und an baten wir unsere Mama, uns doch bitte einen Becher Schlagsahne zu schlagen, die wir dann mit Kabapulver vermengten und bis zum letzten köstlich-cremigen Klacks verputzten. Und wenn wir doch einmal ein etwas flaues Gefühl im Magen hatten, weil die Äpfel oder Birnen noch arg grün und unreif waren oder weil die Kombination Ketchup mit einem Klacks Senf zu Löwenzahn auf alter Semmel (die wir aus dem Kübel, der für die Ponys bestimmt war, gefischt hatten) doch nicht so das Gelbe vom Ei war, dann halfen immer zwei Dinge: eine Flasche Spezi und ein Steckerleis (Eis am Stiel). Spezi gab es bei uns daheim so gut wie nie, da mein Vater der Ansicht war, dass wir Kinder von Spezi und auch von gelber Limo mehr trinken würden, als gut für uns sei, aus diesem Grund gab es immer nur weiße Limo (Zitronenlimo), die wir natürlich nicht so gern mochten. Aber ein Steckerleis war die Mindesttagesration, die wir von circa Mai bis September täglich vertilgten, denn wir Kinder waren der Ansicht: »An icecream a day keeps the doctor away.«

Ernährungsexperten würden angesichts unserer Essgewohnheiten heute die Hände über dem Kopf zusammenschlagen, und die Kinder heutzutage würden wahrscheinlich von dem Essen, das wir in sämtlichen Aggregatszuständen in uns reinschaufelten, tagelangen Dauerdurchpfiff und schwerwiegende seelische Traumata bekommen, aber wir waren gesund, munter, komplett allergiefrei und nie krank. Außer wenn wir im Oktober heimlich noch barfuß liefen oder den ganzen Tag in durchnässten Klamotten spielten, weil wir nach einem Regenschauer absolut keine Zeit hatten, uns umzuziehen.

Mein Bruder Sepp wurde einmal krank, weil er beim alljährlichen Dorffest, das früher immer bei uns auf dem Hof stattfand, meinen Gelati-Rekord, der bei dreizehn Steckerleis stand, brechen wollte, aber leider bei Nummer elf mit Durchfall und Übelkeit die Segel streichen musste. Er wurde daraufhin von meiner Mutter am helllichten Tag mit einer Wärmflasche ins Bett gesteckt, und mein Eiskonsum wurde von Mama auch für diesen Tag für beendet erklärt, aber erst nachdem sie der Stimmer Gertraud, einem älteren Nachbarsmädel, das auf dem Dorffest für den Eisverkauf zuständig war, eingebläut hatte, sie möge doch in Zukunft den Eisverzehr der Gruber'schen Brut bei der homöopathischen Dosis von fünf bis sechs Stück einbremsen.

Da ja nur einmal im Jahr Dorffest war, holten wir unser Eis in seltenen Fällen bei der Kramerin in Grucking, meistens aber bei unserem Dorfwirt.

Fast täglich fuhr ich mit meiner besten Freundin Claudia, die auch gleichzeitig meine Cousine war, mit dem Fahrrad zum Wirt. Claudia war ein Jahr älter als ich und lebte zusammen mit ihren Eltern (Onkel Miche und Tante Jule) und ihren beiden älteren Brüdern, Sepp und Mike, ebenfalls auf einem Hof in Tittenkofen. Sie war und ist einer der gutmütigsten Menschen, die ich kenne, und es war fast ein Ding der Unmöglichkeit, mit ihr zu streiten. Richtig wütend konnte sie nur werden, wenn ihr ihr älterer Bruder Mike wieder einmal beweisen wollte, dass man dem Nesthäkchen der Familie noch lang nicht alles durchgehen lassen musste, was ihm zwar eine Standpauke seiner Eltern à la »Der Älteste gibt immer nach« einbrachte, ihn aber nicht daran hinderte, seiner Schwester bei der nächstbesten Gelegenheit wieder das Leben schwer zu machen mit seiner »Ich könnte dir zwar helfen, i mog aber ned«-Methode. Ich konnte seine Machtspielchen zwar durchaus nachvollziehen, weil ich ja selber zwei kleinere Brüder hatte, die ich in den ersten Jahren ihres irdischen Daseins nach Strich und Faden drangsaliert habe. Vor allem meinen Bruder Sepp musste dran glauben, der nach mir der Zweitgeborene war und auf den ich vom Tag seiner Geburt an sehr eifersüchtig war, weil er plötzlich der unerfindliche Grund war, warum ich die Liebe und Zuwendung meiner Eltern und Großeltern mit jemandem teilen musste. Außerdem war er der heiß ersehnte Stammhalter, Kronprinz und überhaupt: »a Bua halt«. Und ich war bloß das Mädel, der erstgeborene Ausrutscher, der Fehlversuch. Ganz so schlimm war's zwar nicht, aber ich sah nicht ein, warum mich gerade dieses zarte Bürscherl von meinem so schön etablierten Einzelkindthron stürzen sollte.

Trotzdem konnte ich natürlich verstehen, dass meine Cousine Claudia ob der Tratzereien ihres Bruders regelmäßig in Tränen ausbrach, weil ich als ihre Freundin und Cousine natürlich auch nicht davon verschont wurde.

Es gab also viele gute Gründe, sich mit einem Eis zu trösten. Das Eis holten wir damals bei der Seniorwirtin, der Stiglmeier-Oma. Claudia und ich – wir müssen damals vier und fünf Jahre gewesen sein – stiefelten also im Sommer (bis weit in den Herbst hinein) täglich das Bergerl hoch zur Stiglmeier-Oma, weil wir wussten, dass wir immer ein Eis von ihr bekamen, ob wir nun zwei Mark, zwei Pfennig oder gar nix dabeihatten. Und das Beste war: Die Stiglmeier-Oma war immer da. Meistens kamen wir gar nicht bis zum Hintereingang der Wirtschaft, da kam sie uns schon aus dem Stall oder aus dem Gastraum entgegen: ein kleines, dürres Weiberl mit einem runzligen Gesicht, lustigen kleinen Augen und einem fast schon auffallend kleinen spitzig-vorwitzigen Mund. Die grauen Haare hatte sie – wie fast alle älteren Frauen damals – zum strengen Dutt frisiert, und sie trug immer dieselben Ohrringe, lange, rotgoldene Hängeohrringe, die in einem Granattropfen endeten. Sie müssen wahrscheinlich ziemlich schwer gewesen sein, außerdem nahm sie die Ohrringe ja auch nie ab, jedenfalls waren ihre Ohrläppchen so ausgeleiert, dass man durch das Ohrloch hindurchschauen konnte. Sie trug über ihrem normalen Gewand (das meist aus einem Wollkleid mit einer Bluse drunter bestand) immer eine geblümte Kittelschürze, und wenn sie mit einem redete, dann hatte sie die Daumen in die Träger ihrer Schürze eingehakt und fragte: »Wia geht's da Oma? Und am Onkel Miche? Und san eure Leid heid beim Dreschen?« Die Stiglmeier hat mich immer fasziniert. Zum einen, weil man beim Reden nie ihre Zähne gesehen hat, was mich zu der Theorie führte, dass sie vielleicht gar keine hatte und eventuell auch gar keine brauchte, weil sie sich wahrscheinlich – wie wir Kinder – auch am liebsten von Eis ernährte, und dazu waren ja Zähne nicht unbedingt notwendig. Zum anderen schienen wir nie ungelegen zu kommen, egal, welche Arbeit sie gerade unterbrechen musste, um mit uns Kindern in den Vorratsraum zu gehen, wo die heiß begehrte Eistruhe stand. Da stand sie dann, dieses kleine runzlige Weiberl, und wartete, bis wir – wie jeden Tag – akribisch die Eiskarte studiert hatten, denn wir konnten uns meist nicht gleich entscheiden, was für ein Eis wir wollten. Und man musste natürlich auch abwägen: Wird dieses auszuwählende Eis das erste und letzte für heute sein, oder werden wir es im Laufe des Tages schaffen, noch irgendjemandem eines aus dem Kreuz zu leiern? Außerdem hatte ich gestern ein Dolomiti und die Claudia ein Capri, von dem ich natürlich auch schlecken durfte, wäre es dann heute nicht vernünftiger, einen Braunen Bär zu wählen, nicht zuletzt wegen des herrlich sahnigen Karamelkerns? Andererseits ist ein Ed von Schleck auch immer eine lustige Angelegenheit, weil man das Eis mit einem so schön kratzenden Geräusch mithilfe eines runden Steckens rauf- und runterschieben konnte. Oder sollte man – um auf Nummer sicher zu gehen – nicht gleich das größte Eis, also ein Cornetto Nuss, nehmen, aber das war andererseits auch das teuerste Eis, was aber letztendlich keine Rolle spielte, denn die Wirts-Oma gab einem immer das Eis, das man wollte.

Einmal wollte meine Mutter der Claudia und mir Geld für ein Eis in die Hand drücken, da meinten wir nur: »Geh, Mama, des brauchts ned, woasst, die Wirts-Oma, die gibt uns immer a Eis, aa ohne Geld!«

Bei diesem Stichwort packte uns meine Mutter beide an den Händen und schleifte uns den Wirtsberg hoch, um bei der Stiglmeier-Oma zu eruieren, wie oft wir denn in letzter Zeit ein Eis von ihr geschnorrt hätten.

Die Wirts-Oma war erwartungsgemäß voll auf unserer Seite und meinte nur: »Geh, Leni, des hob i doch gern gmacht, weils so nette Dirndl san, die zwoa. Und sie ham aa immer brav ›Danke‹ gsagt!«

Es half trotzdem nichts. Meine Mutter rang uns trotz weiterer Abwiegelungen vonseiten der Wirts-Oma das Versprechen ab, immer vorher daheim um etwas Geld für die tägliche Eisration zu bitten. Das versprachen wir, und bekommen haben wir das Geld auch meistens. Und wenn nicht, dann boten wir eben Claudias Vater an, dass wir gern für ihn beim Wirt Zigaretten holen würden und dass wir neben den Zigaretten auch noch in der Lage wären, zwei Eis zu tragen. Wir mussten damals eine gewisse Geschäftstüchtigkeit und Berechnung an den Tag legen, denn Taschengeld gab es für uns Landkinder damals noch nicht. Jedenfalls nicht in meinem Bekanntenkreis.

Ab und zu holten wir das Eis auch bei der Kramerin, die im Nachbarort Grucking wohnte und die aufgrund ihres Hausnamens von allen nur die Schwarzen-Kramerin genannt wurde. Dort gingen wir meistens hin, wenn wir etwas mehr Geld zur Verfügung hatten, sodass neben dem Eis sogar noch ein paar Gummischlangen oder weiße Mäuse oder Brausestäbchen drin waren. Grucking liegt nur circa einen Kilometer von Tittenkofen entfernt, und so schwangen wir uns aufs Rad, um der Kramerin einen Besuch abzustatten. Den Kramerladen hätte kein Ortsfremder je gefunden, denn er befand sich in einem ganz normalen Einfamilienhaus, und auf seine Existenz deutete lediglich die kleine Langnese-Fahne am Eingang hin. Aber jeder aus der Gemeinde wusste natürlich, wo dieser kleine Laden sich befand, den man zu jeder Tageszeit an sieben Tagen die Woche aufsuchen konnte, denn Öffnungszeiten im heutigen Sinne gab es nicht. Man läutete entweder an der Haustür oder am besten ging man gleich in den Hausflur, klopfte rechts an der Tür zur Küche der Schwarzen-Oma, und da stand sie dann: der kleinste Mensch meiner Kindheit. Ich glaube, ich kann mich an keinen Besuch bei der Schwarzen-Kramerin erinnern, wo ich – selbst im Alter von zehn Jahren – kleiner als sie gewesen wäre. Sie war sehr schmal, trug immer eine dunkle geblümte Kittelschürze, die ihr bis zu den filigranen Knöcheln reichte, eine silberfarbene runde Brille und die weißen Haare zum Dutt. Sie war immer freundlich und freute sich, wenn man sie besuchte. Dann führte sie einen sogleich in den Raum gegenüber, die Kramerei. Es gab eine niedrige Theke, die vollstand mit Gläsern, gefüllt mit Lutschern, Gummitierchen und -schlangen, Brausestäbchen, weißen Mäusen, Eiskonfekt und Kaugummis, es gab Regale voll mit Grieß, Reis, Nudeln, Suppenbrühe, Gebäck, Gelierzucker, Streichhölzern, Gefriertüten und vielem mehr – und natürlich eine Eistruhe, für die die Kramerin immer einen kleinen Schemel brauchte, damit sie das von uns gewünschte Eis herausfischen konnte.

Die Süßigkeiten zählte sie stückweise ab und verpackte sie in selbst gemachten Stanitzen: Papiertüten, die sie in ihrer Wohnküche selber gefaltet hatte. Es gab so ziemlich alles, was man für den täglichen Gebrauch benötigte, allerdings gab es keine verderblichen Waren wie Obst, Brot, Wurst und Käse. Deshalb gab es auch keine Waage und auch keine Kasse. Die Preise der einzelnen Waren schrieb sie mit einem übergroßen Bleistift, den sie mit einem Messer anspitzte, auf kleine Pappkartons, die sie sich ebenfalls selber zurechtgeschnitten hatte. Und wenn sie einem den Endpreis nannte, bekam man immer die gleiche Frage zu hören: »Kannst as recht machen?« Denn auch Wechselgeld wollte gut eingeteilt werden. Aber da wir immer nur Kleingeld dabeihatten und uns auf der ganzen Radlfahrt jede Ahoi-Brause und jedes Gummitier ausgerechnet hatten, das mit unserem schmalen Budget zu ergattern war, hatten wir es natürlich immer passend. Wenn wir glücklich unsere Beute in Händen hielten, brachte uns die Schwarzen-Kramerin zur Tür, nicht ohne uns jedes Mal aufzufordern: »Kemmts boid amoi wieder, gell, und sagts an scheena Gruass dahoam!«

In Grucking gab es – obwohl es nur ein kleiner Ort war – noch einen zweiten Kramerladen, die Thekla, zu der wir Kinder aber nur ganz selten kamen, denn die meisten Dinge kaufte meine Mutter beim Bäcker Mittermayer in Reichenkirchen. Aber wenn der Bäcker Sepp mal Urlaub hatte, was nur sehr selten der Fall war, dann wurden wir Kinder mit dem Radl zur

Thekla geschickt, denn sie führte – im Gegensatz zur Schwarzen-Kramerin – auch Brot und Backwaren, die sie vom Bäcker in Grünbach geliefert bekam. Zum Laden der Thekla, der schon mehr so aussah wie man sich einen Kramerladen vorstellte, ging man durch ein kleines Gartentürl, dann einen schmalen Weg entlang durch ihren Blumengarten zur Ladentür, die sogar eine richtige Glocke hatte. Die brauchte sie auch, denn Thekla führte mit ihrem Mann noch eine kleine Landwirtschaft und musste oft die Stallarbeit unterbrechen, wenn sie im Laden bediente. Bei beiden Tätigkeiten hatte sie dasselbe Gewand an, sodass auch im Laden immer ein ausgeprägter ländlicher Duft vorherrschte, woran sich aber niemand störte, schließlich *war* man ja auf dem Land. Auch die Tatsache, dass die Thekla sich nie die Hände wusch, sondern sie lediglich kurz an ihrer Kittelschürze abwischte, wenn sie vom Stall in den Laden kam, schien niemand zu bemängeln. Einmal kam sie mit hochrotem Gesicht und offensichtlich noch nassen Händen, die sie sich kurz an ihrer fleckigen Schürze abwischte, in den Laden gestürzt mit den legendären Worten: »Die Kuh tut grad kalbern, was kriagn ma denn?« Daraufhin machte sich die komplette Kundschaft über die Lieferung vom Grünbacher Bäcker her und versicherte der Thekla, dass man sich die Semmeln heute gern selber in den Einkaufskorb klauben werde. Nur keine Umstände, Thekla!

Nur beim Kauf von Pralinen musste man ein wenig vorsichtig sein, denn grad die teuren Waren wurden eher selten gekauft, und da konnte es schon passieren, dass sich in den gerade erworbenen Likörpralinen mit der berühmten Kirsche nur noch die Kirsche und kein Tropfen Alkohol mehr befand. Der war auf dem Regal von Thekla einfach mit der Zeit verdunstet.

Leider wurde sie irgendwann schwer krank und konnte sich nicht mehr um den Laden kümmern. Nach ihrem Tod musste ihr Mann den Laden schließen, und mit der Thekla war wieder ein kleines Stück Dorfleben gestorben.

Auch der Laden der Schwarzen-Kramerin wurde nach ihrem Tod zugesperrt. Die Bäckerei Mittermayer gibt es auch nicht mehr, da der Bäcker Sepp, für dessen Semmeln und Brezn die Leute am Samstagfrüh bis auf die Straße anstanden und von weit her kamen, schon lange in Rente ist, aber der Laden wird weitergeführt, und es gibt dort alles das, was man neben Backwaren, Wurst, Obst, Zahnpasta und Melissengeist so braucht, wenn man das Landleben mag: ein persönliches Wort, ein bisserl Klatsch und Tratsch und manchmal sogar eine Lebensweisheit, maßgeschneidert auf die jeweilige persönliche Lebenssituation.

Schleppt man gerade eine Erkältung mit sich herum, wird man mit den Worten verabschiedet: »Werd scho wieda wern, bei der Frau Dorn is aa wieder worn!«

Hat man sich eine kleine Verletzung zugezogen: »Bis'd heirats, vergeht's scho wieda!«

Bei einer größeren Verletzung oder einem Unglücksfall, einer Scheidung oder einem Missgeschick heißt es: »Es hängt nicht allweil nur auf eine Seit'n!«

Wenn man sich gutmütigerweise von jemandem hat ausnutzen lassen: »Gutmütigkeit ist ein Teil von der Liederlichkeit!«

Wenn man eine lukrative Gelegenheit verpasst hatte und dieser nachtrauerte: »Mei, wenn da Hund ned gschissen hätt, dann hätt er die Katz dawischt!«

Wenn die anderen Kunden Eltern beobachten, die offensichtlich ihren Kindern alles kaufen und alles durchgehen lassen, wird diese Erziehungsmethode nach dem Weggang der Betroffenen mit den Worten kommentiert: »Aus Kindern, die alles kriag'n, werden Erwachsene, die nix können.«

Allerdings stammt der treffendste Kommentar, an den ich mich erinnern kann, von einer Kundin im Kramerladen. Als nämlich die berühmte »Samenraub«-Geschichte zwischen dem ehemaligen deutschen Tennishelden Boris Becker und einem russischen Flitscherl die Tageszeitungen beherrschte und auch noch bekannt wurde, dass die Dame nach dieser Minutenaffäre schwanger sei, rümpfte die Frau in der Bäckerei kurz die Nase, schob ihre Brille zurecht und meinte: »Mei, d'Sau suacht, und da Dreck wart'!«

Ich habe leider den Namen der Dame vergessen, ich weiß nur, dass ich diesen Satz schon ziemlich oft verwendet habe, weil er auf vieles im Leben passt wie Erbstreitigkeiten zum Todesfall.

Kirchgang

Ob ein bayerisches Kind gut erzogen war, merkte man früher daran, wie es sich während des Gottesdienstes benahm. Wenn man »a bravs Kind« war, dann hieß das, man saß neben seiner Mutter (wahlweise: Vater, Oma oder Opa) und flüsterte nur alle Viertelstunde *leise* der Mutter (oder neben wem von der Familie man eben saß) ins Ohr: »Mama, wie lang dauerts no?« Wenn die Frage mit »Nimmer lang« beantwortet wurde, blieb man die nächste Viertelstunde still sitzen und wartete, bis irgendwann die erlösende Schlussmusik ertönte. Dann wusste man als Kind: Jetzt erheben sich gleich alle, gehen nach draußen, wo sie einem die Wange tätscheln oder über den Kopf streicheln und sagen: »Mei, is' des a bravs Diandl«.

Ich weiß, Sie können sich das wohl kaum vorstellen, aber ich war tatsächlich »a bravs Diandl«. Und ausgesprochen still noch dazu. Vor allem in der Kirche. Meine Mama beziehungsweise meine Oma konnte mich immer bedenkenlos mitnehmen, weil sie beide wussten, dass von mir weder Heulkrämpfe oder Tobsuchtsanfälle noch Herumgeklettere auf den Kirchenbänken beziehungsweise Auf-und-Ab-Gerenne im Mittelgang zu befürchten waren. Ein einziges Problem gab es jedoch: Ich wollte mich während des Gottesdienstes immer gern ausziehen. Also nur den Anorak oder die Jacke natürlich, nicht die ganze Montur. Eine Angewohnheit, die sich mittlerweile zwar gelegt hat, die aber damals – selbst bei einem dreijährigen Kind – nicht tolerabel war. Vor allem meine Oma (väterlicherseits) hatte in dieser Hinsicht mit mir zu kämpfen. Sonntags beim Besuch in der Pfarrkirche von Reichenkirchen musste meine Mutter sich mit meinen exhibitionistischen Neigungen herumschlagen, aber am Montagabend war damals immer Gottesdienst im Nachbarort Lohkirchen, wo bis heute unser Familiengrab ist. Und da meine Eltern meist bis gegen 19 Uhr mit der Stallarbeit beschäftigt waren, zog mir meine Oma das Mäntelchen oder den Anorak an und machte sich mit mir gegen halb sieben zu Fuß auf den Weg zur Kirche. Ich nehme an, dass mir durch ebendiesen einen Kilometer Fußweg so heiß wurde, dass ich – kaum in unserer Stammbank in der Kirche angekommen – meine Jacke ausziehen wollte.

Unsere Nachbarin, die Königseder Rosa oder für mich die Koni-Mama, erzählt bis heute lachend von einem dieser Montagabende in der Lohkirchner Kirche – ich muss circa drei bis vier Jahre alt gewesen sein –, als meine Oma, leise auf mich einredend, verhindern wollte, dass ich mich auszog, kaum dass der Pfarrer die ersten Worte gesprochen hatte. Irgendwann riss mir offensichtlich der Geduldsfaden, und ich sagte laut zur Oma: »Du, wennst jetzt mir den Anorak ned ausziagst, aber dann staubts amal!« Selbst diese lautstarke Ansage hat natürlich nicht dazu geführt, dass ich mich des unliebsamen Anoraks entledigen durfte. Oberstes Gebot in der Kirche war nämlich damals, sich pietätvoll zu verhalten, was natürlich auch bedeutete, dass man den anderen Gottesdienstbesuchern ein geräuschvolles An- und Auskleiden zu ersparen hatte. Es wäre ja auch schließlich niemand auf die Idee gekommen, sich in der Kirche die Schuhe auszuziehen. Also: Der Anorak blieb an. Wo kämen wir denn da hin! Damals war es nämlich noch so, dass die Erwachsenen den Kindern sagten, was sie zu tun und zu lassen hatten. Und nicht umgekehrt. Aber das ist ja auch schon fast vierzig Jahre her. Und die Zeiten ändern sich eben.

Heute können Eltern oder Großeltern oft nur noch durch Bestechung mit mitgebrachten Gummibärchen, Zwieback, Butterkeksen oder Pixie-Büchern ihren Nachwuchs daran hindern, seinem schnell als ADHS diagnostizierten Bewegungsdrang nachzugeben. Gummibärchen und Saftfläschchen in der Kirche! Überhaupt: Während des Gottesdienstes etwas zu kauen, was keine Hostie war?! Ich glaube, zu meiner Zeit wäre man für so einen Frevel unmittelbar auf den Scheiterhaufen geschickt oder zumindest exkommuniziert worden.

Die Montagsgottesdienste mochte ich am liebsten, weil der Herr Pfarrer am Montag nie eine Predigt hielt. Wozu auch. Der Sonntag war ja gerade mal einen Tag her, und was sollte sich sündenmäßig wohl in einem Tag so gravierend geändert haben, dass es schon einer neuen Predigt bedurft hätte?

Auf Ostern dagegen freute ich mich nie besonders. Auf die Ostereier – besonders die schokoladenen – natürlich schon. Auf die von der Mama gebackenen Osterlamberl (Osterlämmchen) auch, zumal es immer gleich mehrere gab, weil mein Bruder Sepp immer ein ganzes am Stück verdrückte. Das Osterlamberl gab es natürlich erst am Ostersonntag, wenn man die schlatzige (matschige) Brotsuppe mit in Butter angebratenen Zwiebeln vom Karfreitag überstanden hatte. Aber auch das war nicht so schlimm. Nein, ich mochte Ostern nicht besonders, weil wir Kinder von Gründonnerstag bis Ostermontag jeden Tag in die Kirche gehen mussten. *Jeden Tag*. Also gut, damit es nicht heißt, ich würde schamlos übertreiben: Am Karsamstag hätten wir laut unseren Eltern nicht unbedingt gemusst, aber das war im Prinzip eh schon wurscht, denn man war schon im Rhythmus, und das Feiertagsgewand war auch schon anbatzt (eingetragen).

Karfreitag war für mich am schlimmsten, weil da die Leidensgeschichte des Herrn vorgetragen wurde und die Orgel nicht spielte, das heißt, es war traurig *und* fad. Und selbst als die Kirche aus war, konnte man die Erleichterung darüber nicht richtig genießen, weil die Orgel uns nicht wie sonst feierlich und doch fröhlich-schwungvoll aus dem Kirchenschiff entließ, sondern alle Kirchgänger irgendwie tonlos bedrückt nach draußen zu den Gräbern ihrer Familien beziehungsweise auf den Vorplatz schlichen.

Neben den vielen anschaulichen Aspekten des Gottesdienstes wie Weihrauch, dem edlen Gewand des Pfarrers, dem schönen Blumenschmuck et cetera, also den ganzen Showeffekten, war Musik immer die wichtigste Komponente für alle Kirchenbesuche. Unser langjähriger Organist Franz Xaver Hintermaier verstand es wie kein Zweiter, mit entsprechender Musik den kirchlichen Anlass zu untermalen, ja, ich möchte sogar sagen, er verstand es, mithilfe der entsprechenden Musikauswahl die Gottesdienstbesucher emotional zu berühren.

An Fronleichnam, wenn der Pfarrer mit der gesamten Ministrantenschar plus Fahnenabordnungen aller Vereine der Gemeinde in die Kirche einzog, dann untermalte feierlich imposante Orgelmusik das Spektakel. Und immer wenn an Allerheiligen die Verstorbenen des vergangenen Jahres vorgelesen wurden, dann war jeder im Kirchenschiff tief ergriffen, auch wenn gerade kein enger Verwandter oder Freund unter den Verblichenen war, nicht zuletzt aufgrund der pietätvollen, leisen Melodie, die Franz Xaver immer dazu spielte. Er verstand eben etwas von der Kraft der Musik, obwohl sein eigentlicher Beruf wenig musikalisch anmutete: Franz Xaver war Leiter der örtlichen Raiffeisen-Filiale mit angrenzendem Lagerhaus. Aber seine Leidenschaft galt der Musik, und deshalb sah man ihn auch nur entweder pfeifend oder singend: Ob er gerade seine Leibesfülle aus seinem tiefer gelegten Sportwagen hievte oder sich am Wirtshaustisch mit eleganter Besteckführung (der kleine Finger war meist leicht abgespreizt) eines seiner geliebten Wurstsemmerln belegte, immer hatte er eine imaginäre Melodie auf den Lippen. Und selbst wenn es beim Wirt mal wieder etwas später wurde (und ich glaube, ich diffamiere ihn nicht, wenn ich behaupte, es ist sehr oft sehr spät geworden) und Franz Xavers Kopf ob der latenten Müdigkeit drohte, auf die Tischplatte zu sinken, ging plötzlich ein Rucken durch seinen massigen Körper, die Statur straffte sich, und er schob sich – quasi im Erwachen – pfeifend die Brille auf seiner Nase zurecht. Und fast zeitgleich eine Scheibe Wurst in den Mund.

Denn seine Leidenschaft für Musik wurde nur noch übertroffen von seiner Vorliebe für gutes Essen und guten Wein. Was dazu führte, dass im Laufe der Jahre sein fröhliches Pfeifen immer etwas gepresster klang, weil es ja schließlich galt, einen massiveren Klangkörper in Schwingung zu versetzen. Wenn ich jetzt gemein wäre, dann würde ich sagen, Franz Xaver verfügte über eine stattliche bajuwarische Wampe, aber das klänge etwas zu hart, denn selbst seine Leibesfülle hinderte ihn nie daran, sich ausgesprochen sportlich-elegant zu kleiden, und man sah ihn bei feierlichen Anlässen nie ohne den perfekten Anzug – wie immer umgeben von einer dezenten Aftershave-Wolke. Jawohl, gerochen hat er immer sehr gut, der Franz Xaver. Selbst am Faschingsdienstag, wenn er schwitzend vor Anstrengung und vom vielen Bier in der Wohnküche meiner Eltern die »Quetschn« (das Akkordeon) spielte und meine Eltern und die Freunde meiner Eltern, allen voran die Familie Liegl (die Lieferanten der diversen Sportwagen von Franz Xaver), laut irgendwelche Stimmungslieder zum Besten gaben. Oder wenn er – wie jedes Jahr – mit der Katholischen Landjugend einen zünftigen Bauernschwank einstudierte, der dann drei bis vier Mal im ersten Stock vom Gasthof Rauch in Grucking aufgeführt wurde. Auch ich habe vor vielen, vielen, vielen (vielen, vielen, vielen) Jahren unter seiner Regie in einem bäuerlichen Schwank meine ersten Schritte auf ebendieser Bühne gemacht. Und mich während des Spielens immer gewundert, dass der beleibte Franz Xaver in seiner kleinen Regienische in den engen Kulissen unseres »Bäckermeister Striezel« nicht erstickt ist. Denn er war für uns ungeübte Laienschauspieler natürlich nicht nur Regisseur und Spielleiter, sondern auch oft benötigter Souffleur. Gerade, wenn die ganze Familie, die Verwandtschaft, alle Nachbarn, der Herr Pfarrer, der Bürgermeister, der Chef der Raiffeisenbank (also: der Franz Xaver) und überhaupt alle wichtigen Leute der Gemeinde anwesend waren, war man natürlich besonders nervös.

Auch wenn ein Vereinsjubiläum, eine Fahnenweihe oder Ähnliches anstand, dann konnte man beim »Bunten Abend« im Bierzelt darauf zählen, dass der Franz Xaver für eine Horde junger Burschen zwischen acht und vierzehn Jahren ein sogenanntes Derblecken verfasst haben würde. Und im Gegensatz zum allseits berühmten Derblecken auf dem Nockherberg wurde bei Franz Xavers Bühnenstück niemand geschont. Ich kann mich an eine wohlbekannte Dame erinnern, die wutentbrannt ob ihrer Nennung bei einer solchen Aufführung das Zelt verlassen hat. Und Franz Xaver erzählte mir selbst von vielen Drohanrufen am Tag nach dem jeweiligen Derblecken, wo eifrige und erboste Mitbürger meinten, die Ehre ihrer Gattin, ihrer Kinder beziehungsweise ihre eigene verteidigen zu müssen. Ich kann mich sogar sehr gut an eine Bemerkung über meine Wenigkeit erinnern, als Franz Xaver einen kleinen Buben auf der Bühne über mich sagen ließ, dass man sich wohl einen Spachtel besorgen müsse, um abends die viele Schminke aus meinem Gesicht zu entfernen. Ich hab sehr gelacht. Meine Mama auch, denn sie war ja auch selber schon oft Gegenstand seines Bühnenspotts. Außerdem kannte sie – obwohl des Münchner Nachtlebens zwar völlig unkundig – doch den legendären Spruch: »In ist, wer drin ist!«

Über viele Jahre hinweg saß der Franz Xaver jeden Samstagvormittag bei uns im Wohnzimmer, um einem meiner Brüder Akkordeonunterricht zu erteilen. Meine Mutter und ich waren währenddessen meist in der Küche, um das Mittagessen vorzubereiten (Mama) und diverse Kuchen für das Wochenende zu backen (ich). Die Tür zum Wohnzimmer war aus Glas, und wenn ich nach einer Viertelstunde Akkordeonunterricht plötzlich keine Anweisungen von Franz Xaver mehr gehört habe, dann brauchte ich nicht einmal mehr durch die Glastür zu blinzeln, um zu wissen, dass Franz Xaver neben meinem sich abmühenden Bruder ein kleines Erholungsschläfchen hielt. Ob es daran lag, dass er immer so viel um die Ohren hatte, es gestern bei der Schafkopfrunde wieder spät geworden war oder mein Bruder keiner weiteren Anweisung mehr bedurfte, weil er schon so gut spielte, das wage ich nicht zu beurteilen.

Heute gehe ich nur noch ganz selten in die Reichenkirchner Kirche, an Weihnachten jedoch immer. Aber jedes Mal denke ich kurz vor Gottesdienstbeginn, dass doch der Franz Xaver leise summend oder pfeifend aus der Sakristei kommen müsste, wo er soeben die letzten Details mit dem Hochwürden besprochen hat. Wie immer mit einem Stapel Noten in der einen und seinem obligatorischen weinroten Handgelenkstäschchen in der anderen Hand. Aber er wird nie wieder aus dieser Sakristei kommen, denn er ist vor ein paar Jahren – viel zu früh – gestorben.

In einer Gemeinde, wo jeder jeden kennt, vermisst man den Einzelnen mehr.

Und Neulinge fallen sofort auf. Besonders an Allerheiligen und an den Weihnachtsfeiertagen waren oft auswärtige Verwandte zu Besuch bei den Gemeindegottesdiensten. Was natürlich gleich jedem hervortrat. Es war auch schwer, unerkannt zu bleiben bei so einer akribischen Anordnung der Gläubigen. In Reichenkirchen war und ist es übrigens immer noch so, dass die Frauen auf der linken Seite des Kirchenschiffs sitzen und die Männer rechts. Ich vermute, das liegt daran, dass die Ehen bei uns auf dem Land – bis auf wenige skandalöse Ausnahmen – nicht geschieden wurden und die Ehepartner über viele, viele Jahrzehnte miteinander verheiratet waren beziehungsweise sein würden. Und da will man doch wenigstens in der Kirche seine Ruhe haben.

Die Kinder sitzen im Kirchenschiff ganz vorn, dann die Frauen links und die Männer rechts geordnet, teils nach den umliegenden Ortschaften, teils auch nach den jeweiligen Familienclans, die manchmal seit Jahrhunderten feste Stammplätze haben, es sind gelegentlich sogar Plaketten mit den jeweiligen Familiennamen in den Sitzreihen. Einige Ausreißer gab es natürlich auch dort: Manch forsche Dame bestand auf einen Platz neben ihrem Gatten auf der *rechten* Seite des Kirchenschiffs. Aber das waren entweder Orts- und Sittenunkundige (also Zuazogne) oder Frauen, die selbstbewusst genug waren, diesen Platz für sich zu beanspruchen. Die jungen, in der Regel unverheirateten Frauen saßen oder sitzen auf der linken Seite allesamt ganz hinten, was ich immer praktisch fand, weil man so besser kollektiv über die neuen Wintermäntel, Sommerkleider oder Dirndl der vorbeiziehenden älteren Damen lästern konnte. Die jungen Burschen und auch die jung verheirateten Männer saßen und sitzen immer noch auf den zwei Etagen der Empore. Von dort aus hatten sie den besten Überblick über das anwesende Weibervolk, nämlich das ortseigene und an oben genannten Feiertagen auch über das ortsfremde. Wenn nämlich gerade an Allerheiligen und an den Weihnachtsfeiertagen junge Cousinen oder andere jüngere Verwandte der örtlichen Familien den Gottesdienst besuchten, dann merkte man das immer daran, dass sich die jungen interessierten Herren auf der Empore weit nach vorn beugten, und zwar so weit, dass sie ihm Vorbeugen die Gesangsbücher, die auf der Brüstung der Empore lagen, aus Versehen nach unten schubsten. Wenn also ein besonders attraktives unbekanntes weibliches Wesen das Kirchenschiff entlangging auf der Suche nach einem etwaigen Platz (Unbekannten war natürlich die gestrenge interne Sitzordnung fremd!), dann war plötzlich ein kollektives »Klock-klock-klock« der herabfallenden Gesangsbücher zu hören – quasi eine ganz eigene sakrale Buchfanfare zur Ankündigung holder neuer Weiblichkeit.

Eine ganz eigene Choreografie in der Liturgie gab es übrigens auch bei Gottesdiensten unseres damaligen Gemeindepfarrers. Bei ihm war am Altar oft richtig was los. Da kam Schwung in die Bude. Das mag salopp klingen, aber wenn dieser Pfarrer in Fahrt war, dann hatten die armen Ministranten (damals noch allesamt Burschen, Mädchen wurden damals nicht näher an den Altar gelassen, als es bei der ersten heiligen Kommunion oder bei der Hochzeit notwendig war) Mühe, mit seinem Tempo mitzuhalten: Nach dem Abtrocknen des Kelches übergab der Herr Pfarrer das nasse Tuch nicht wie üblich an den neben ihm stehenden Ministranten, sondern er warf das Ding mit Schmackes irgendwo neben sich, und die Ministranten versuchten vorher schon zu erahnen, wo die Reise hingehen könnte, und mussten oftmals in Olli-Kahn-Manier akrobatische Hechtsprünge vollbringen, damit das Tuch nicht zu Boden segelte, was natürlich unverzeihlich gewesen und bei den Familien der Ministranten für großen Spott gesorgt hätte. Und das wollte sich kein Ministrant nachsagen lassen. Außerdem mochten sie alle den Herrn Pfarrer sehr gern, denn er spielte oft mit ihnen Fußball, und er war im Allgemeinen ein empathischer und großzügiger Mann, was man weiß Gott nicht von allen Pfarrern sagen konnte.

Und wenn der Herr Pfarrer die Schale mit den Hostien wieder mit einer fast tangoartigen Bewegung – quasi aus der sakralen Hüfte heraus – abdeckte, zog er dabei geradezu groteske Grimassen, das heißt, er kräuselte theatralisch-konzentriert die Stirn und zog mit dem Mund eine Schnute, als ob er sagen wollte: »Och menno, schon vorbei? Darf ich ned noch ein bissl? Bittebittebitte!« Ich konnte immer kaum hinschauen, sonst wäre ich in Lachen ausgebrochen ob der Louis-de-Funès-Show-Einlage am Altar. Ich fand immer, dieser Pfarrer wäre auf jeder Bühne sehr unterhaltsam gewesen. Die Erzdiözese fand das wohl nicht, denn als man ihn schließlich in eine andere Gemeinde versetzte, machte das Gerücht die Runde, der Herr Pfarrer sei nicht nur immer sehr empathisch und temperamentvoll gewesen, sondern auch manisch-depressiv. Der Arme.

Der Jackl

Die Wiege der Emanzipation muss ein Bauernhof gewesen sein. Denn auf dem Land galt immer schon die unausgesprochene Regel: So schwer kann eine Arbeit gar nicht sein, dass sie nicht auch von einer Frau verrichtet werden kann. So war eine richtig gestandene Bäuerin nicht nur für Haus, Garten und die Erziehung der Kinder zuständig, sondern sie durfte auch, was die schwere Arbeit im Stall und auf dem Feld anbelangte, nicht zimperlich sein: Ob es um das Ausmisten des Kuhstalls, das Umtreiben der Viecher, um stundenlanges Traktorfahren, um tagelange Arbeiten auf dem Feld bei entweder brütender Hitze oder eisiger Kälte ging, immer war meine Mama eine der Ersten beim Arbeiten und eine der Letzten am Brotzeittisch. Und in all den Jahren hat sie sich nicht einmal beklagt, dass ihr eine Arbeit zu schwer sei. Höchstens am Ende des Tages, wenn sie völlig erschöpft auf dem Hausbankl saß und einen großen Schluck Bier aus der Flasche nahm, meinte sie lapidar: »Heid glangts ma!«

Bei der Heuernte oder wenn das Stroh gepresst und heimgefahren wurde, halfen auch Verwandte und Nachbarn immer mit, besonders dann, wenn der Wetterbericht ankündigte, dass das Wetter sich verschlechtern könnte. Dann wurden alle Kräfte mobilisiert: Mein Vater fuhr die Heupresse, mein älterer Cousin Mike (wir nannten ihn tatsächlich »Mike« und nicht Miche oder Michl), und unsere beiden Nachbarsburschen, Koni und Sepp, durften die leeren und dann wieder mit Heu oder Stroh beladenen Wagen hin- und herfahren, meine

Mutter war oben im Heu- beziehungsweise Strohstock, um die Bündel, die das Förderband alle paar Sekunden ausspuckte, an den Wänden des Stadls entlang zu stapeln. Und einer musste natürlich auf dem Anhänger stehen und mit einer Heugabel die Bündel auf das Förderband bugsieren. Eine Arbeit, die jetzt zwar nicht so kräftezehrend klingt, aber nach dem achten Fuder Heu (Stroh war immer etwas leichter) fragte man schon immer bei den Fahrern nach: »Du, wia vui Wag'n sans no?« Als meine Brüder älter waren, mussten sie ganze Nachmittage lang das Förderband in Schwung halten, und ich stand im Heuschober und versuchte, die Bündel so stabil zu stapeln, dass sie mir nicht alle irgendwann wieder entgegenkamen (was mir durchaus ein- oder zweimal passiert ist, sodass ich dann abends den beißenden, feinen Heu- beziehungsweise Strohstaub aus allen Ritzen und Poren des Körpers mühevoll versuchte abzuwaschen) und ich wieder von vorn anfangen musste.

Als wir noch klein waren, da sprang oft unser Nachbar, der Stromer Max (Stromer war der Hausname und wurde »Strouma« ausgesprochen), ein: ein nicht allzu großer, etwas untersetzter Mann, der aber kräftemäßig nicht zu unterschätzen war. Er konnte bis zum letzten Fuder ein Bündel Heu mit der Gabel anspitzen und so weit hochheben, dass seine Hände nur noch die hinteren Zentimeter des Gabelstiels umfassten. Wer von sich glaubt, er sei durchs Fitnessstudio oder Yoga gut gestählt, der sollte unbedingt mal versuchen, diese Schmankerl-Übung nachzuahmen, dann wird er wahrscheinlich feststellen, dass Krafttraining noch lang nicht bedeutet, dass man bei der Arbeit »gscheid hinlangen« kann. Und gscheid hinlangen, das konnte der Max. Er hieß eigentlich Blumoser und hatte einen kleineren Hof, den sogenannten Strouma-Hof, der unterhalb unseres Anwesens lag: sehr gepflegt, mit einer kleinen Kapelle vor dem Haus, in der vielleicht zwanzig Personen Platz hatten und wo jedes Jahr die Maiandachten stattfanden. Den Hof betrieb er mit seiner Frau Liesi im Nebenerwerb, hauptberuflich war er beim Fliegerhorst Erding als Lkw-Fahrer angestellt, der in früheren Zeiten für die Fernstrecken zuständig war, und als

King of the road hatte er im Laufe der Jahre ganz Europa mit seinem Lastwagen durchquert. Aus ebendieser Zeit stammt ein besonderes Relikt: Jedes Mal, wenn der Max ein bisserl zu viel getrunken hatte, legte er sein Bayerisch ab und sprach Plattdeutsch! Wir Kinder (und im Übrigen auch die Erwachsenen) waren völlig hin und weg: Das Ohnsorg-Theater gab in Form einer Ein-Mann-Kombo ein Gastspiel in Tittenkofen! Seine Frau, die Liesi, konnte sich an diesem Schauspiel nicht ganz so erfreuen wie wir, zumal er sie im Plattdeutschen nur noch mit »meine Frau, die Lissa« ansprach. Wenn also bei einem Dorffest oder Ähnlichem eine Frau ihren Mann mit »Hasi« oder »Mausibärle« ansprach, kam vom Max prompt: »Meine Frau, die Lissa, die gibt mir auch immer Tiernamen – nur die Tiere wern immä größer, neech!«

Der Max war aber die Gutmütigkeit in Person, und auch nach der schwersten Arbeit roch er immer noch wie eine Weichspülerflasche auf zwei Beinen, weil bei seiner Liesi blütenweise Wäsche oberste Priorität hatte, etwas, das sich bis heute nicht geändert hat.

Manchmal hatte der Max keine Zeit, uns beim Heuheimfahren zu helfen, und dann kam sein Schwiegervater, der Jackl (auch »Jacke« genannt). Der Jackl hatte eine ganz andere Statur als sein Schwiegersohn. Er war relativ groß, so dürr wie ein Bleistift und hatte ein kleines Bärtchen auf der Oberlippe, die allerdings sehr eingefallen war. Ich war mir nie sicher, ob es daran lag, dass er einen so schmalen Kiefer hatte, oder ob er sein Gebiss nicht trug. Meistens trug er einen Hut, der immer so schräg auf seinem hageren Schädel balancierte, dass mir nie klar war, wie er eigentlich hielt. Jackl sah aus wie eine Mischung aus Karl Valentin und Catweazle. Und obwohl er so schmal wie ein Handtuch war und damals schon weit über siebzig gewesen sein durfte, hatte er mehr Kraft als ein ganzer Bus voller Gangsta-Rapper, was wahrscheinlich daran lag, dass der Jackl sein Leben lang ein äußerst fleißiger Mann war. Wenn er nicht bei sich daheim werkelte oder bei uns auf dem Hof die schweren Bündel aufs Förderband hievte, dann schwang er sich auf sein Moped, eine alte, taubenblaue Zündapp, und fuhr zu seiner Tochter, die circa zehn Kilometer weit entfernt wohnte, um dort auszuhelfen. Der Anblick des Jacke auf seiner alten Zündapp ist unvergesslich, denn er trug dabei immer einen blauen sogenannten Staabmantel (Staubmantel), also eine mittelblaue Arbeitsjacke im Mao-Stil, den er aber nie zuknöpfte. Wenn er also beim Ortsschild von Tittenkofen links in Richtung Reichenkirchen bog und Gas gab, dann konnte man die nächsten zwei Kilometer beobachten, wie die blaue Arbeitsjacke sich wie ein Segel aufblähte und von seiner hageren, leicht gebeugten Gestalt abstand.

Der Jackl hatte eine Frau, die auch Liesi hieß, die aber alle nur »Strouma-Oma« oder »Lies« nannten, denn sonst wäre man ja mit Namens- beziehungsweise Personenverwechslungen in dieser Familie gar nicht mehr fertig geworden, zumal der Sohn von Max Junior, also der Enkel vom Jacke, wiederum Max hieß. Der Bayer setzt halt auf Tradition und Althergebrachtes. Die Strouma-Oma war im Gegensatz zu ihrem Mann relativ klein und mit einer gemütlichen Figur ausgestattet und (auch das im Gegensatz zu ihrem Mann) sehr religiös, deshalb war auch sie es, die bei den oben erwähnten Maiandachten immer die Fürbitten in der hauseigenen Kapelle vorlas.

Der Jackel hatte es nicht so mit der Religion und der Beterei, und deshalb blieb er den Maiandachten immer fern, aber er ließ es sich nicht nehmen, die Besucher der Andacht, die im Wesentlichen aus den Dorfseniorinnen und uns Kindern bestand, zu begrüßen. Ich glaube, es bereitete ihm eine mordsmäßige Gaudi, uns Kinder ein bissl zu erschrecken, was nicht allzu schwer war, denn die Stroumas hatten zu der Zeit einen riesigen Rottweiler, der genauso viel Kraft zu haben schien wie der Jacke und vor allem unberechenbar war: An guten Tagen beschnüffelte er einen nur, und an anderen sprang er laut kläffend über den Jägerzaun des Stromer'schen Grundstücks und zwickte eines von uns Kindern ins Bein, wenn wir mit dem Radl vorbeifuhren. Eine bevorstehende Maiandacht löste bei mir deshalb immer schon eine leichte Panikattacke aus. Aber ich wusste, ich musste da durch, denn meine Eltern schickten immer uns Kinder, da sie selber nicht zur Andacht konnten, weil sie mit der Stallarbeit beschäftigt waren. Meine Brüder hatten weniger Respekt vor dem Rottweiler als vor dem Strouma-Opa, denn dieser nahm sich immer jeden einzeln vor, griff ihn beim Genick wie eine Katzenmutter ihr Junges und schüttelte ihn leicht, wobei er immer belustigt vor sich hin murmelte: »Oh, du böser Baure, oh du böser Heimer-Baure…!« Und dann grinste er sein kiefer- und zahnloses Lachen.

Heimer, das war zwar unser Hofname, aber warum meine Brüder »böse Bauren«, also böse Bauern sein sollten, das wussten wir alle nicht so genau. Dennoch waren wir uns sicher, dass der Strouma-Opa nur Spaß machte, denn er war – wie sein Sohn auch – ein selten gutmütiger Mann, »a guader Mo«, was in Bayern das größte Kompliment ist. Und meine Brüder mussten dann auch immer lachen, wenn der Strouma-Opa sie beim »Genack« hielt und hin- und herschüttelte, wussten sie doch, dass sie mit etwas Glück – wenn sie nämlich schneller waren als die Stimmer- und die Huaba-Buam – gleich die kleine Glocke in der Kapelle läuten durften. Weil es nur eine kleine Glocke war, wurde man nicht vom Glockenstrang so hochgezogen, dass einem die Füße in der Luft baumelten, so wie bei der Glocke im Nachbarort Lohkirchen, aber trotzdem war für alle Buben bei uns im Dorf das Läuten der Glocke das Highlight jeder Maiandacht.

Manchmal, wenn der Strouma-Opa meine Brüder »in der Reißen« hatte, dann wollte er wissen, wie es unserem frommen Großonkel Miche ging, der ja bei uns bis zu seinem Tod mit fünfundneunzig Jahren lebte.

Der Strouma-Opa fand unseren Opa mitsamt seiner exzessiven Religiosität sehr amüsant, und deshalb fragte er uns Kinder immer: »Und? Wia geht's am Onkel Miche? Duad er immer noch so viel beten?«

Wir Kinder konnten natürlich gar nicht anders, als mit »Ja« zu antworten, denn die Beterei nahm bei einem so religiösen Menschen natürlich mit fortschreitendem Alter nicht plötzlich ab, sondern – im Gegenteil – sie steigerte sich eher, weil ja der Zeitpunkt, wo »oben« entschieden wurde, ob man jetzt im Himmel jubilieren oder in der Hölle schmoren werde, mit jedem verstreichenden Jahr gerade bedrohlich näher rückte.

Das fand der Strouma-Opa jedes Mal aufs Neue lustig, und er sagte schmunzelnd: »Ja, dann sogts ihm, er soll für mich a bissl mitbeten, gell!«

Das richteten wir natürlich gern aus, denn unser Opa betete so viel, da ließ sich doch bestimmt ein kleines Gebet für den Strouma-Opa dazwischenquetschen.

Einmal fragte mich mein Bruder Seppi beim Heimgehen: »Was moanst, wegen was für Sünden der Strouma-Opa will, dass unser Opa für ihn bet'?«

Ich antwortete: »Ich woass auch ned. Vielleicht weil er des Bier so gern mag!«

»Ja, aber is' des a Sünd?«

»Mei, wenn ma vielleicht mehra wie eine Hoibe trinkt, scho!«

Wenn wir unserem Opa ausrichteten, dass er doch bitte bei Gelegenheit für den Strouma-Opa eine Runde mitbeten solle, dann schüttelte er nur den Kopf und seufzte: »Ja – ja, der ... ha?!«

Wir betrachteten unseren Auftrag somit als hinreichend ausgeführt und waren uns sicher, dass unser Opa als tiefgläubiger Mensch dem Wunsch des Strouma-Opas nachkommen würde.

Vielleicht war es gar nicht schlecht, wenn unser Opa für ihn ein gutes Wort einlegte, denn eines hatten der Strouma-Opa und sein Schwiegersohn tatsächlich gemeinsam: die Leidenschaft für Gerstensaft. Die Strouma-Oma und die Liesi konnten diese Begeisterung nicht wirklich teilen, denn es war schon öfter vorgekommen, dass der Strouma-Opa sein kleines Dampferl (Räuscherl) auf dem Heuboden ausgeschlafen hatte, und fast jedes Mal wollte seine Frau besorgt und aufgeregt den Krankenwagen rufen, weil »er hods ja auch mit'm Herz, da Opa«. Und wenn die Damen wieder mal die Biervorräte weggesperrt hatten, dann gab es immer dasselbe Kommando für

Max von seinem Schwiegervater: »Hol an Bulldog!« Und dann machten sich die zwei mit ihrem alten Eicher auf den Weg zum Wirt, um ein Paar Kisten ihres Lieblingsgetränks hinten auf der Pritsche heimzufahren. Und die erste Halbe tranken sie in großen, genüsslichen Schlucken auf dem Bulldog, während sie laut lachend und kreuzfidel durchs Dorf tuckerten. Denn dass die Frauen daheim das Sagen hatten, das war wohl jedem Bayern klar, aber wann ein Mannsbild sich eine Halbe genehmigte, da konnte man sich unmöglich dreinreden lassen.

Frauenfußball
und der Kaba-Mann

Klatsch und Tratsch waren zweifelsohne immer schon ein wichtiger Bestandteil des dörflichen Lebens, denn wer viel und hart arbeitet, der will sich auch mal amüsieren. Die Männer im Dorf tun das in der Regel im Wirtshaus, und zwar bei diversen Stammtischen. In meiner früheren Heimatgemeinde gab es etliche Stammtische, die primär zum zünftigen Zusammenkommen der ortsansässigen männlichen Bevölkerung inklusive der gemeinsamen gepflegten Getränkezufuhr gedacht waren, wie zum Beispiel »Die Montagsbrüder«. Bei diesem Stammtisch war mein Vater lange Mitglied, und man traf sich logischerweise immer nur montags., Sie fanden den Montag wahrscheinlich deshalb perfekt, da man so die Woche mit einem kleinen Dampferl angehen konnte.

Danach gründeten einige jüngere Mannsbilder, denen der Montag offensichtlich doch nicht so verlockend für ein kollektives Trinkgelage erschien, irgendwann den sogenannten Stopsl-Club, wobei der erste Teil des Wortes (also Stopsl) das bayerische Wort für Korken repräsentiert, und damit dürfte der Zweck dieser Vereinigung hinreichend geklärt sein. Mein Bruder war – sehr zum Leidwesen meiner Mama – einige Jahre lang Mitglied des legendären »Beam-Club« (dessen Mitglieder sich alle stolz als »Beamer« bezeichneten), wobei es sich hier keineswegs um einen Fanclub der legendären TV-Serie »Raumschiff Enterprise« handelte, sondern »beamen« war schlicht und einfach ein Synonym für die verstärkte Aufnahme von alkoholischen Getränken und dürfte somit als eine Art legitimer Vorreiter des heutigen Komasaufens gesehen werden. Da sage noch einer, die jungen Leute auf dem Land wären nicht ihrer Zeit voraus gewesen!

Die meisten Mitglieder beziehungsweise Freunde meines Bruders waren Handwerker von Beruf, ein guter Spezl zum Beispiel war Maurer und konnte daher ohne größere Anstrengung abends gemütlich zwanzig Halbe zischen, und meistens waren damit nicht einmal größere Ausfallerscheinungen verbunden. Wie heißt's in Bayern: »Wer ko, der ko!«

Aber eine solche Trinkfestigkeit lässt sich natürlich nicht bei allen aus dem Stand abrufen. Da braucht es schon entsprechende Übung, also ein Trainingslager. Deshalb fuhr eine Gruppe der Beamer auch jedes Jahr zu einem der größten und beliebtesten Bikertreffen in Bayern, zum »Elefantentreffen« in den Bayerischen Wald, das passenderweise immer im Winter stattfand, man musste also schon deshalb viel trinken, weil man sonst in den windigen Zelten, in denen die tapferen Biker übernachteten, erfroren wäre.

Mein Bruder erzählt heute noch die Anekdote, dass einer seiner Spezl an einem durchzechten Nachmittag mit dem nackerten Hintern auf der Deichsel eines Anhängers festgefroren war, während er auf ebendieser sein Geschäft verrichten wollte. Aus ästhetischen Gründen wollte ich nie wissen, wie mein Bruder und die restlichen Beamer es geschafft hatten, das eisige Hinterteil wieder von der Deichsel zu lösen. Ich nehme nämlich nicht an, dass einer der Herren bei dieser Art von Urlaubstrip einen Föhn im spärlichen, weil zu 95 Prozent aus Alkohol bestehenden Gepäck mitgeführt hat.

Eine zweite Möglichkeit der männlichen Zusammenkünfte auf dem Land sind die vielen unterschiedlichen offiziellen Vereine, angefangen vom Hasenzüchterverein über den Krieger- und Soldatenverein, den Gartenbauenverein bis zum Katholischen Frauenbund. Die in Bayern beliebteste vereinsmäßige Personenansammlung ist natürlich allerorts die freiwillige Feuerwehr, quasi das Prestigeobjekt unter den Vereinen. Denn jeder Ort, der was auf sich hält, besteht auf sein eigenes Feuerwehrhaus samt Einsatzfahrzeug, auch wenn bereits im zwei Kilometer entfernten Nachbarort ein ebensolches anzutreffen ist. Die Größe des Feuerwehrhauses, die moderne Ausstattung und nicht zuletzt die Qualität der Einbauküche beziehungsweise der Zapfanlage im Feuerwehrhaus waren schon oft Ursache für Rivalitäten zwischen Nachbarortschaften, das heißt, ein Feuerwehrhäusl ist so etwas wie das Aushängeschild einer Gemeinde oder – etwas salopper formuliert – der gemauerte, zementierte Gemächtvergleich zwischen zwei Ortschaften. Aber bei aller Gaudi ziehe ich meinen imaginären Feuerwehrhelm vor den vielen Freiwilligen, die sich in ihrer freien Zeit für die Gemeinschaft engagieren und – gerade auch in unserer Gemeinde – viele schreckliche Unfälle gesehen haben und nicht selten dazu gezwungen waren, einen guten Freund oder einen Verwandten schwer verletzt oder tot aus einem Autowrack zu bergen. Und seit ich mich an der Seite von Christian Springer für seinen Verein »Orienthelfer« für syrische Flüchtlinge einsetze, stelle ich fest, dass die freiwilligen Feuerwehrler in Bayern zu den engagiertesten, unkonventionellsten und großzügigsten Helfern gehören, die man sich wünschen kann.

Zu den Vereinen zählen natürlich auch alle Sorten von Sportvereinen, wobei die mitgliederstärksten und somit auch die beliebtesten immer noch die Fußball- und die Schützenvereine sein dürften. Beides war (und ist auch heute noch) eine reine Männerdomäne. Gut, bei den Schützenvereinen gibt es einige recht erfolgreiche Schützinnen, dennoch beschränkt sich die weibliche Beteiligung in der Regel auf das Tragen des farblich und stilistisch fragwürdigen Vereinsdirndls bei Fahnenweihen, Vereinsjubiläen oder ähnlichen Festivitäten.

Im Bereich Fußball gibt es zwar bei uns auf dem Land diverse Frauenmannschaften – recht erfolgreiche sogar –, aber generell sehen es Eltern wohl lieber, wenn ihre Tochter ins Ballett, zum Klavierunterricht oder zur Hip-Hop-Tanzgruppe geht oder sich eine Zeit lang die Welt vom Rücken eines Gauls anschaut, als wenn ihr Töchterlein auf dem Bolzplatz auf- und abhechelt.

Ehrlich gesagt, kann ich das gut verstehen. Nennen Sie mich reaktionär, aber: Mir persönlich hat sich der Reiz von Frauenfußball noch nicht erschlossen. (Ich gebe zu, das ist vielleicht etwas ungerecht, also gehen Sie jetzt vielleicht kurz im Zimmer auf und ab, wenn Sie das empört – und nehmen Sie erst dann das Buch wieder zur Hand.) Ich gehe sogar noch einen Schritt weiter und gebe zu, dass ich auch ungern zwei Frauen dabei zuschaue, wie sie sich beim Boxen oder ähnlichen Kampfsportarten gegenseitig die Visage polieren. Aber es ist nicht so, dass ich es nicht versucht hätte. Weiß Gott habe ich das: Ich schaue immer wieder mal unserer Frauennationalmannschaft zu und versuche auch während des Spiels, mich wirklich auf den Fußball zu konzentrieren und nicht dauernd bei jeder Spielerin zu hinterfragen, ob sie eventuell hetero sein könnte. Aber irgendwie kann ich mich trotzdem nicht dafür begeistern.

Vielleicht funktioniert es aber auch wie beim Synchronschwimmen: Wenn man lang genug schaut, und das in der entsprechenden Stimmung (zum Beispiel in der Trauerphase einer Trennung), eventuell währenddessen noch zu Stimmungsaufhellern in Form von zwei bis sechs Gläsern Weißweins greift, vielleicht könnte es dann funktionieren. Ich bleibe in jedem Fall dran. Großes Hugo-Sanchez-Fußballer-Ehrenwort!

Jedenfalls erinnere ich mich, dass ich vor einigen Jahren mal Gast auf der Hochzeit eines Mädels war, das früher erfolgreich in einer Damenfußballmannschaft gespielt hat. Zu Gast waren natürlich auch viele ihrer ehemaligen Mannschaftskolleginnen. »Ehemalig« deshalb, weil ihr Neugatte ihr das Fußballspielen verboten hatte, nachdem ihm klar geworden war, wie hoch der Lesbenanteil im Team seiner soeben Angetrauten war.

Das Tanzvergnügen auf der Hochzeit gestaltete sich sehr abwechslungsreich, weil sich der Pool der potenziellen Tanzpartner der Damen mal locker verdoppelt hatte. Und natürlich tuschelten die ältlichen Tanten am Rande der Tanzfläche, weil sie sich bei den meisten Tanzenden nicht sicher waren, ob es sich nun um Weiblein, Männlein oder Weiblein in Männleinkleidung handelte.

Worauf ich eigentlich hinauswill: Für Frauen gibt es bisher keine richtigen Stammtische und Frauenfußball scheidet langfristig doch für die meisten aus – wenn man als Frau also nicht Mitglied des Katholischen Frauenbunds oder eines Schützen- oder Gartenbauvereins war, wie sollte man dann regelmäßig vor die Tür und somit an den neuesten Klatsch und Tratsch kommen? Die großen Familienfeiern wie Hochzeiten, Taufen, Kommunionen, runde Geburtstage, goldene Hochzeiten et cetera waren erstens selten und zweitens so aufwendig, dass man schon mit der Lästerei über die Garderobe des Brautpaares respektive des Jubilars oder der Gäste einen halben Tag zu tun hatte. Anschließend musste man ja noch herausfinden, von wem welcher Kuchen des selbst gemachten Kuchenbüfetts war, und Konsistenz und Geschmack ausgiebig diskutieren … und kaum waren die ganze schwere Buttercreme und Sahne mit ein paar Verdauungsschnapserl hinuntergespült, da war der Abend schon fast wieder vorbei.

Unnötig zu sagen, dass bis dahin die wichtigsten alltäglichen Neuigkeiten nur äußerst rudimentär ausgetauscht worden waren. Weitere Gelegenheit zum Austausch wichtiger Informationen war natürlich der Friseurbesuch, aber dorthin gingen die Damen ja (leider) viel zu selten, und beim Bäcker, Metzger oder Kramer in der Schlange stehend, war man dazu gezwungen, in kurzen Sätzen die wichtigsten Eckdaten der neuesten Neuigkeiten abzurufen, um den Betrieb nicht allzu sehr aufzuhalten:

Kramerin: »Hast as schon ghört?«
Kundin 1: »Was?«
Kundin 2: »Des mit'm Simmerl!«
Kundin 1: »Was für a Simmerl? A Knödelbrot bräuchert I noch.«
Kramerin: »Ja, da Samberger Simmerl halt.«
Kundin 1: »Was isn mit ihm?«
Kramerin: »Maustot is' er, des is'!«

Kundin 1: »Naa!?! Und ein Pfund Quark.«
Kundin 2: »Gestern.«
Kundin 1: »S'Herz?«
Kramerin: »Naa, d'Leber! Sonst noch?«
Kundin 1: »Zwei Scheiben Presssack. Hat der auch so gsuffa?«
Kundin 2: »Bier ned so, aber Schnaps!«
Kramerin: »Alle Woche hat er a Flaschen Klosterfrau Melissengeist bei mir kafft! Sonst noch?«
Kundin 1: »A Flaschen Eierlikör.«
Kramerin: »Gern. Beerdigung is übermorgen.«
Kundin 2: »Um zehne.«
Kundin 1: »So schnell kanns geh', gell.«
Kramerin: »Da sogst wos.«
Kundin 1: »Und a *Bild*-Zeitung.«
Kramerin: »Alles?«
Kundin 1: »Alles.«

Für die interessanten Interna und Hintergründe (Eheprobleme aufgrund mangelnder Emotionalität, Bordellbesuche, Liebschaften et cetera oder finanzielle Sorgen durch Fehlinvestitionen, Kaufexzesse, Bordellbesuche, Liebschaften und so weiter) war nie genügend Zeit.

Außer wenn wieder einer der fahrenden Händler vorbeikam, der sich schon allein deshalb, weil er etwas verkaufen wollte, genügend Zeit für seine potenzielle Kundin nahm. Und wie könnte man eine Frau besser zum Kauf eines eigentlich völlig überflüssigen, weil längst vorhandenen Haushaltsartikels, Reinigungsmittels oder von Bettwäsche überreden, als sie mit dem neuesten Tratsch aus der Gemeinde zu versorgen beziehungsweise ihr quasi unter dem Siegel der äußersten Diskretion mitzuteilen, in welchem Haushalt es »zugehe wie die Sau«, weil die Hausfrau offensichtlich ein recht »gschlampertes Weiberleut« sei (was die Kundin natürlich schon immer gewusst hatte). Oder dass sich die Bäuerin S. aus H. für sündhaft teures Geld eine nagelneue Küche habe einbauen lassen – »auch noch vom Schreiner!«, und das, obwohl die alte Küche doch erst knapp

23 Jahre alt gewesen sei ... und noch dazu, wo man doch wisse, dass die Bäuerin S. am Herd höchstens eine Packlsuppe warm machen könne, geschweige denn »gscheide Knödel« oder ein »resches Bratl« zustande bringe.

Als ich klein war, gab es einige solcher Händler, die regelmäßig bei uns auf dem Hof vorbeischauten. Es gab welche, auf die freute man sich, weil sie nicht aufdringlich und immer gut gelaunt waren oder weil sie etwas verkauften, was es sonst nirgends gab. Ich erinnere mich zum Beispiel an den sogenannten Kaba-Mann. Ich glaube, seinen echten Namen kannte nicht einmal meine Mama, aber wir Kinder hatten ihn Kaba-Mann getauft, weil sie bei ihm immer neben Eiernudeln einen ganzen Eimer Kaba-ähnliches Schokopulver gekauft hatte. Jawohl, einen Eimer. Den sehe ich noch heute vor mir: ein blauer Zehn-Liter-Kübel, auf dem braune Palmen abgebildet waren und – politisch unkorrekt – kleine afrikanische Kinder, damals natürlich der Inbegriff der Exotik und im Gegensatz zu heute keine Ursache für eine allgemeine Diskussion.

Wenn meine Mama einen besonders kauffreudigen Tag hatte, dann kaufte sie auch einen kleineren Eimer mit Schokopuddingpulver dazu. Das war ein Festtag. Nicht wegen des Schokoladenpuddings, den wir Kinder – wie fast alle Kinder – sehr gern mochten, klar, sondern in erster Linie, weil wir etwas wussten, was unsere Mama erst viele Jahre später erfahren sollte. In dem Eimer mit Schokopuddingpulver waren quasi zur geschmacklichen Verfeinerung des Puddings – eine ganze Handvoll Weinbrandbohnen versteckt. Wenn man die mitgekocht hätte, wäre der ansonsten stinknormale Pudding dadurch wahrscheinlich zu einer wahren Gaumenfreude und geschmacklichen Offenbarung geworden. Dazu kam es aber im Hause Gruber nie, denn da ich immer schon gefräßig und in Sachen Süßigkeiten geradezu eine Schokoladentrüffelsau war, hatte ich die Weinbrandbohnen vor meiner Mama entdeckt. Und sobald die Lieferung vom Kaba-Mann auf uns überging, rissen wir Kinder den Kübel unter dem Vorwand an uns, dass wir ihn da deponieren würden, wo er hingehörte, nämlich in der Speisekammer. Das taten wir auch. Aber vorher öffneten wir den Eimer, ganz heimlich und leise, und stocherten mit einem hölzernen Kochlöffel vorsichtig in dem Schokopuddingpulver herum, bis wir alle Weinbrandbohnen herausgefischt und aufgefressen hatten.

Gut, Alkohol schmeckt ja den meisten Kindern nicht wirklich, doch – wie soll ich es formulieren, ohne dass Sie einen falschen Eindruck von meiner Familie bekommen – uns Kindern war der Geschmack von Alkohol jetzt nicht – wie soll ich sagen – vertraut, aber wir fremdelten auch nicht gerade. Denn wenn meine Oma väterlicherseits, die ja bei uns auf dem Hof lebte, ab und zu Besuch bekam, dann gab es meistens für Oma und Besuch ein kleines Stamperl Eierlikör. Und wir Kinder bettelten die Oma immer an, sie möge uns doch das kleine Likörglaserl, wenn sie ausgetrunken hatte, ausschlecken lassen, was wir fast immer durften. Und wenn man mit der Zunge diese zähflüssige, klebrige Eierlikörschicht von der dünnen Glaswand des geriffelten Likörglasels schleckte, das hatte schon was. Es war aber natürlich kein Vergleich zu den wunderbar knackigen Weinbrandbohnen im Schokoladenpuddingpulver. Noch heute habe ich deshalb eine große Schwäche für Weinbrandbohnen, und zwar die ganz klassischen, ohne Kirsche oder irgendwelche geschmacklichen Sperenzchen. Einfache, ehrliche Weinbrandbohnen, mmh, der Geschmack der Kindheit eben.

In der Regel gab es aber, wie gesagt, nur Nudeln und Schokopulver für heiße Milch vom Kaba-Mann, der immer ein Cordhütchen aufhatte und dessen Gebiss offensichtlich etwas locker war, denn nach jedem Satz schnalzte die etwas lockere Gebissleiste mit einem leisen »Klick-klack« an seinem Gaumen auf und ab, was uns Kinder sehr faszinierte. Wenn er mit meiner Mutter in seinem leichten schlesischen Singsang sprach, beendete er den Satz immer mit: »Gell, Leni, nich wahr, nich (klick-klack)!« Der Kaba-Rap!

Irgendwann kam er jedoch nicht mehr, und als wir die Mama fragten, wo denn der Kaba-Mann abgeblieben sei, denn aus dem blauen Kübel hatten wir schon vor Wochen den allerletzten Rest Schokopulver herausgekratzt, da meinte sie: »Den, mein ich, hat's weggerissen!«

Wir Kinder verstanden nicht genau, wohin es ihn gerissen haben mag, aber es klang so, als ob wir uns die nächste Weinbrandbohnenlieferung abschminken könnten. Und Schokopulver, das wir nicht aus einem blauen Eimer in eine verbeulte bunte Blechdose umfüllen mussten (man konnte ja schlecht einen blauen Eimer auf dem Frühstückstisch platzieren), sondern ab sofort – wie alle anderen Kinder – in langweiligen, länglichgelben Dosen im Supermarkt kauften, war einfach nicht dasselbe. Außerdem hatten wir den Kaba-Mann gemocht, nicht zuletzt, weil er unserer Mutter nie das Geheimnis mit den versteckten Weinbrandbohnen verraten hatte, denn Diskretion ist eben das oberste Gebot des Verkäufers, nich wahr, nich, klickklack!

Ihre Handtücher, Bettwäsche und Wolldecken kaufte meine Mama bei einem freundlichen Herrn namens Hubert Kaspar, der jedes Jahr ein paarmal aus dem Schwäbischen in unsere Gegend reiste. Und da meine Mutter eine Schwäche für gut sitzende, pflegeleichte Blumenbettwäsche hatte, war sein Weg zu uns nie umsonst. Und weil er ein charmanter Herr war, der nie schmutzige Witze erzählte – denn dagegen hatte meine Mama im Gegensatz zu mir eine Aversion –, bekam er immer einen Kaffee und dazu ein Stückerl Kuchen oder etwas Schmalzgebackenes, je nachdem, was grad im Hause Gruber verfügbar war. Hubert Kaspar tratschte nie über seine Kunden, dazu war er viel zu diskret, aber meine Mama mochte ihn, denn seine Ware war immer einwandfrei, und er selber war genauso gepflegt wie sein schneeweißer Mercedes, mit dem er unterwegs war. Außerdem bekam man im Falle einer Bestellung immer etwas geschenkt: ein buntes, riesiges Badetuch oder ein Kuschelkissen mit Tiermotiven.

Die Wolldecken hätte meine Mama zwar auch beim sogenannten »Deckenmann« kaufen können. Das tat sie aber nicht, denn eben dieser Deckenmann hatte zwar den Kofferraum seines Autos voller Decken, wollte diese aber gar nicht unbedingt verkaufen, wie er immer wieder glaubhaft versicherte, weil er eigentlich ein reicher Mann war, denn ihm gehörten mehrere Wohnblöcke in München. Zumindest behauptete er das. Er fuhr einfach so übers Land, weil ihm sonst langweilig geworden wäre. Und zum anderen brauchte er die Decken für die zwei riesigen Hunde, die immer hinten im Kofferraum lagen und jeden, der nur an dem Auto vorbeiging, zähnefletschend ankläfften und dabei vom Kofferraum auf den Beifahrersitz und wieder zurück sprangen. Furchterregend für uns Kinder. Gut für den Deckenmann: Er musste sein Auto nie absperren, nicht einmal im Bayerischen Wald, wie er uns versicherte.

Dieser große, bärtige, leicht ungepflegt wirkende Mann sah zwar auf den ersten Blick nicht reich aus, aber er hatte durchaus diese gewisse Gelassenheit, die wohlhabenden Menschen oft zu eigen ist, weil sie wissen, dass sie erstens nicht unbedingt Geld verdienen müssen und zweitens sowieso recht anspruchslos leben und nicht viel davon benötigen.

Er kam zur Haustür herein (unsere Haustür war tagsüber immer offen), hatte dabei immer dieselbe grüne Jagdkleidung an, setzte sich grußlos bei meiner Mutter an den Küchentisch und begann von seinen verflossenen Liebschaften zu erzählen. Meine Mutter und wir Kinder fanden das wahnsinnig interessant, ein Mann, der ständig neue Frauen hatte. Wahrlich ein Exot im katholischen Oberbayern. Zumindest wechselte er die Frauen öfter als seine fleckigen, leicht nach Hund müffelnden Oberhemden (was aber bei dem schmutzigen Tannengrün nicht so auffiel). Wir fanden das cool und weltmännisch. Die Mama sagte immer: »Mei, so san halt die Leid in der Stadt!« Damit meinte sie keine Stadt im Besonderen, sondern einfach die Spezies »vergnügungshungriger Großstädter, der es mit der Moral nicht so genau nimmt«. Es ging bei seinen Geschichten nämlich immer darum, dass die Frauen – immer sehr schöne Frauen, meistens aus Russland, Polen oder Tschechien – ihm allesamt anfänglich die große Liebe vorheuchelten, er aber irgendwann herausfand, dass der Gegenstand ihrer hingebungsvollen Zuwendung nicht er selber, sondern seine Wohnblöcke waren. Meine Mutter meinte irgendwann nach der vierten oder fünften dieser Erzählungen, die allesamt recht ähnlich verliefen, er solle sich doch einfach mal eine deutsche Frau suchen, anstatt immer nur auf den billigen, leicht zu durchschauenden Charme irgendwelcher Ostblockflitscherl reinzufallen. Ich glaube, das war der Tag, an dem wir ihn zum letzten Mal gesehen haben.

Wir hatten ihm eh nie etwas abgekauft, insofern war es praktisch wurscht, aber ich glaube, meiner Mama tat es ein bisserl leid wegen der schönen, saftigen Geschichten von der Olga, der Natascha und der Ludmilla. Offensichtlich hatte sie beim Decken-Mann einen wunden Punkt getroffen, meine Mama. Tja, sie war halt immer schon eine sehr pragmatische und weise Frau, die auf hundert Meter gegen den Wind einen windigen Hallodri von einem anständigen Burschen unterscheiden konnte.

Leider behielt sie ihr Urteil oft viel zu lang für sich und ging nicht damit hausieren. Wäre sie mit ihren Urteilen etwas extrovertierter, dann wäre sowohl mir und als auch Lothar Matthäus viel Elend erspart geblieben. Vorausgesetzt, der gute Loddar hätte sie jemals kennengelernt.

Manche fahrenden Händler kamen tatsächlich nur vorbei, um etwas zu verkaufen, nicht, um eine Lebensbeichte abzulegen oder die neuesten Gerichte aus der Landkreis-Gerüchteküche zu verbreiten: Besen, Handfeger und Bürsten in jeglicher Form kaufte meine Mama zum Beispiel beim »Bürstenmann«. Schmierseife und Instantsuppenbrühe kaufte sie beim HAKA-Mann. Und dieser Mann war wirklich die beste Werbung für sein Produkt, denn wenn man den Typen mit einem Wort beschreiben müsste – und zwar Äußeres und Charakter –, dann würde man sich auf ein Adjektiv einigen müssen: schmierig. Der Mann hatte mehr Öl in den Haaren als Michel Friedman zu seiner Glanzzeit. Und wenn er mit seinem schlecht geschnittenen braunen Anzug aus seinem weißen VW Polo mit dem rot-blauen HAKA-Firmenlogo stieg, dann war meine Mutter schon drauf und dran zu fliehen. Sie wusste nur nicht, wohin. Außerdem hielt sie mein Vater immer auf und trieb sie beinahe zur Weißglut, weil er meinte: »Was stellst di denn a so an. Der HAKA-Mann is' doch gut drauf, also i mog den!«

Worauf sie zurückzischte: »Genau. Den mogst du natürlich. Dann hock dich halt du hin, lass dir den Zigarettenrauch um d'Ohren hust'n und hör' dir seine dreckigen Witze an. Mir graust so vor dem!«

»Warum kaffst ihm dann immer was ab?«

»Ja, weil er die beste Schmierseife hat!«

Dieses Argument saß. Gesagt, geraucht. Zehn Zigaretten, minutenlanges Gehuste und etliche schmuddelige Witze später war der Bestellzettel ausgefüllt, und meine Mama sah sich gezwungen, den Typen schnellstmöglich zum Gehen zu bringen, denn er war gerade dabei, eine unappetitliche Geschichte über einen sehr fidelen Gigolo im Altersheim seiner Mutter anzufangen. Mein Vater saß daneben und freute sich sichtlich. Nicht, weil die Geschichte so gut oder so lustig war. Das war sie nämlich überhaupt nicht. Nein, er freute sich, weil er wusste, dass meine Mutter innerlich kochte vor Wut und schon fieberhaft überlegte, wie sie sich das HAKA-Faktotum vom Hals schaffen könnte. Und da fiel ihr plötzlich wieder der Satz ein, der noch jedes Mal gewirkt hatte. Jedes Mal brachte sie nämlich den kettenrauchenden Schmierseifenmann damit um seine gute Laune und zum Gehen, indem sie den immergleichen verbalen Rausschmeißer anbrachte: »Rauch' ned so viel von deinem Kartoffelkraut, dann musst ned so viel husten!«

Die Raucherei war sein wunder Punkt. Was die Ostblockflitscherl für den Deckenmann waren, war die Raucherei für den HAKA-Mann. Ein Thema, das für Außenstehende tabu war. Dabei war, glaube ich, sein Raucherhusten gar nicht schlimm. Meiner Meinung nach hustete er immer demonstrativ, um von meiner Mutter endlich – wie der Hubert Kaspar eben auch – eine Tasse Kaffee oder Ähnliches zum Runterspülen zu bekommen, aber mit pornografischen Geschichten aus dem Altersheim seiner Mutter würde ihm das nie gelingen. Das hätte ich ihm versichern können.

Aber wie viel Feingefühl konnte man schon von einem Mann erwarten, der fahrender Händler für Schmierseife *und* Suppenbrühe war – und zwar alles von ein und demselben Hersteller! Quasi ein schmieriger Suppentandler.

Aber auch ihn gibt es natürlich längst nicht mehr. Und die Schmierseife kauft meine Mama jetzt bei einer Nachbarin, per Telefon. Es reicht ein kurzer Anruf, ohne schlüpfrige Geschichten und Herrenwitze. Einfach Bestellung durchgeben, danke, bis in vierzehn Tagen, und servus. Meine Mama ist sehr erleichtert darüber und findet es einfach nur angenehm. Mein Vater findet es fad.

Allein unter Brüdern

Haben Sie Kinder? Ja? Wie schön! Und Ihre Kinder streiten auch, oder? Wunderbar. Es gehen dabei Dinge zu Bruch, Türen werden geknallt, es wird tagelang am Esstisch geschwiegen oder sich gegenseitig angezischt? Herrlich. Also, sie streiten sehr viel, brüllen sich an und werden handgreiflich, um nicht zu sagen, sie gehen sich gegenseitig an die Gurgel, sodass Sie manchmal Angst haben, die Meute allein zu lassen, weil sie befürchten, es könnte Tote geben, ja? Ach, wie wunderbar ist doch die Kinderzeit. Da werden Erinnerungen wach. Ich darf Sie hiermit beglückwünschen: Sie haben völlig normale Kinder.

Und ich gehe sogar noch einen Schritt weiter, indem ich die kühne Behauptung aufstelle: Ihre Kinder werden sich später blendend miteinander vertragen. Woher ich das weiß? Ich bin ja mit zwei jüngeren Brüdern aufgewachsen: Sepp ist zwei Jahre jünger und Chris fünf Jahre jünger als ich. Wir haben miteinander gerauft, uns gegenseitig die Haare ausgerissen, gebissen, die Kleider zerfetzt, wir haben uns gegenseitig beklaut und anschließend bei den Eltern verpetzt, bei unseren jeweiligen Freunden schlechtgemacht, kurz: Wir haben uns abgrundtief gehasst. Wenn das bei Ihren Kindern genauso ist, kann ich Sie beruhigen. Das ist normal, völlig normal. Entspannen Sie sich, schenken Sie sich gemütlich ein Glas Wein ein. Sie haben alles richtig gemacht, auch wenn Ihnen das jetzt vielleicht noch nicht so vorkommt. Aber Geschwister, die sich ab einem bestimmten Alter gegenseitig das Leben zur Hölle machen, werden sich mit ziemlich hoher Wahrscheinlichkeit in späteren Jahren blendend verstehen, sich respektieren, gegenseitig unterstützen und miteinander ausgehen, ja vielleicht sogar gemeinsam in Urlaub fahren.

Falls sich Ihre Kinder im Alter von vier bis achtzehn mit gegenseitigem Respekt und Zuneigung begegnen, dann würde ich mir an Ihrer Stelle Gedanken machen, ob Sie nicht als Eltern völlig versagt haben und das dicke Ende noch bevorsteht, indem Ihr Sohn zum Beispiel irgendwann zwölf Kunden in einer Metzgerei mit einer abgesägten Schrotflinte niedermäht, nur weil ihm die Metzgereifachverkäuferin sein Semmerl mit Pizzaleberkäs anstatt Käseleberkäs belegt hat.

Das beste Indiz für eine innige spätere Geschwisterliebe ist ein rauer Umgangston in Jugendjahren: Meine Brüder und ich haben uns beispielsweise zwischen zwölf und sechzehn Jahren gegenseitig nur als »der Wichser«, »der ander' Arsch« und »die ander' bleede Kuah« bezeichnet. Das führte so weit, dass unsere Eltern es aufgegeben hatten, uns wegen unserer unflätigen Sprache zurechtzuweisen, ja sie übernahmen unsere »gscherte« Sprache schon teilweise selber. Ich kann mich an ein sonntägliches Mittagessen erinnern, das bei uns ja immer um Punkt halb zwölf stattfand und zu dem mein Bruder Sepp nicht erschien. Als mein Vater meine Mutter fragte, wo denn sein Ältester abgeblieben sei, antwortete sie leicht entnervt: »Ja, i woass aa ned, wo der Wichser scho wieder is'!«

Geschocktes Schweigen. Alle Augen waren auf unsere Mutter gerichtet. Meine Mutter rief schließlich leicht beschämt in die erstaunte Runde: »Ja, des is ja koa Wunder, dass i des auch amal sog, wenn ma den ganzen Tag nix anderes hört!«

Mein Bruder Sepp hatte eine Zeit lang – bevor er sich entschloss, doch noch etwas Vernünftiges zu studieren – seine wilde Bikerphase, wo er entweder mit irgendeinem soeben erstandenen und nochmals kurz auffrisierten Mördergerät der Marke Honda oder Yamaha unterwegs war oder mit seinen Spezln vom »Beam-Club« (zur Erinnerung, »beamen« hatte in diesem Fall nichts mit Raumschiff Enterprise und einem gewissen Scotty zu tun, sondern es stand schlicht und ergreifen für saufen) auf Tour. Um für ihre Gelage von »A« wie Altötting nach »B« wie Bruckberg (oder damals auch »Pritschn-Hill« genannt) zu kommen, hatten sich die Burschen einen uralten, weinroten Ford Taunus gekauft, genannt die »Lous« (bayerisch für Muttersau) – für den stolzen Preis von 250,– Mark.

In mühevollster Kleinarbeit begannen sie nun, das schrottreife Gefährt in unserer Garage auf Vordermann zu bringen: Da wurden Teile ausgebaut, gesäubert, ausgetauscht, bis schließlich eine kleine Kiste mit Schrauben, Ventilen und Schläuchen übrig blieb. Auf meine Frage, ob sie denn das ganze Zeug nicht auch noch einbauen müssten, sagte mein Bruder nur in seiner typischen, kurz angebundenen Art: »Die baun einfach zu viel nei in die Karren.« Aha. Dann hätt' ma das auch geklärt.

Als »d'Lous« endlich für die erste gescheite Probefahrt gerüstet war, war sie kaum noch wiederzuerkennen: Sowohl Fahrer- als auch Beifahrerseite waren mit gelb-orangenen Feuerzungen verziert, und auf der Kühlerhaube stand in fetten Lettern für alle Welt gut sichtbar zu lesen: Motherfucker.

Eines Tages musste ich zum Zahnarzt, aber auf dem ganzen Hof war kein Auto zu finden – nur die »Lous« stand in der Garage. Und weil ich den Termin nicht versäumen wollte, schnappte ich mir die Schlüssel und stieg ein. Es dauerte fast fünf Minuten, bis ich den Rückwärtsgang drinhatte, und das Ding ließ sich schwerer lenken als ein fünfzig Jahre alter Bulldog. Ich wusste von meinem Bruder, dass man nicht schneller als maximal 40 km/h damit fahren durfte, weil es wahrscheinlich sonst die Fahrbahn verlassen hätte: Das gute Stück schaukelte hin und her, und schon bei 30 km/h kam es so ins Schlingern, dass man das Gefühl hatte, man würde jeden Moment die Kontrolle verlieren. Da saß ich also in einem weinroten Ford Taunus mit Feuerzungen an den Seiten und »Motherfucker« auf der Kühlerhaube. Auf dem Beifahrersitz lag so viel Müll, dass ich meine Tasche auf dem Rücksitz platzieren musste. Überall lagen stapelweise *Auto, Motor & Sport*, *Penthouse* und *Kicker*. Darunter, darüber und dazwischen Zigarettenschachteln, Bifi-Tüten, Cola- und Red-Bull-Dosen und leere Jack-Daniels-Flaschen. Die Lastwagenfahrer, die mich erst anhupten und dann überholten, grinsten schließlich und zwinkerten verschwörerisch in mein Cockpit, so als ob sie sagen wollten: »Heißer Schlitten, Oide! Und wer isn überhaupt dein Innendekorateur?« Ich hätte mich gern geschämt, hatte aber leider keine Zeit, denn ich war viel zu sehr damit beschäftigt, den heißen Schlitten davon abzuhalten, aufs Bankett zu schlittern und mich noch vor dem Zahnarzt mit Schmerzen zu beglücken.

Der anschließende Zahnarztbesuch war harmlos im Vergleich mit der Heimfahrt, für die ich auch noch Licht benötigte, aber natürlich war ein Scheinwerfer kaputt. Als ich das meinem Bruder am Abend erzählte, meinte er nur trocken: »Oana langt leicht.«

Zwischen meinem Bruder und seinen Spezln war eigentlich ausgemacht, dass derjenige, der abends mit der Lous die anderen chauffierte, immer nüchtern bleiben sollte, aber eines Abends hatte mein Bruder zwar Fahrdienst, aber offensichtlich nicht nur das Auto vollgetankt, sondern auch sich selber. Zumindest ein bisschen. Vielleicht lag es auch am natürlichen Seegang des Schlittens, auf jeden Fall parkte er ihn recht unvorschriftsmäßig im Straßengraben. Ich glaube, er hatte sich sogar noch überschlagen, denn Genaueres konnte man aus meinem Bruder nicht herausbringen, denn im Gegensatz zu mir redete er nicht gern. Zumindest nicht daheim. Glücklicherweise waren sie nur zu zweit im Auto gewesen, und beide hatten nicht einmal einen Kratzer abbekommen, was man von der Lous nicht sagen konnte. Mein Bruder wollte sie zwar wieder herrichten, aber mein Vater bestand darauf, dass sie das gute Stück verschrotten ließen. Das kostete sie zwar mehr als der eigentliche Kaufpreis, aber ich denke, das Geld war gut angelegt, wenn man bedenkt, dass somit fünf Leben gerettet wurden.

Zu der Zeit hatte mein Bruder Sepp auch die Angewohnheit, sich ständig Klamotten von meinem kleinen Bruder Chris und mir auszuborgen, selbstverständlich, ohne zu fragen. Chris war zwar kein Modefan wie ich, aber er achtete auf seine Sachen, während es Sepp vollkommen egal war, was er trug und von wem das Zeug stammte. Am Freitag- und Samstagabend ließen Chris und ich ihn schon fast nicht mehr aus den Augen, vor lauter Angst, er könnte sich wieder eine Jeansweste, ein Baseball-Cap oder ein Palästinensertuch von uns krallen. Aber irgendwie schaffte er es immer wieder, sich aus dem Haus zu schleichen, und erst als er schon mit der Lous ums Eck gebogen war, hörte ich Chris schreien: »Der Wichser hod scho wieder mei' Jeansjack'n! Irgendwann bring ihn um!«

Chris bekam am nächsten Tag zwar die Jeansjacke zurück. Aber da wurde er noch stinkiger als am Tag zuvor, weil es nämlich nicht *seine* war, sondern irgendeine. Genau die halt, die bei Sonnenaufgang noch irgendwo zwischen McDonald's-Tüten und Asbach-Uralt-Flaschen übrig war.

Mein Bruder Sepp meinte nur achselzuckend: »Reg' di ned auf. Schaut doch genauso aus wie deine.« Somit war der Fall für ihn erledigt. Und der arme Chris musste von da an eine fremde Jeansjacke in seinem Schrank beherbergen.

Mir klaute er einmal ein schwarz-rotes Chicago-Bulls-Basketball-Cap, das mir ein Kollege zwei Wochen zuvor von einer Dienstreise in die USA mitgebracht hatte. Ich wusste, dass der Beam-Club abends ein Lagerfeuer am Freisinger Weiher machen wollte, ich wollte ihm aber nicht nachfahren, weil ich zwischen den ganzen »Beamern« eh keine Chance gehabt hätte, wieder an mein heiß geliebtes Cap zu kommen. Die Typen hätten mich im besten Fall nur ausgelacht, mit Bier bespritzt und danach in den Weiher geschmissen. Und ich möchte mir gar nicht vorstellen, wie der schlimmste Fall ausgesehen hätte. Also hieß es für mich warten, bis der gnädige Herr am nächsten Tag von den Toten auferstanden war. Als ich ihn mittags auf mein Käppi ansprach, meinte er nur zwischen zwei Bissen, ohne mich dabei anzusehen:

»Des Kappi … des hamma angezündet!«
»Wie … angezündet?!«
»Ja, o'zündt hoid.«

»Mit'm Feuerzeug?«

»Na, ins Feuer hammas neigschmissen.«

»Spinnst du, du Volldepp! Und warum habts ihr mei Kappi o'zündt?«

»So hoid.«

Und die Diskussion – wenn man sie so nennen möchte – war für ihn wieder mal beendet. Da er kein Geld hatte, mir ein neues zu kaufen, und meine Eltern für so einen Schmarrn wie ein Basketball-Cap kein Geld ausgeben wollten, musste ich warten, bis wieder einer meiner Arbeitskollegen auf Dienstreise in USA war und mir ein Käppi mitbringen konnte. Tatsächlich bekam ich ein paar Monate später wieder eines, aber da die Dienstreise nach Kalifornien ging, war es kein rot-schwarzes von den Chicago Bulls, sondern ein weißes Eishockey-Cap von den San José Sharks mit einem türkisfarbenem Hai auf der Stirn, was nicht ganz so cool war wie mein altes. Denn wer kannte schon die San José Sharks? Und außerdem: Eishockey??!! Eishockey war allein deshalb schon total uncool, weil es das auch bei uns gab. Baseball dagegen war etwas wirklich Besonderes. Aber ich wollte nicht undankbar sein und habe das Käppi trotzdem getragen, denn es war zumindest ein ganzes Käppi mehr, als ich jemals von meinem Bruder bekommen habe, dem Wichser!

Aber – wie gesagt – das war früher. Heute verstehe ich mich mit meinen Brüdern wunderbar. Wenn meine Dusche nicht richtig warm wird, mein Drucker spinnt, die Dachrinne verstopft ist, die Gartenbewässerung nicht funktioniert, Bilder aufgehängt werden sollen oder ich zum Flughafen muss – meine Brüder sind immer zur Stelle. Oder meine Schwägerinnen. Im Gegenzug kann ich leider nichts reparieren, austauschen, kochen, backen oder programmieren, weil ich ja praktisch völlig talentfrei bin. Aber als Tante stelle ich mich – glaube ich – recht passabel an und bin ich bei meinen Nichten und Neffen (noch) ziemlich beliebt: Ich kenne alles, was es von Star Wars an Spielzeug gibt, kann *Max und Moritz* auswendig, kaufe für alle vier Kinder Klamotten, die fast immer passen und gefallen, und meine Übernachtungseinladungen sind so heiß begehrt, dass meine kleinste Nichte, Juliane, dafür extra windelfrei wurde. Als sie nämlich hörte, dass die anderen drei bei mir übernachten dürfen inklusive Picknick zu *Ice Age 3* plus Popcorn, Eis und anschließender Kissenschlacht, meinte sie zu ihrer Mama: »I mech auch Tante Moni schlaffa!«

Meine Schwägerin versuchte ihr zu erklären: »Des geht erst, wenn du allein aufs Klo gehst!«

Juliane erkannte die Dringlichkeit des Problems sofort und meinte: »Ich muss ich aufs Klo geh' – jetzt!«

Meine Schwägerin versuchte es nun deutlicher: »Nein, Juliane, des geht erst, wenn du alleine einen Stinker machen kannst!«

Juliane zögerte kurz, ging in sich und sagte: »Ich muss ich Stinker macha … *jetzt!* Kann I scho Tante Moni schlaffa, gell, Mama!«

Der Flocki

Es gibt ihn wirklich, den Flocki. Nein, Flocki ist kein Hund. Auch kein schwedischer Schafwoll-Bettvorleger für neunundzwanzig Euro. Der Flocki ist ein Unikum: eine fast drei Zentner schwere bajuwarische Naturgewalt, immer gut gelaunt, immer redselig, für jede Schandtat zu haben, durch nichts zu erschüttern und an jedem Tresen ein fleischiger Fels in der Spirituosenbrandung. Warum dieses Prackl von Mannsbild ausgerechnet den Spitznamen Flocki hat, weiß niemand mehr. Wie sein richtiger Vorname lautet, weiß ich, ehrlich gesagt, auch nicht, aber kein Taufname könnte seinem Charakter gerechter werden als Flocki, denn wo immer er auch auftaucht, ist er ein Garant für eben … *flockige* Stimmung.

Seine Anekdoten sind so legendär wie sein Stehvermögen am Tresen beziehungsweise sein Sitzfleisch am Wirtshaustisch. Und dass bei allen Geschichten vom Flocki auch immer ein wenig dazugedichtet, übertrieben und geflunkert wird, das ist kein Zeichen von überzogener Selbstdarstellung, sondern eben nur ein Hinweis auf seine exzellenten Entertainerqualitäten.

Wo genau der Flocki wohnt und wo genau dieser besagte Wirtshausstammtisch steht, das möchte ich nicht verraten, denn ich möchte weder ihm noch den anderen Stammtischlern zumuten, dass sie mit Horden von neugierigen Schaulustigen konfrontiert werden, die dann vielleicht in ebendieses Wirtshaus stürmen würden, weil sie sich einen unterhaltsamen Abend erwarten. Man denke nur an die vielen Ehepaare, die sich im Restaurant immer schweigend gegenüberhocken –

oder noch schlimmer: nebeneinander sitzen –, weil sie sich schon seit Längerem nichts mehr zu sagen haben. Die würden dann ins Gasthaus Sowieso nach Dingenskirchen fahren, um sich bei einem Glas Trollinger Mädchenschreck ein kostenloses Kabarettprogramm vom Flocki servieren zu lassen. Nein, das wäre ihm nicht recht. Der Flocki braucht einen kleinen intimen Rahmen als Bühne. Und ich keine Konkurrenz, die wesentlich besser ist als ich. Ha!

Eigentlich ist der Flocki ja gelernter Elektriker. Da er aber immer schon eine ausgeprägte Aversion gegen Hierarchien und starre Arbeitsstrukturen hatte, arbeitet er heute als »Mobile Facility Manager«, also als freischaffender Hausmeister. Was nichts anderes bedeutet, als dass der Flocki mit einem roten Pick-up mit allerhand Gerät und Werkzeug hinten auf der Laderampe von Stammlokal zu Stammlokal schuckelt, denn als sein eigener Herr entscheidet er selbst, ob die Mittagspause eine Stunde dauert oder halt den ganzen Tag. Der Flocki ist eben ein Freigeist, der sich nicht gern etwas sagen lässt. Auch nicht von einer Frau. Und da liegt der Hund begraben, der Hase im Pfeffer, das Lamm in der Salzkruste, denn der Flocki als freischaffender Künstler sucht zwar keinen Dauerauftrag bei der holden Weiblichkeit, möchte aber nicht gänzlich auf das Damenprogramm inklusive diverser Wartungsarbeiten verzichten. Außerdem ist er – obwohl selber optisch nicht gerade ein klassischer Anwärter auf den *BRAVO*-Starschnitt – ziemlich gschleckert, also wählerisch. Aber das ist ja oft so: Die hässlichsten, ungepflegtesten Männer haben die größten Ansprüche. Wobei, ungepflegt ist er nicht, der Flocki. Ein bisserl verwahrlost halt, aber auch nicht mehr, als es eben Männer sind, die schon längere Zeit ohne weibliche Rundumbetreuung auskommen müssen. Und obwohl selber sehr füllig bis gewampert, bevorzugt der Flocki eher einen zarten, mädchenhaften Typ Frau, die aber trotzdem weibliche Rundungen an den richtigen Stellen haben sollte. Außerdem muss sie lieb sein, anschmiegsam, einen treuen Blick sollte sie haben und eine schöne Stimme. Diese muss sie aber nicht unbedingt einsetzen, denn wie pflegt der Flocki immer zu sagen: »Reden brauchts' ned, weil des mach ja ich!«

Der langen Rede kurzer Sinn: Da eine solch anschmiegsame, schweigsame, zierliche Person sowohl in Ober- und Niederbayern als auch in der angrenzenden Oberpfalz als Rarität gilt und schwerer aufzutreiben wäre als ein veganer Metzger, fährt der Flocki jedes Jahr für zwei Monate voller Tatendrang nach Thailand. Böse Zungen behaupten: mit mehr Drang als Taten. Bei der Rückkehr ist nicht nur Flockis Geldbeutel ein bisschen leichter, sondern auch er selber hat unter dem Einfluss der gesunden thailändischen Küche und aufgrund der körperlichen Betätigung ein paar Kilo abgenommen, und die mittelblaue Latzhose ist nicht – wie sonst – über seinem betonharten Bauch zum Platzen gespannt, sondern sitzt durchaus luftig über Flockis Astralkörper. Das heißt, wenn er überhaupt Latzhose trägt. Oft kam er schon mit farbenfrohen, maßgeschneiderten kimonoartigen Oberteilen zurück, die er fast schon stolz wie eine Trophäe über seiner ausgewaschenen Wrangler-Jeans trägt.

Am Stammtisch warten dann schon immer alle ungeduldig auf die neuesten Geschichten aus dem Land mit den unter der Sonne gedeihenden exotischen Gewächsen. Und alle – Bauern, Handwerksburschen und städtische Angestellte – bekamen große Augen, als der Flocki von einer Lotusblume erzählte, die ihm in einer Bar irgendwo am Strand von Pattaya vor allen anderen (männlichen) Gästen das Hosentürl aufmachte, was dem Flocki furchtbar peinlich war, denn der Flocki ist halt doch nicht der abgebrühte Weltenbummler, als der er sich gern sähe, sondern im Grunde genommen ein einfacher, etwas unbeholfener Bär. Und außerdem natürlich streng katholisch erzogen. Irgendwann einmal. Pattaya hin, Lust her. Als einer der Stammtischler anmerkte: »Warum hast dann ned gesagt, sie soll aufhören?« Da meinte der Flocki nur etwas kleinlaut: »Ja, weil i ned gewusst hab, was Stopp auf Englisch heißt!«

Alle freuen sich immer über seine Rückkehr, weil es dann wieder für die nächsten zwei, drei öden Wintermonate Gesprächsstoff am Stammtisch gibt, aber trotzdem lassen sie den

Flocki nicht mittrinken, wenn ein Maßkrug kreist, weil einer am Stammtisch Geburtstag hat. Der Flocki muss dann so lange aus seinem eigenen Glas trinken, bis er einen offiziellen Aidstest vorlegt. Das ist am Stammtisch seit jeher eisernes Gesetz. Und er macht ihn auch jedes Jahr, den Aidstest. Dazu geht der Flocki ins Landratsamt, wo neben der Mütterberatungsstelle eine Aidsberatungsstelle ist. Und da sitzt dann der Flocki in seinem thailändischen Kimono über seiner Wrangler-Jeans neben den werdenden Müttern. Und einmal – die Geschichte erzählte er später am Stammtisch und lachte dabei so schallend, dass er die erste Halbe fast komplett verschüttete – schaute ihn eine der Schwangeren etwas schief von der Seite an und fragte: »Und? Warum san Sie da?«

Da meinte der Flocki nur trocken: »Wegen dem Gleichen wie ihr: ungeschützter Geschlechtsverkehr!«

Das Faszinierendste am Flocki ist jedoch, dass er in irgendeiner Form an so ziemlich allen spektakulären echten und auch vermeintlichen Todesfällen in seiner näheren Umgebung beteiligt war. Sagt er. Ob die Einzelheiten immer so ganz genau der Wahrheit entsprechen, das kann ich nicht beurteilen. Aber warum sollten sie eigentlich nicht wahr sein, wo wir doch wissen: Die besten Geschichten schreibt das Leben selber.

Der Flocki musste zum Beispiel mal für einige Wochen seinen Führerschein abgeben. Wegen Trunkenheit am Steuer. Was sonst. Eigentlich war ihm das gar nicht so unrecht, denn ein mobiler Hausmeisterdienst ist ohne das »mobil« nur so viel wert wie ein einbeiniger Stürmer. Aus diesem Grund beschloss der Flocki, seine Pick-up-lose Zeit einfach zum Betriebsurlaub zu erklären. Wer hätte schon von ihm verlangen können, den Rasenmäher kilometerweise zu Fuß durch die Ortschaften zu schieben. Und selbst der Werkzeugkasten wäre zu schwer und unhandlich für jedes Fahrrad, genauso wie der Flocki selber. Deshalb besaß er erst gar keines.

Also sah man den Flocki in diesen vier Wochen jeden Abend zu Fuß zu seinem Stammlokal gehen. Dabei musste er immer an einem Haus vorbei, wo oben aus dem Speicherfenster ein dunkler Vorhang wehte. Nach einigen Tagen, als das Wetter umschlug und es stürmte und regnete, kam dem Flocki das immer noch offene Speicherfenster mit dem wehenden Vorhang etwas komisch vor, und er erzählte den Stammtischspezln von seiner Entdeckung. Diese zogen ihn aber nur auf: »Geh, Flocki, was soll denn da sei? In dem Haus wohnt der Lehrer, der wird halt korrigieren müssen, und da macht er das Fenster auf, damit der ganze Schmarrrn von die Schüler nauskommt!«

Aber der Flocki ließ nicht locker. Wer lüftet schon mehr als eine Woche? Und dass der Lehrer sein Korrekturstüberl ausgerechnet in den Speicher verlegt haben sollte, das kam ihm auch mehr als seltsam vor. Irgendwann beschloss einer der Stammtischler, der den Lehrer näher kannte, an dessen Haustür zu läuten. Aber niemand öffnete. Und als die Polizei schließlich die Tür aufbrach, fand man den Lehrer erhängt auf dem Dachboden. Und der dunkle Vorhang, der tagelang aus dem Fenster geweht hatte, das war der schwarze Mantel des Lehrers, den er trug, als er beschloss, den Dachbalken auf seine Strapazierfähigkeit zu testen. Wenn jemand fragte, wer denn den Herrn Lehrer in seinem Haus gefunden habe, dann sagten alle nur: »Der Flocki halt. Der hat ein Gespür für so was!«

Einmal erzählte der Flocki, dass bei einem seiner Thailandflüge bereits kurz nach dem Start ein Mann in den ersten Sitzreihen ohnmächtig wurde. Die Stewardessen waren nervös und fragten per Durchsage, ob denn ein Arzt an Bord sei, um Erste Hilfe zu leisten. Gemeldet hat sich niemand. Aber der Flocki, der von dieser Durchsage gar nichts mitbekommen hatte, weil er grad im Kopf überschlug, ob er auch genügend Kondome dabeihatte, stand auf, um in seiner Reisetasche oben im Gepäckfach nachzuschauen, ob der pariserische Vorrat auch reichen würde. In diesem Moment zog ihn schon eine Stewardess – so erzählte es der Flocki zumindest nach seiner Rückkehr am heimischen Stammtisch – am Ärmel in Richtung des ohnmächtigen Rentners, damit der Doktor Flocki seiner Pflicht nachgehen könne. Als die Stammtischler ihn fragten, warum er denn der Stewardess gegenüber den Irrtum nicht aufgeklärt habe, meinte er nur: »Die hat a so an meinem Ärmel zogen, da hob i nix macha können!« Leider konnte er auch bei dem unglücklichen Patienten nichts machen, der dann während des Flugs – sehr zum Leidwesen des engagierten Flocki – an einem Herzinfarkt verstarb.

Vor einigen Jahren lernte er einen jungen Iren kennen, der im Zuge seiner Europarucksackreise aus irgendeinem unerfindlichen Grund eines Abends in Flockis Stammlokal gelandet war. Und da Alkohol seit jeher ein gutes Heilmittel gegen Sprachbarrieren ist, verstand man sich bereits nach mehreren Halbe Bier prächtig, und der Abend gipfelte in einem Gelage von Schnapsrunden, Umarmungen und paneuropäischen Liebesbekundungen. Da der nette junge Ire für den Abend noch keine Bleibe hatte, beschloss der Flocki kurzerhand, ihn bei sich daheim unterzubringen. Also luden sie gemeinsam das spärliche Gepäck des Rucksacktouristen auf den roten Pickup, obwohl der Flocki eigentlich nach all den Jägermeistern und Obstlern nicht mehr hätte fahren dürfen. Aber er wusste genau, wer an diesem Abend bei der Polizei Dienst hatte, und stieg deshalb beflügelt von geistigen Getränken und seiner neu geschlossenen Freundschaft in seinen Wagen, auf den er sehr stolz war. Um seinem neuen Kumpel zu demonstrieren, was sein Dienstfahrzeug so alles draufhatte, beschloss er eine kleine Abkürzung zu nehmen. Über den Fluss. Und zwar ohne dafür eine Brücke zu benutzen. Denn der Flocki wusste eine Stelle, an der der Fluss besonders schmal war. Genau so schmal, dass man mit dem richtigen Tempo drüberspringen konnte. Es mag sein, dass der Flocki seinen Alkoholpegel etwas unterschätzte, er meinte allerdings hinterher, er sei durch irgendetwas abgelenkt worden, aber auf jeden Fall gelang ihm der Sprung, den er schon so viele Male vorher erfolgreich durchgezogen hatte, diesmal nicht. Und zwar gar nicht. Die Schnauze des Pick-up war mit voller Wucht in das gegenüberliegende Flussufer gerammt, und als der Flocki ziemlich benommen seinen Kopf vom Lenkrad nahm und das ganze Ausmaß des Schadens erkannte, stellte er fest, dass sein gerade neu gewonnener Freund neben ihm keinen Muckser mehr machte. Und dem Flocki war just in dieser Sekunde klar, was das Schicksal ihm offensichtlich zum wiederholten Mal servierte: Er war schon wieder Zeuge eines Todes geworden. Viele Jahre später formulierte er es mir gegenüber so: »Der Typ war mausetot, des hab ich sofort gsehn!«

»Ja, und? Was hast dann gemacht?«

»Dann bin ich ausgstiegn und zum nächsten Bauern glaufen. Den Jungen kenn i guad.«

»Do hast dann einfach geläutet, so um fünfe in der Früh, oder was?«

»Naa, dann wärens ja alle wach worn. Ich hab Steindl an sein Fenster gschmissen, und dann hab ich zu ihm gsagt: I brauch a Schaufel!«

»A Schaufel? Für was?«

»Ja, zum Eingraben halt.«

»Von was?«

»Ja, von dem Iren. Weil der war ja maustot.«

»Aber des hast du doch ned genau gwusst. Du hättst an Doktor holen müssen, Flocki!«

»Geh, der hätt' auch nix mehr macha können. Wenn einer tot is', dann sieht ma des!«

»Aha.«

»Und es hat ja keiner gwusst, wo der is', der Ire. Der war ja ganz allein unterwegs. Der is' nirgends abgegangen!«

»Aber du kannst doch nicht einfach einen Menschen, der bei dir im Auto liegt, eingraben. Tot oder nicht tot. Du musst doch da die Polizei rufen!«

»Geh, Polizei, was meinst, was da los gewesen wär'. Da hätt' ich ja meinen Führerschein nie mehr kriegt.«

Der Flocki machte sich also zusammen mit dem Bauernsohn, dem Girgl, und einer Schaufel auf den Weg zurück zu seinem Pick-up, der immer noch seine Schnauze tief – fast schon, als ob er ein bissl beleidigt wäre – in das Flussufer vergraben hatte. Der Einzige, der nicht mehr da war, war der Ire. Weg. Verschwunden. Der Rucksack war noch da, aber vom

Iren gab es nur noch die Blutspuren im Wagen. Fast eine halbe Stunde lang suchten der Flocki und der Girgl die Umgebung ab, bis sie den schwer blutenden Iren endlich irgendwo im Feld liegend fanden.

»Dann war er also doch ned tot, der Ire?«

»Erst scho. Dann aber doch ned. Magst ja gar ned glauben, wie zaach (zäh) diese Iren san. Aber mei, so wie die saufen!«

»Ja, und dann? Was habts dann gmacht?«

»Dann ham mir den Iren zum Bauernhof tragen. Der hat ja blutet wie die Sau.«

»Ihr habt's keinen Krankenwagen gerufen?«

»Geh, wegen die paar Schnittwunden. Außerdem hätten die mir doch die ganze Geschicht ned glaubt. Die hätten nur gedacht, mir ham im Suff graufft. Und dabei mag ich doch den Kerl so gern.«

»Und wer hat dann die Wunden versorgt?«

»Mir zwei. A paar Pflaster und a Bepanthen-Creme. Nach zwei Wochen war der wieder fit wie ein Wiesel.«

»Und was ham die anderen Leut' am Bauernhof dazu gsagt, dass da ein Fremder in einem von ihre Betten liegt, der blutet wie abgestochen?«

»Nix. Weil sie's gar ned gmerkt ham. Was meinst, wie groß dem Girgl sein Hof ist, und in des Kammerl, wo mir den Iren hinbracht ham, da is' nie jemand neikommen, und Essen is' ja da immer genug da.«

»Du möchtest mir ernsthaft erzählen, dass auf dem Hof nie einer gmerkt hat, dass da a schwer verletzter Mensch in einem von ihre Zimmer gelegen is'?«

»So schwer verletzt war der ned. Und gemerkt ham sie's erst, wie er nach zwei Wochen am Tisch mitgessen hat, da Jimmy.«

»Da Jimmy, ha?«

»Ja, da Jimmy. Des is' mein Freund, da Jimmy.«

»Da Jimmy, des is' dein Freund?«

»Sowieso.«

»Momenterl, Flocki. Ich fass kurz zusammen: Obwohl du den armen Kerl erst fast zu Tode gerast hast und dann auch

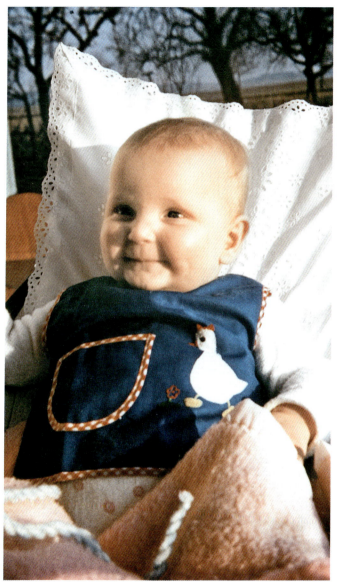

Mein erstes Sonnenbad auf der Terrasse: Pausbacken, spärliches Haupthaar und modisch etwas fragwürdige Klamotten, also alles wie immer

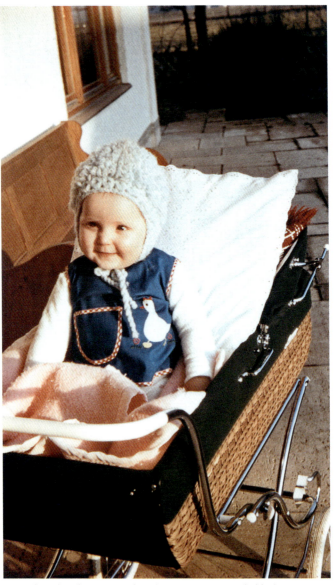

… und nochmal mit Mützchen (P.S.: Die rosa Kuscheldecke war mein Heiligtum bis ich vierzig wurde, dann zerfiel sie in ihre Einzelteile)

Mein erster Sommer auf Mamas heiligem Rasen

Mit meinem besten Freund Koni in der gemütlichen Küche der Koni-Mama bei der brüderlich geteilten Brotzeit

Landwirtschaft ist Schwerstarbeit!

An Mamas Hand kommen Specki-Wadeln zum Minikleid
an lauwarmen Windeln besonders gut zur Geltung

Der Fotograf und Mama waren verzweifelt: Auch mit Gummibärchen und Schokolade war mir nur ein leichtes Schmunzeln zu entlocken

Ach, Mama, Babba ... jetzt langt's! Bitte kein Foto mehr

Mein erstes, offizielles Kindergartenbild mit vier Jahren. Als meine Mama mich fragte, warum ich auf dem Foto nicht gelacht habe, musste ich zugeben: »Weil ich an Kaugummi im Mund ghabt hab!«

In Nachbars Garten mit meinem Bruder Seppi (3 Jahre)

Mein siebter Geburtstag mit Dorfkindern und Schulfreunden und gaaanz vielen selbst gemachten Pommes

Eine japanische Reisegruppe auf landwirtschaftlicher Exkursion in Tittenkofen (ich im Vordergrund mit Kurzhaarschnitt)

Mit 18 immer (noch) brav und bieder

Abitur 1990 (ich mit nackten Beinen, Brille und bunter Bluse in der ersten Reihe, Mitte)

Mit meinen Brüdern Chris (links, damals 15) und Sepp (rechts, damals 18) ... die optische Verwandlung hatte begonnen!

In der Nachkriegskomödie »Gigolo« der Iberl-Bühne, München, als Ami-Flitscherl mit meinem Kollegen Bernd Mühlbauer

Mit Theater-Chef und »US-Sergeant« Georg Maier beim »Anbandeln«

… dann mach' ich mir die Nägel rot und er find's wunderbar!

Dank meiner Freundin Uli hab ich die Haare ... tja ... lockig!
Aber was ist das für ein Gesöff?

Schneewittchens Nachwuchs mit Papa

Schneewittchens nicht mehr ganz so schneeweißes Hinterteil mit fast erwachsenem Sohnemann: Der Bub kommt ganz nach der Mama!

Mamas sommerliche Balkonblütenpracht

noch beinahe bei lebendigem Leib eingraben hättest, is' er dein Freund??«

»Logo. Und eingraben hätt' ich ihn nur, weil ich denkt hab, dass er maustot is'!«

Der Logik des Flocki kann man sich nur ganz schwer entziehen.

Eine Geschichte allerdings glaube ich ihm nicht: Der Flocki behauptet nämlich, er hätte die Wirtin seines Stammlokals vor dem sicheren Erstickungstod gerettet. Besagte Wirtin, nennen wir sie Maria, ist nämlich dem Flocki, was Skurrilität und Bauernschläue anbelangt, durchaus ebenbürtig. Und wenn die Maria nicht schon weit über siebzig wäre, dann gäben die beiden wahrscheinlich ein wunderbares Paar ab, das geradezu im Gleichklang der Herzen auf ähnlichem Promillespiegel vor sich hinschwingt. Die Maria mag nämlich das Bier genauso gern wie der Flocki. Darüber hinaus ist sie eine ziemlich gute Köchin – ihr Schweinsbraten mit selbst gemachten Kartoffelknödeln ist legendär –, wobei sie allerdings viel Wert darauf legt, dass die von ihr zubereiteten Speisen komplett aufgegessen werden. Inklusive der hässlichen Viertel-Tomate-auf-schlappem-Salatblatt-Dekoration. Wird die vom Gast verschmäht, kommt sie persönlich an den Tisch geschlurft, hält ihm die selbst gezimmerte Tellerrandzierde unter die Nase und schnauzt ihn an: »Und des? Des leg' ich aus Spaß hin, oder wia?«

Gast: »Ja, aber das ist doch die Deko.«

»Deko. Schau' ich so aus, als ob ich Zcit hätt' für a Dcko? Des werd gegessen, weil ich hab ja meine Zeit aa ned gstohlen!«

Widerspruch zwecklos.

Auch das Argument, dass man leider die üppige Portion, die jeden Maurer aus dem Bayerischen Wald umhauen wurde, nicht schaffe, weil man schon satt sei, werden von der Maria eiskalt abgeschmettert, wie Roger Federer das mit einem Matchball von Herrn Nadal macht, zumindest früher.

»Satt samma? Aha. Hammas a so, ha?«

»Nein, aber ich kann halt einfach nimmer, Maria.«

»Ja, ich kann auch oft nimmer, aber zammgessen hab ich allaweil noch!«

»Dann mach halt kleinere Portionen in Zukunft.«

»Des sog dir dann schon ich, wie groß die Portionen san, weil ich bin da Wirt, und da Wirt hat das Sagen. Des is' nämlich ein *Wirts*haus und kein *Gast*haus, hast mich!«

Thema beendet. Der Rest Wammerl wird mit dem übrigen halben Knödel, der die Größe eines Kinderkopfes hat, nachgeschoben, und ein kleiner Klacks Krautsalat hilft beim Abfedern. Darauf einen doppelten Obstler. Und einen für die Küche. Fürs gute Essen, die großen Portionen und überhaupt.

So sehr sich die Maria auch um die ordnungsgemäße Vertilgung ihrer Gerichte kümmert, so wenig bedeutet ihr Inneneinrichtung oder gar Dekoration: In den Vorhängen der Gaststube dürfte mehr Nikotin und Teer hängen als in den Lungen von Helmut Schmidt, und auf den nackten Wirtshaustischen der Marke spätes Resopal stehen lediglich eine Ladung Bierdeckel, die so oft benutzt wurden, dass sie schon ganz fleckig sind und sich an den Enden leicht aufdrehen, dazu kommt noch ein kleines geflochtenes Körbchen mit Salz- und Pfefferstreuer und Zahnstochern. Von einer Pfeffermühle oder gar Essig- und Ölkaraffen hat die Maria noch nie etwas gehört. Servietten kriegt jeder, der etwas zu essen bestellt, denn das Besteck wird immer in die Gratisservietten der örtlichen Raiffeisenbank eingewickelt. Einen Zuckerstreuer wird man im ganzen Wirtshaus nicht finden, was daran liegt, dass die Maria keinen Kaffee anbietet und sich im ganzen Haus auch keine Kaffeemaschine befindet, mit der Begründung: »Die Leut sollen a Bier saufen, da is' wenigstens was verdient.« Wer ein Radler oder gar so etwas Ausgefallenes wie eine Coca-Cola light möchte, wird sich mit Wasser, dem einzigen alkoholfreien Getränk in der Casa Maria, begnügen müssen, denn: »Für des ganze neumodische Zeug musst nach München einifahren!« Ich glaube, der Begriff »Servicewüste Deutschland« ist in Marias Wirtshaus entstanden.

Einmal wollte der Flocki statt der üblichen acht bis vierzehn Halbe Bier lieber einen Weißwein, denn der Arzt bei der MPU-Untersuchung hatte seine Cholesterinwerte bemängelt. Weißwein bei der Maria? Das hatte es vorher noch nie gegeben. Sie überlegte kurz und zog dann, leise vor sich hinschimpfend ob der obskuren Bestellung, aus den Untiefen ihrer Kühlung einen staubigen Boxbeutel einer nicht näher definierten Marke hervor und schenkte dem Flocki ein Halbeglas voll. Dieser soff die ganze Halbe Weißwein in einem Zug aus, stellte das Glas mit einem genüsslichen »Aaahhh« auf den Tresen und meinte zur Maria: »Der is' guad, da kannst mir ein Glaserl einschenken.«

Wenn die Maria in der Gaststube mal den Boden feucht gewischt hat, dann ist davon auszugehen, dass sie das nicht aus Hygienegründen gemacht hat, sondern sich wieder mal ein besonderes Ereignis außer der Reihe zugetragen hat, zum Beispiel der Geburtstag vom Fipsi vor einigen Jahren, zu dem ihm seine Stammtischfreunde eine Stripperin geschenkt hatten, die dann mit Sprühsahne, Sekt und Babyöl an dem Geburtstagsobjekt zugange war und dabei den Fliesenboden der Gaststube etwas einsaute, der farblich irgendwo zwischen Lodengrün und Silobraun changierte. Oder wie damals, als der Birnbeck Rudi mit dem Flocki gewettet hat, dass er sein Pferd, den Tscharlie (wie der Tscharlie aus den *Münchner Gschichten*), dazu kriegt, sich neben ihn an die Theke zu stellen. Was sie dann tatsächlich dadurch schafften, dass sie den gutmütigen Tscharlie aus einem Tablett saufen ließen, das die Maria vorher mit Bier vollgeschüttet hatte, und sich dabei ganz langsam, Schritt für Schritt immer weiter an die Theke vorarbeiteten, bis das arme Viech irgendwann zwischen dem Flocki und dem Birnbeck Rudi am Tresen stand und versuchte, aus dem randvollen Aschenbecher zu fressen, sich dann aber damit begnügte, den Schaum von Flockis Hellem zu schlecken. Ein Anblick, den selbst die gute Maria, die in ihren über fünfzig Jahren als Wirtin schon viel gesehen hatte, nicht alle Tage genießen durfte. Deshalb machte sie ein Foto von den drei Rossschädeln, das seitdem neben dem Spender mit der 1,5-Liter-Flasche Asbach Uralt hängt.

Aber zurück zur lebensrettenden Aktion vom Flocki. Der Flocki erzählte mir die Geschichte ungefähr so: An einem lauen Sommerabend gegen Viertel nach zehn Uhr abends wollte der Flocki nach getaner Schwerstarbeit – er hatte grad eine Baustelle, von der er sich nur schwer untertags auf ein kleines Reparaturpils loseisen konnte – noch auf einen kleinen Absacker zur Maria. Auf dem Weg dahin fiel ihm zwar ein, dass es Montag war und die Maria eigentlich Ruhetag hatte, aber das hatte ihn eigentlich noch nie abgehalten, schließlich war die Maria immer daheim – sie wohnte ja über der Wirtschaft – und hatte ihm trotz Ruhetag noch immer ein paar Halbe gezapft. Außerdem würde sie an einem herrlichen warmen Sommerabend wie diesem bestimmt selber in ihrem Biergarten sitzen, und wenn er Glück hatte, hatte der eine oder andere Stammgast denselben Gedanken wie er selbst gehabt und würde auch da sein. Schon am Parkplatz stellte er fest, dass offensichtlich niemand da war beziehungsweise diejenigen schon wieder gegangen waren. Aber die bunten Glühbirnen der Biergartenbeleuchtung warfen ein schummriges Licht auf die grünen Eisentische und die ebenso grünen Klappstühle und tauchten den ganzen Biergarten mit seinem alten Baumbestand in ein warmes, gemütliches Feierabendschoppenlicht. Als er durch den Kies näher kam, sah er, dass der Biergarten vollkommen leer war, aber in der Küche Licht brannte, und gerade als er bei den Stufen war, die zur Haustür hochführten, hörte er ein komisches Geräusch. Fast wie ein unterdrücktes Stöhnen. Aber es war nichts zu sehen. Als er auf der zweiten Stufe war, wieder dieses Geräusch. Wie ein dumpfes Gewimmer, das weit weg zu sein schien. Als er sich umdrehte und seine Augen sich an das schummrige Licht gewöhnt hatten, sah er plötzlich, dass etwas aus einem riesigen leeren hölzernen Blumenkübel herausragte. Es waren das Hinterteil und die Beine der Wirtin, der Maria. Sie hatte eine dunkle Kittelschürze an, nur noch einen Pantoffel am Fuß und steckte bis zur Hüfte in dem Blumenkübel. Aber ihre Hände hatte sie draußen, denn in der einen Hand hielt sie – und hier schwor Flocki Stein und Bein, dass er die

Wahrheit sagte – einen Teller mit Wurstsalat und in der anderen einen vollen Brotkorb. Und sowohl vom Wurstsalat als auch vom Brotkorb hatte sie kein bisschen verschüttet.

Als der Flocki ihr aus dem Kübel geholfen und sie auf größere Blessuren untersucht hatte, erzählte sie ihm, dass sie sich mit ihrem Abendessen auf die Terrasse setzen und den lauen Sommerabend genießen wollte, aber mit den glatten Hausschuhen auf dem rutschigen Kies das Gleichgewicht verloren hatte, jedoch auf keinen Fall den guten Wurstsalat hatte fallen lassen wollen. Und so rumpelte sie kopfüber in den Blumenkübel, ohne jedoch den Teller und das Brotkörbchen loszulassen. Der Flocki wollte ihr gegenüber gleich klarstellen, wie lebensnotwendig sein Auftauchen für sie gewesen sei: »Da wenn ich ned kommen wär', da wärst derstickt in dem Kübel. Oder erfroren, weil gehört hätt' dich in dem Fall keine Sau!«

Von der Maria bekam der Flocki jedoch weder Dankbarkeit noch die erhofften Biere als Belohnung, denn sie konterte nur: »Und warum bin ich überhaupt reingefallen in den Blumenkübel, ha? Weil der Herr Superhausmeister den immer noch ned bepflanzt hat, wie er's mir schon vor drei Monaten versprochen hat.«

Trotz Marias »völlig unnützem Gerede« fuhr sie der Flocki doch in die Notaufnahme der Kreisklinik, denn sie hatte offensichtlich ein paar gröbere Schürfwunden abbekommen. Außerdem war ihm die Lust auf ein Feierabendbier vergangen bei so wenig Verständnis für seinen dichten Zeitplan.

Inzwischen ist aber auch der Flocki etwas ruhiger geworden: Er geht nicht mehr jeden Abend aus, sondern nur noch an ungefähr vier bis fünf Tagen die Woche, und auch nach Thailand möchte er in diesem Jahr nicht mehr fliegen, hat er doch das Gefühl, dass ihm auch dort nicht die gewünschte Dankbarkeit entgegengebracht wird. Der Flocki hat nämlich seit Längerem schon einem speziellen Mädel, in das er sich »ein bissl verschaut« hat, immer etwas Geld für sie, ihre Kinder und ihre Eltern geschickt. Doch wird er das Gefühl nicht los, dass die Verliebtheit recht einseitig ist und die Dame es während seiner zehnmonatigen Abwesenheit mit der Treue nicht so genau nimmt und noch mehr Ausländer während ihres Thailandurlaubs dauerhaft »begleitet«, um danach auf diverse Geldkuverts vor allem aus Deutschland zu warten. Das stinkt dem Flocki ein bisschen. Freilich ist er nicht so naiv zu glauben, dass diese Frauen, die meist die einzigen Ernährer von mehrköpfigen Familien sind, sich mit Männern wie ihm nur aus reiner Sympathie oder gar Lust am exotischen Abenteuer mit einem verschrobenen Bayern abgeben, aber er hätte sich halt doch – gerade von diesem einen Mädel – etwas mehr erwartet, denn: »Weißt, a jeder braucht an Menschen, wo er sich daheim fühlt.«

Bauernhochzeiten

Hochzeiten in Bayern sind auch romantisch. Wenn Zeit dafür ist. Viel Zeit bleibt meistens jedoch nicht, wenn man bedenkt, dass in Bayern oft die standesamtliche und die kirchliche Trauung an einem Tag hintereinander abgehalten werden und die anschließende Hochzeitsfeier kein kleines intimes Fest im engsten Familien- und Freundeskreis ist, sondern dass nicht selten bis zu dreihundert Personen durch einen straffen Ablaufplan, bestehend aus traditionellen Bräuchen und Riten, aber gewachsenen Gepflogenheiten sowie befremdlichem Nonsens, geschleust werden müssen. Und da ein sogenannter Wedding Planner lediglich bei Trauungen von Hollywoodstars, schwerreichen Fußballern und prominenten Damen wie Moderatorinnen, Schmuckdesignerinnen oder Schauspielerinnen zum Einsatz kommt, bleibt die gesamte Planung des (in Bauernkreisen meist einmaligen) Ereignisses am Brautpaar hängen: Ist die Großtante Inge väterlicherseits eingeschnappt, wenn sie nicht eingeladen wird, obwohl sie nur weitschichtig verwandt ist? Wenn man den Onkel Erich neben den Pfarrer setzt, wird er dann dreckige Witze erzählen? Wenn ja, ist es nicht einfach wurscht, weil der Pfarrer Inder ist und eh nicht weiß, was »Schnackseln« bedeutet? Wäre es nicht doch billiger, die Ansteckstraußchen aus Bux selber zu machen? Und das Kuchenbüfett? Kann man auf die Hochzeitseinladung schreiben, dass die Leute ihre Kinder daheim lassen sollen, weil sonst der Platz nicht reicht? Sektempfang vor oder nach dem offiziellen Gruppenfoto (nicht dass es noch jemanden angedudelt vom Fotografengerüst haut)? Traditionelle Hochzeitssuppe als Vorspeise, oder weiß der Großteil der Gäste inzwischen, was Antipasti sind? Hochzeitstorte als klassisches Erdbeerkuchenherz oder doch vierstöckig mit Miniaturbrautpaar aus Marzipan obendrauf? Darf der Hochzeitslader auch etwas schlüpfrige Witze erzählen, oder lacht da nur Onkel Erich? Sollen die Bedienungen in der »Weinstube« auch Schnäpse servieren, oder sind dann schon vor dem Abendessen alle blau? Reicht es, wenn die Band nur Chartsongs spielt und keinen Walzer, oder sind die älteren Verwandten dann sauer und stecken weniger Geld ins Kuvert (Großtante Inge!)? Mitternachtsgulaschsuppe oder Käsebüfett, oder langt nix auch? Was tun, wenn man beim Heimkommen feststellt, dass Freunde des Brautpaares das Bett zerlegt oder das komplette neu gebaute Eigenheim mit Stroh dekoriert oder den Hauseingang zugemauert haben?

Ich möchte hierbei anmerken, dass sich alle aufgezählten Situationen im Bekanntenkreis wirklich ereignet haben. Deshalb denke ich, dass jeder Wedding Planner mit einer klassischen Bauernhochzeit wahrscheinlich überfordert wäre. Geeigneter wäre vermutlich ein Experte in strategischer Kriegsführung, der ein abgeschlossenes Psychologiestudium und Erfahrungen in der Krisenintervention aufzuweisen hat. Oder der Butler der Queen von England, aber Lisbeth würde ihm wohl kaum für eine Hochzeit in Grucking freigeben.

Andererseits: Nachdem davon auszugehen ist, dass das Brautpaar so wie ich bereits Dutzende Hochzeiten im Familien- und Freundeskreis erlebt hat, weiß es natürlich ziemlich genau, worauf es sich einlässt. Vielleicht waren Braut oder Bräutigam schon einmal Kranzlpaar bei einer Hochzeit, dann sind sie ebenfalls bestens gerüstet. Bei einer klassischen bayerischen Hochzeit gibt es nämlich immer ein sogenanntes Kranzlpaar, bestehend aus der Kranzljungfrau, meist einer unverheirateten Schwester oder Cousine von Braut oder Bräutigam, und dem Kranzljungherrn, also einem unverheirateten Bruder oder Cousin von Braut oder Bräutigam, die an diesem Tag dem Brautpaar unterstützend zur Seite stehen (nur falls Sie sich gewundert haben: Der zweite Teil des Wortes »Kranzljungfrau« ist heutzutage natürlich nur noch sprichwörtlich und unter traditionellem Gesichtspunkt zu verstehen, denn sonst dürfte das arme Mädl ja nicht älter als zwölf sein).

Eine der Aufgaben des Kranzlpaares ist es, in den Tanzpausen des Brautpaares dafür zu sorgen, dass die Tanzfläche immer gut besucht ist. Es wird vom Kranzljungherrn somit erwartet, dass er den ganzen Tag und am Abend tanzt wie »der Lump am Stecken«, dass er sich seiner Kranzljungfrau gegenüber besonders galant und charmant verhält und dass er bei Ministranten, Bedienungen und Musikern ein gutes Trinkgeld springen lässt – er ist quasi so etwas wie ein professioneller Eintänzer für einen Tag, nur dass eben er derjenige ist, der alles bezahlt. Er muss also beweglich, charmant und zuvorkommend sein und dabei den Geldbeutel sperrangelweit offen lassen. Was könnte einen Mann besser auf das Eheleben vorbereiten? Ich habe einmal einen Kranzljungherrn erlebt, der kurz davor den väterlichen Heizungs- und Sanitärbetrieb übernommen hatte und der sich am Ende der Hochzeit bei »seiner« Kranzljungfrau bedankt hat, weil diese ganze »Aktion auch geschäftlich für ihn sehr nützlich gewesen« sei. Er sagte das ganz ernst, und alle nickten zustimmend. Niemand lachte. Außer mir.

Mit so einer Generalprobe als Kranzlpaar im Rücken ist man als Brautpaar natürlich mental gewappnet für den »schönsten Tag im Leben«. Ich will es mal so sagen: Ob es nun immer der »schönste« sein wird, bleibt dahingestellt, aber es wird auf jeden Fall der längste, so viel steht fest.

Eine der vielen typischen Bauernhochzeiten, bei denen ich zu Gast war, lief ungefähr so ab:

Die Braut wurde nach kurzem, aber unruhigem Schlaf im Hause ihrer Eltern mitten in der Nacht (circa gegen fünf Uhr) von uns, einer Horde grölender, feierwütiger Freunde und Freundinnen, mit Böllern, Luftgewehrschüssen beziehungsweise Kanonenschlägen oder was eben gerade so vorrätig war und gescheit schepperte, samt musikalischer Umrahmung mit Trompete, Akkordeon und Gitarre quasi offiziell geweckt und musste danach ungeschminkt und ungeduscht für unsere Horde Weißwürscht mitsamt passender Getränkebegleitung – Weißbier gefolgt von Obstbränden – servieren. Ich mag normalerweise Weißwürscht wirklich gern, pflege aber vor dem Verzehr selbiger wach zu sein. Gegen fünf Uhr morgens rutschen sie tatsächlich nur schwerlich den Schlund hinunter, genauso wie achtundvierzigprozentiger Williams-Christ-Schnaps. Ich brauchte deshalb zu den Würschten einen starken Kaffee, um nicht zurück ins Koma zu fallen oder die Brautmutter zu bitten, doch ein bissl auf ihrem Küchensofa schlafen zu dürfen. Die Braut selbst hatte weder von der Speisen- noch von der Getränkeauswahl probiert, weil sie natürlich zum Essen zu nervös war und weil sie sich nach Abnahme aller »Toi, toi, toi« und Beglückwünschungen unter die Dusche schmeißen musste, denn bei Sonnenaufgang war ja der Friseurtermin geplant.

Zur gleichen Zeit spielte sich natürlich das gleiche Ritual im Hause des Bräutigams beziehungsweise seiner Eltern ab, wobei der Bräutigam dabei die Bewirtung der Gäste in Ermangelung von hausfraulichen Fähigkeiten (deshalb heiratete er ja!) stets seiner Mutter oder seiner Schwester respektive Schwägerin überließ. Im Gegensatz zur Braut langte er also kräftig zu und hielt sich auch beim Getränkeangebot nicht zurück, sodass er bereits gegen sieben Uhr einen beachtlichen Promillestand aufweisen konnte, der in etwa seiner Körpergröße in Metern entsprach.

Die Braut hingegen wurde nach einer kurzen Dusche im Jogginganzug von Anverwandten in ein Auto verfrachtet und zum Friseur ihres Vertrauens gebracht, der ebenfalls völlig übernächtigt und nervös war, denn er hatte Angst, dass die Brautfrisur sich eventuell im Laufe des Tages auflösen und er daraufhin am ortseigenen Maibaum von der Familie der Braut mit den alten Brezn vom Weißwurschtfrühstück, siehe oben, gesteinigt werden würde.

Beim Friseur angekommen, wurde der Braut unter gutem Zureden aller Salonmitarbeiter ein Gläschen Prosecco eingeflößt (oder zwei, je nachdem, wieviel die Braut in den letzten Wochen an Gewicht verloren hat, um in ihr Hochzeitskleid zu passen) mit den Worten: »Möchst du ham, dass dir am Altar der Kreislauf wegsackt? Nein? Guad, also sauf!« Kaffee wäre völlig unangebracht, denn nervös ist sie ja schon. Wir, die Freundinnen der Braut, waren inzwischen ebenfalls beim Friseur eingetroffen, denn mit drei Obstbränden zum Frühstück bestand auch bei uns die Gefahr, dass eine selbst gezimmerte Hochsteckfrisur einen langen Tag nicht überstehen würde.

Während auf dem Kopf der zukünftigen Braut Türme von Löckchen, Zöpfchen, Perlchen, Glitzersteinchen, Krönchen und Schleierchen wahlweise in der Farbe Tipp-Ex-Weiß oder Crème befestigt wurden, versah eine dominante Visagistin mit blondierter Pudelfrisur das Brautgesicht – entgegen der sonstigen Gewohnheit – mit Farbe. Die Braut sah mit Eyeliner, Mascara und Rouge im Gesicht so verändert aus, dass ich vermutete, sie habe zur Visagistin gesagt: »Du, das Motto der Hochzeit is' *Dallas* – aber mehr Pam wie Sue Ellen. Kriegst des hin bis um zehne?«

Ich habe mich bei Hochzeiten oft gewundert, dass der Bräutigam seine jeweilige Zukünftige am Altar überhaupt erkannte, so groß war oft der Unterschied zwischen naturbelassener Verlobter und fertiggestellter Braut. Nach circa zwei Stunden – wir Freundinnen waren längst daheim – wurde die Braut unter weiterem guten Zureden (»Wennst heut was gfragt wirst, einfach immer Ja sagen, gell, haha!«) seitens der Salonmitarbeiter von ihren Anverwandten wieder ins elterliche Heim gekarrt, wo mit dem Anlegen der Brautkluft begonnen wurde.

Ich probiere derweil daheim aus, welcher BH die spärliche Füllung unter meinem in Italien erstandenen, rosafarbenen Spaghettiträgerkleid am wenigsten armselig aussehen lassen würde. Außerdem hatte ich natürlich beim Kauf des Kleides vergessen, dass es um zehn Uhr morgens in einer oberbayerischen Kirche auch im Juni nicht schon 25 Grad haben würde wie am Gardasee. Deshalb brauchte ich irgendetwas, um meine Schultern zu bedecken, aber die einzige Strickjacke, die ich besaß, hatte ein alpenländisches Zopfmuster, und ich sah in meinem zarten italienischen Kleid, auf das ich so stolz war, mit dieser Strickjacke darüber aus, als ob der liebe Gott Aschenputtel mit Heidi gekreuzt hätte. Als dann noch meine Mutter vorschlug, ich solle doch einfach einen Janker drüberziehen, war ich schon fast den Tränen nahe und beschloss, in der Kirche zu frieren.

Während ich mir also schwor, meine erste italienische Liebschaft auf gar keinen Fall von einem groben Lodenjanker ruinieren zu lassen, waren viele fleißige Hände am Objekt Braut damit beschäftigt, um Rüschen, Biesen, Organza, Spitzen, Tüllbahnen in die dafür vorgesehene Position zu bringen. Sobald der Feinschliff mit Täschchen, Jäckchen, Brautsträußchen, Schühchen und den Kronjuwelen beendet worden war, wurde die bis dahin schon leicht schwankende Braut (noch ein Prosecco während des Ankleidens, aber immer noch kein Frühstück) zum Fotografen chauffiert, wo sie ihr künftiger Gatte bereits vor der Trauung in vollem Ornat zu Gesicht bekam. Romantischer wäre es natürlich gewesen, wenn er sie zum ersten Mal durchs Kirchenschiff am Arm ihres Vaters entlangschreitend gesehen hätte, aber das zeitliche Korsett dieses Tages war wirklich äußerst eng geschnürt, und für oberflächlichen Firlefanz ist bei einer bayerischen Hochzeit einfach keine Zeit. Es muss ja auch weitergehen.

Also, Foto-Shooting: mit und ohne Brautauto, mit und ohne Trauzeugen, mit und ohne Tauben, Strumpfband oder Schleier, im Atelier, im Park, unter der Birke (keine Trauerweiden wegen schlechten Omens!), am Flüsschen, am See und neben einem Springbrunnen. Der Fotograf wurde von einem Cousin des Brautpaares unterstützt, der den ganzen Tag (und ich wiederhole: den *ganzen* Tag) mit der Videokamera filmte, um so die Millisekunden einzufangen, die dem Fotografen im Zweifelsfall entgangen waren. Denn so ein Eheleben beinhaltet ja auch immer viele lange Winterabende, und da ist es doch gut, wenn man nicht ausschließlich auf das Fernsehangebot angewiesen ist, denn man hat ja was Eigenes: das Hochzeitsvideo eben.

Das ist übrigens inzwischen nicht nur bei bayerischen, sondern bei allen Hochzeiten so, es handelt sich hierbei um ein gesamtdeutsches Phänomen, denn die eheliche Langeweile stellt sich quasi überregional irgendwann ein. Außerdem will man sich ja später noch einmal davon überzeugen, ob damals das »Ja, ich will« des Partners laut und überzeugt kam oder ob es mehr so ein zögerliches »Ähhhmm, ich glaub' schon« war.

Ich möchte Ihnen an dieser Stelle die kleine Anekdote meines guten Freundes Karl nicht vorenthalten, der als Standesbeamter in München-Pasing arbeitet und der einmal bei einer Trauung erlebt hat, dass der Bräutigam bei der Frage »Wollen Sie die hier Anwesende zu Ihrer rechtmäßig angetrauten Ehefrau nehmen?« seiner Zukünftigen einen kräftigen Klaps auf deren Hinterteil gab und freudig in die Runde rief: »Freilich, die nimm i – geprüfte Qualität, haha!« Manchmal muss man die feierliche Stimmung eben ein wenig auflockern, damit einen die Rührung nicht zu sehr übermannt.

Zurück zu unserer Hochzeit. Die Zeremonie in der Kirche war wie immer: feierlich, es wurde an den richtigen Stellen geschluchzt, die Ministranten langweilten sich, und die älteren Verwandten, die kurz davor waren einzunicken, wurden durch das Gerumpel und Geschepper einer Hobbyband, die den Song »Oh Happy Day« vergewaltigte, hochgeschreckt. Spätestens beim Schlusslied, als eine selbst ernannte Sängerin a cappella »I Will Always Love You« von Whitney Houston von der Empore plärrte, war jede Rührung verflogen und die meisten Gäste damit beschäftigt, nicht in Lachen auszubrechen, während das frischvermählte Paar durchs Kirchenschiff schritt. Wir nestelten alle inzwischen in unseren Handtaschen, um Kleingeld herauszufischen, denn jetzt begann der geschäftliche Teil der Zeremonie: Am Kirchenausgang hatten bereits die geschäftstüchtigen Ministranten Position bezogen, das heißt, sie sperrten den Eingang mit einer Schnur ab und verlangten Wegzoll, wobei sie das Brautpaar und den Herrn Pfarrer noch durchließen, aber nicht den Rest der Gäste. Ein sinnvoller Brauch, denn der Jugend wird dadurch bereits im zarten

Alter demonstriert, dass hinter jedem sakralen Akt nicht nur viel Weihrauch und feierliche Stimmung, sondern oft auch ein gutes Geschäft stehen kann. Diese Form von Pragmatismus wird im katholischen Bayern keineswegs als pietätlos angesehen – zumal es sich ja nur um kleinere Euro-Beträge handelt –, sondern ist vielmehr eine kleine Reminiszenz an die lange Tradition des Ablasshandels.

Vor der Kirche standen wir, die Freundinnen der Braut, mit gekreuzten Tennisschlägern Spalier (wir waren alle im selben Tennisverein), während vor dem Friedhof die Spezln des Bräutigams mit ihren blank geputzten Feuerwehrfahrzeugen darauf warteten, dem jungen Glück zuzujubeln, denn der Bräutigam war natürlich Mitglied der freiwilligen Feuerwehr.

Vor der Kirche habe ich bei Hochzeiten schon Spaliere aus Traktoren, Krankenwagen, Motorrädern oder – wie bei der Hochzeit meines Bruders Chris – Mähdreschern gesehen, je nachdem, welche Hobbys das Brautpaar pflegt beziehungsweise welchen Berufen es nachgeht.

Nach uns bildete sich eine lange Schlange von Gratulanten, die jeder einzeln dem Brautpaar von Herzen und sicherlich nicht ohne Grund viel Glück und alles Gute wünschten. Für mich als unverheiratete, nicht mehr ganz taufrische Freundin oder Verwandte der Braut oder des Bräutigams, war dieses Sich-Einreihen in die Gratulantenschar oft ein kleiner Spießrutenlauf, denn ältere Damen oder Anverwandte wollten bei dieser Gelegenheit immer gern wissen, wann es denn bei mir so weit sei: »Und? Wann packst nacha du an?« Wohlwissend natürlich, dass ich zu der Zeit Single war.

Etwas forschere Verwandte gingen gleich dazu über, mir den brokatummantelten Ellbogen in die Seite zu rammen und leise zu flüstern: »Du bist die Nächste, wirst sehen: *Du bist die Nächste!*«

Das Ganze hörte erst dann auf, als ich anfing, bei Beerdigungen dasselbe zu machen.

Übrigens, wichtig beim Gratulieren ist: Vor der Kirche werden dem Brautpaar noch nicht die Kuverts mit den Geldgeschenken übergeben, das geschieht erst später in der Wirtschaft. Da es sich bei den Präsenten nämlich um (meist) größere Summen handelt, empfände man diesen Vorgang nicht direkt als gotteslästerlich – da bräuchte es schon etwas mehr –, aber zumindest als unangebracht.

Als der ganze Reis in der meterlangen Schleppe der Braut und ihrem weißen Pelzjäckchen verschwunden und unsere Tennisschläger wieder verstaut waren, machten wir uns auf zur Wirtschaft. Das Brautpaar stieg in den mit Blumenschmuck versehenen nigelnagelneuen 7er-BMW, quasi die moderne Version der Brautkutsche. Das Auto gehörte natürlich nicht dem Brautpaar, sondern es handelte sich um ein Leihauto, das der Cousin des Bräutigams besorgt hatte, der – wie Großtante Inge zu sagen pflegt – »bei der BMW arbeitet.«

Die Hochzeitsgesellschaft fuhr also im hupenden Autokorso zur Wirtschaft – wobei man zwischendurch wieder von Absperrungen durch die geschäftstüchtige Dorfjugend abgebremst wurde – und landete schließlich im Innenhof des Gasthofs, wo sich alle bei einem Gläschen Rieslingsekt oder Prosecco (Großtante Inge nahm sich Sekt-Orange) für die weiteren Tagesordnungspunkte wappneten. Inzwischen war es so warm geworden, dass ich direkt froh war, kein Geld für ein passendes Jäckchen ausgegeben zu haben, das ich jetzt nur hätte mit mir herumschleppen müssen. Und da ich von der Wirtschaft aus jederzeit zu Fuß nach Hause gehen konnte, kippte ich gleich zwei Sekt hintereinander hinunter.

Das machten übrigens auch die meisten Männer. Aber nicht etwa, weil sie Sekt so gern mochten wie ich, sondern weil sie sich jetzt nichts sehnlicher als eine Halbe Bier wünschten und deshalb die Sache mit dem Aperitif so schnell wie möglich hinter sich bringen wollten. Dabei lösten die ersten schon mal den Krawattenknoten und meinten sehnsuchtsvoll zur Bedienung, als sie sich mit ihren kräftigen Pratzen das zweite Glas vom Tablett schnappten: »A Bier wär' mir lieber!« Ich stand direkt am Hauseingang der Wirtschaft neben dem Wirt, und als wir diese ganze Horde schwitzender, hemdsärmeliger Burschen in ihren viel zu warmen Anzügen betrachteten, die versuchten, das Gerüst des Fotografen zu erklimmen, meinte der Wirt kopfschüttelnd zu mir: »Mei, die Räusch wenn scho gspiem waarn!« Ein Satz, den ich gern unübersetzt so stehen lassen würde.

Vor der Wirtschaft wartete schon die Kapelle, vier kräftige Hobbymusiker in Landhaustracht mit Hemden, die aussahen, als ob sie aus alten Mehlsäcken gefertigt worden wären. Ich kannte die Band und wusste, die würden in der »Weinstube« richtig Stimmung machen, außerdem gefiel mir der Gitarrist schon immer ziemlich gut, obwohl ich eigentlich nicht auf Vokuhila-Frisuren stehe. Als er mir zuzwinkerte, wurde ich so verlegen, dass ich mich umdrehte, wo ich eine der wichtigsten Figuren dieses Tages noch vor der Braut erblickte: den Hochzeitslader, in Bayern Progoder genannt.

Der Progoder ist so etwas wie der Zeremonienmeister oder Conférencier einer jeden Hochzeit: Er organisiert den Ablauf, stimmt sich mit dem Wirt und der Kapelle ab, er sammelt die Kuverts mit dem sogenannten Ehrgeld (dazu später mehr) sowie Trinkgeld für die Kellnerinnen, das Küchenpersonal und die Musiker sowie sich selbst, er hält das Podium der Musiker von betrunkenen Selbstdarstellern frei, ruft bei Bedarf Krankenwägen, verhindert oder schlichtet bei Raufereien und ist entscheidend dafür verantwortlich, dass sich die Gäste gut amüsieren. Er singt, dichtet, gibt lustige Anekdoten aus dem Leben des Brautpaares und deren Familien zum Besten und erzählt Witze. Ein guter Progoder schafft es mit Charme, Witz und Esprit, dass sein Publikum ihm an den Lippen hängt und die Stimmung dadurch immer fröhlicher und ausgelassener wird. Ein schlechter hingegen kann es fertigbringen, dass in einem dicht gedrängten Wirtshaussaal innerhalb weniger Minuten eine Stimmung herrscht wie in der Steilwand am Nanga Parbat, wenn man plötzlich feststellt: »Jessas, wo is'n jetzt das Seil hin?«

Der Job eines Progoders ist in der Tat ein sehr heikles Geschäft, und es lauern mehr Fettnäpfchen auf einen als beim

Neujahrsempfang auf Schloss Bellevue: Witze zu machen, die frech und schlüpfrig sind, aber nicht zu ordinär, Anekdoten zu erzählen, die boshaft sein dürfen, aber immer charmant bleiben müssen, ein Publikum zu begeistern, dass aus Alten und Jungen, Gespickten und weniger gut Situierten, aus Schüchternen und Gschaftlhubern, aus Akademikern und aus arbeitender Bevölkerung besteht, das ist eine große Kunst, die ich immer sehr bewundert habe. Und da Humor ja auch immer eine Frage des persönlichen Geschmacks ist, scheiden sich oft die Geister bei der Beurteilung des Progoders.

Der Progoder dieser Hochzeit, den ich genauso wie die Musiker schon kannte (ein Guter!), verkündete nun im Hof des Wirthauses laut singend und in Reimform, was uns die nächsten Stunden erwartete: erst Foto, dann Einzug in den Saal, die ersten Tänze, dann Mittagessen.

So sollte es geschehen, und als wir alle endlich unter vielen Scherzen und Gaudi heil vom Gerüst des Fotografen heruntergeklettert waren und jeder seinen Platz im Saal eingenommen hatte, war es Zeit für den ersten Tanz des Brautpaares. Der Bräutigam war ein sehr guter Tänzer, was für die Braut bedeutete, dass er sie mit hoher Wahrscheinlichkeit auch gut durch die Stürme des Lebens führen würde, und für uns, dass die Tanzfläche für den Rest des Tages immer gut gefüllt sein würde. Nach dieser ersten Bewährungsprobe ihres gemeinsamen Lebens wurde das Brautpaar vom Progoder nach unten in die Wirtshausküche beordert, um zusammen mit der Brautmutter und den Taufpaten die »Suppen zu probieren«. Bei diesem altbayerischen Brauch geht es weniger um die Konsistenz der Suppe – ein erfahrener Wirtshauskoch braucht keinen Pulk von Gschcidhaferln (Schlaummeiern) in Waschseide und Tüll, um eine schmackhafte Suppe hinzubringen –, sondern vielmehr um ein ordentliches Trinkgeld für die Küchenbrigade abzudrücken, die mittags um zwölf bereits ein halbes Tagwerk hinter sich hatte. Danach wurde im Saal die Suppe serviert, eine klassische Hochzeitssuppe: Leber- und Bratspatzl zusammen mit Pfannkuchenstreifen (Fritatten) in einer kräftigen Rinderbrühe. Früher war ich kein Suppenfan, aber je älter ich werde, umso mehr weiß ich den Wert einer schönen Rindssuppn für die körperliche und auch für die seelische Konstitution zu schätzen. Oder wie meine Freundin Gaby immer zu sagen pflegte: »Egal, was d' hast: a so a Suppn, die richt dich wieder zamm!«

Für die anderen Gäste gilt hierbei: Sobald die Braut den ersten Schöpfer Suppe im Teller hat, versucht man, sich den Braut- beziehungsweise den Kranzljungfraustrauß zu schnappen. Das bedeutet nämlich, dass der komplette Tisch, an dem man platziert ist, während der gesamten »Weinstubn« vom Bräutigam oder von Brautvater (oder demjenigen, der eben den ganzen Spaß bezahlt) zechfrei gehalten wird. Die Sträuße sind deshalb heiß begehrt, und man muss aufpassen wie ein Haftlmacher, dass man zum Zeitpunkt des Suppenservierens in der Pole Position ist. Ein Mädel aus unserer Tennismannschaft schaffte es tatsächlich, den Strauß zu ergattern, was bedeutete, dass ich definitiv zu Fuß nach Hause gehen würde.

Die Zeit zwischen Mittagessen und Weinstubn war – wie immer – der fadeste Teil des Tages auf einer Hochzeit: Es gab diverse Ansprachen von Verwandten und Freunden des Brautpaares, von deren Existenz man noch nie etwas gehört beziehungsweise deren Existenz man aus verschiedensten Gründen verdrängt hat. Darüber hinaus waren an unserem Tisch die Arbeitskollegen der Braut platziert, die bei einer Bank beschäftigt war. Leider. Denn Banker, vor allem männliche, reden in der Regel wahnsinnig gern über Geld, das sie aber – wie sich im Laufe des Tages herausstellen sollte – selber nicht gern ausgeben. Ich saß neben einem gewissen Günter, der nicht nur sagenhaft geizig zu sein schien, sondern auch unfassbar flirtwillig. Er rückte eine Spur zu nah an mich ran und faselte irgendwas von einem BMW Cabrio und einer Spritztour an den Tegernsee. Und dass ich gut riechen würde. Gegen die Kombination aus Cabrio, Tegernsee und Komplimente ist ja grundsätzlich nichts einzuwenden, aber ich bezweifle, dass seine Verlobte unsere innige Unterhaltung so lustig gefunden haben wird. Denn – wie mir meine Freundin Gisela auf dem Klo erklärte – diese saß die ganze Zeit am gleichen Tisch gegenüber, denn sie arbeitete bei derselben Bank. Ich war so perplex, dass ich mit Gisela erst einmal am Tresen zwei Ramazzotti kippte und beschloss, nicht mehr an den Tisch zurückzukehren, denn Günter hin, Verlobte her: Ein Tanz wäre zwischendurch schon ganz nett, damit man sich nicht nur stundenlang den Hintern platthockt. Aber eines muss man auf Hochzeiten einfach wissen: Ist ein Mann mit seiner Frau oder Lebensgefährtin da, darf er nicht mehr mit einer anderen tanzen.

Früher durften selbst verheiratete Männer noch mit anderen Frauen im Saal tanzen, was heutzutage allerdings von den mitgeführten Ehegattinnen nicht mehr gern gesehen ist, es sei denn, es handelt sich bei der zu betanzenden Dame um die eigene Mutter, die Schwiegermutter oder die Erbtante. Wahrscheinlich glauben die Ehegattinnen, dass die Männer, wenn sie mit einer hausfremden Dame tanzen, noch in ein und derselben Nacht mit dieser nach Arizona durchbrennen und dort eine Motorradkneipe namens Burning Thunder eröffnen oder dass ihre »besseren Hälften« bei der bloßen Berührung des exotischen Produkts zu Staub zerfallen. Jedenfalls wird eine Singlefrau heutzutage nur von den eigenen Brüdern oder dem eigenen Vater zum Tanzen geholt. Wenn sie Glück hat.

Wenn sie Pech hat, dann ist sie als Alleinstehende plötzlich mit einem Faktotum konfrontiert, das es in fast jeder Gemeinde gibt: dem »Dapper« (das kommt von »dappen«, was so viel bedeutet wie grabschen). Beim Dapper handelt es sich um einen älteren Herrn zwischen Mitte sechzig und achtzig, meist Junggeselle, der es irgendwie immer schafft, bei allen Hochzeiten in der näheren Umgebung aufzutauchen, um dann bei der ersten Gelegenheit alles, was weiblich und noch gut zu Fuß ist, zum Tanzen aufzufordern und während des Tanzens die jeweilige Figur des Opfers manuell aufs Genaueste zu inspizieren.

Es gab lange Jahre einen ganz bestimmten Herrn, bei dessen Anblick allein alle Damen im Saal Reißaus nahmen oder sich eine passende Ausrede zurechtlegten (Schwangerschaft, Trunkenheit, plötzlich einsetzende Demenz, eine schwere Kriegsverletzung), nur um nicht auf der Tanzfläche seine persönliche Vorsorgeuntersuchung über sich ergehen lassen zu müssen. Und wenn Sie sich jetzt fragen, wie dieser Mensch sich immer Zutritt zu diversen Feiern verschaffen konnte: Das liegt weniger daran, dass der Bayer zu höflich ist, um jemanden von einem Fest zu vertreiben, auch wenn derjenige nicht eingeladen ist, sondern weil es den männlichen Anwesenden immer eine geradezu kindliche Freude bereitete, wie ortsfremde Damen, die noch nie von dem Dapper gehört hatten, auf seine Leibesvisitation reagierten. Unter Geschmunzel und Sich-gegenseitig-Anrempeln beobachteten die Herren, wie der Dapper sein ahnungsloses Opfer ins Visier nahm, es nach kurzem Zögern mit ihm auf die Tanzfläche zusteuerte und danach das immer gleiche Spiel begann: Dapper klemmt Opfer in seinen Schraubstockgriff, Opfer blinzelt kurz irritiert, Dapper schließt hingebungsvoll seine Augen und widmet sich dem rhythmischen Abtasten, Opfer reißt die Augen immer weiter auf und versucht, sich aus Schraubstockgriff zu winden, Musiker bemerken verzweifelten Opferblick und hängen noch drei Refrains an, Dapper inzwischen im Zustand ekstatischer Verklärung, Opfer stemmt sich mit den Händen gegen Dapper-Brust, Musiker haben Erbarmen, Opfer reißt sich aus Umklammerung (wahlweise auch gern mit kräftiger Watschn für den Dapper) und flieht entweder in die Damentoilette oder an die Bar, Dapper bleibt mit verzücktem Gesichtsausdruck und feuchtem Fleck im Schritt zurück. Aber ich hatte Glück: Gott war mit mir und allen anderen Single-Frauen im Saal, und der Dapper war entweder erkrankt oder es gab an diesem Samstag irgendwo im Umkreis noch eine andere Hochzeit.

Manchmal wird die etwas zähe Phase bis zur »Weinstubn« auch aufgelockert durch Unvorhersehbares: Ein befreundeter Tontechniker spielt beispielsweise in einer Hobbyband, die oft für Hochzeiten gebucht wird. Er erzählte mir vor Kurzem von einem recht peinlichen Fauxpas eines seiner Bandkollegen. Die

Band spielte bei irgendeiner Hochzeit, und gerade als die Rede des Brautvaters der ziemlich fülligen Braut begann, beschlossen besagter Tontechniker und sein Kollege, aus urologischen Gründen ein Päuschen einzulegen, da sich die Rede des Brautvaters gern auch mal etwas länger hinziehen kann. Was beide jedoch nicht wussten, war die Tatsache, dass sie vergessen hatten, ihr Ansteckmikrofon auf lautlos zu stellen, also war die Stimme seines Kollegen im ganzen Saal zu hören, als er auf der Herrentoilette zu meinem Spezl sagte: »Wennst so a fette Sau heiraten musst, dann kannst dich glei derschießen!« Es muss nicht extra erwähnt werden, dass die Hochzeit für die Band vonseiten des Brautvaters und auch des Bräutigams zu diesem Zeitpunkt für beendet erklärt wurde und ihre Gage bis heute aussteht.

Gleich nach der Nachspeise folgt meist das »Zuckerl« für die Brautleute, nämlich das Einsammeln der Ehrgeldkuverts. Beim Ehrgeld handelt es um einen (gern auch größeren) Obulus, den jeder Gast zahlen sollte, quasi der finanzielle Gegenwert, den man eigentlich in Geschenke fürs Brautpaar investieren würde. Ich habe vor vielen Jahren einmal auf einer Hochzeitseinladung den sinnigen Spruch gelesen: »Geldgeschenke sind phantasielos – besonders kleine!«

Denn auf dem Land sind die sonst üblichen Hochzeitstische, die in Haushaltswarenläden zu finden sind, oder gar Geschenklisten, wo jeder Hochzeitsgast im Vorhinein entscheiden kann, ob er gern die sechs Sektkelche »Schönbrunn«, das Bewässerungsschlauchsystem für den Vorgarten oder gleich die Vespa erstehen möchte (Großtante Inge?), eher unüblich. Frei zu wählende Geschenke stehen natürlich – sieht man sich die Wohnungseinrichtungen der lieben Anverwandten an – gar nicht erst zur Debatte, denn man möchte ja schließlich nicht Gefahr laufen, drei gleiche FC-Bayern-Waffeleisen, Eierbecher mit Häschenmotiven oder dekorative Scheußlichkeiten wie bunte Blechhähne, die sich mit einem Teelicht illuminieren lassen, geschenkt zu bekommen. Aus ebendiesen Gründen schenkt man bei bayerischen Bauernhochzeiten vorzugsweise

Bares. Der Anstand gebietet hierbei eine recht klare Vorgabe, was jeder einzelne ins Kuvert stecken sollte. Hier ein kleiner Auszug:

> *Die Preise verstehen sich*
> *in Euro pro Person als Mindestangabe*
>
> Verwandtschaft ersten Grades
> (Tanten, Onkel et cetera) 100–200
> Cousin/Cousine 100–150
> Freund/Freundin der Braut/des Bräutigams 100–150
> Nachbarn 80–100
> Für mitgebrachte Kinder unter vierzehn Jahren
> wird kein Ehrgeld berechnet.
> Für Kinder/Jugendliche über vierzehn Jahren
> wird der volle Preis, siehe oben, berechnet.

Ausgenommen von diesen Regeln sind die Taufpaten des Brautpaares, da mit eben diesem Taufsakrament automatisch eine höhere finanzielle Verpflichtung verknüpft ist. Das heißt, die Anwesenheit als Taufpate oder Taufpatin sollte mit mindestens 200 Euro pro Person zu Buche schlagen, die Richterskala bleibt jedoch nach oben offen.

Manche ältere, teils auch weitschichtig anverwandte Tanten oder Großtanten (die männlichen Pendants dazu sind ja meist bereits verblichen) sind oft so erfreut über die unerwartete Einladung zu einer Hochzeit und die damit verbundenen gesellschaftlichen Vergnügungen, dass sie bis zu tausend Euro und mehr für das junge Glück springen lassen.

Ich habe mich im Laufe all der Jahre und all der Hochzeiten oft gefragt, warum das Brautpaar nicht einfach seine Kontonummer auf die Einladung drucken lässt, man überweist Betrag X und braucht selber gar nicht mehr hinzugehen, auf Bayerisch also eine Win-win-Situation!

Aber wer würde dann das Brautkleid, die geschmückte Kutsche, die Tauben, die Blumenkinder et cetera bewundern? Außerdem ist ja bekanntlich nur Bares Wahres, was mir eine Bekannte mal versicherte: Sie hatte nämlich gerade erst einen Großbauern geehelicht, und als ich sie zwei Tage später beim Metzger traf, konnte sie sich gar nicht mehr erinnern, dass ich auch auf ihrer Hochzeit war, weil sie meinte: »Mei, bei dreihundert Leut, da kannst dir nimmer jeden merken!«

Gerade als ich noch überlegte, ob es mir im gleichen Fall ähnlich ergangen wäre und ob ich überhaupt so eine große Hochzeit gewollt hätte, konfrontierte sie mich mit der Frage: »Was meinst, was mein Mann und ich die ganze Hochzeitsnacht gemacht ham?«

Und bevor ich noch einen weniger peinlichen Ausdruck für »bubu machen« gefunden hatte, kam sie mir zuvor und meinte: »Mir ham die ganze Nacht Geld zählt!«

Das ist es, was ich unter anderem an bayerischen Frauen jeden Alters so schätze: Da kann kommen, was will: Hochzeit, Romantik oder Liebe, wichtig ist doch nur, dass »as Sach zammghalten wird«, dass also Haus und Hof und Tantiemen festgehalten werden, damit es nie im Leben »nass neigeh« wird.

»As Sach zammhalten« und eine kräftige »Unterlag« (also Speise), die Leib und Seele zusammenhält, das sind neben katholischer Grundgesinnung die Eckpfeiler des bayerischen Zusammenlebens.

Deshalb wird bei einer Hochzeit gleich nach dem Dessert das reichhaltige Kuchenbüfett aufgebaut, denn die vielen Bocksbeutel, die wenig später in der Weinstube noch zu trinken sind, wollen abgefedert werden. Und was würde besser dazu taugen als selbst gemachte knusprige Schaumrollen, eine achtschichtige Prinzregententorte von Tante Anneliese, Schuxn von der Mama, riesige puderzuckerbestäubte Kirchweihnudeln mit reichlich Rosinen, Hinterberger Haustorte, Linzer Torte, Florentiner, Donauwellen, Zebrakuchen, Hasenöhrl, kalter Hund (oder war es *toter* Hund?) und ein Furcht einflößendes Rieseneck vom obligatorischen Erdbeerkuchenherz.

So gestärkt, ging es schließlich unter Blechbläser- und Gitarrenklängen in den von einer großen Kastanie beschatteten Innenhof zur sogenannten »Weinstubn«, das sind die Stunden zwischen Kuchenbüfett und Abendessen, die nur zwei Zwecken dienen: dem gnadenlosen Amüsement und dem systematischen Besäufnis, zwei Dinge, die sich eigentlich decken, wie ich finde. Die »Weinstubn« findet meist in einem anderen Raum als die eigentliche Hochzeitsfeier statt: entweder in der Kegelbahn, in einem umgebauten Kuhstall oder einem stadelähnlichen Gebäude oder eben im Freien. Serviert wird in der Regel ein mittelbilliger Weißwein (gern Bocksbeutel), der seinen Zweck immer erfüllt: Bereits nach einer halben Stunde befand sich die gesamte Hochzeitsgesellschaft nämlich in geradezu rheinländischer Hochstimmmung – ein unvergleichlich heiterer und gewaltfreier Zustand, der in dieser Form mit Bier wohl gar nicht herzustellen wäre. Alle schunkelten und grölten zu Liedern, die den Ist-Zustand deutscher Kultur wesentlich besser repräsentieren als der Kulturteil der *Süddeutschen Zeitung*: »Es gibt kein Bier auf Hawaii«, »Rosamunde«, »Hey Baby«, um nur einige der Stimmungsknaller zu nennen.

Der Progoder heizte die ohnehin schon brodelnde Stimmung an, indem er das Brautpaar »aussang«, das heißt, er hatte sich vorher bei Verwandten und Familie des Brautpaares erkundigt und schilderte jetzt das Brautpaar mitsamt seinen Charaktereigenschaften plus kleinen lustigen Begebenheiten von früher in Reimform. Dabei erfuhren die Gäste, dass der Bräutigam immer noch in seiner »Wickie und die starken Männer«-Kinderbettwäsche schlief, nie ausländische Gerichte probierte (»Was der Bauer ned kennt, des frisst er ned!«) und auf die Kastelruther Spatzen stand. Kein Wunder, dass die Braut sich auf der Stelle in ihn verliebte, als sie sich zum ersten Mal bei einem Zweitagesausflug der Landjugend begegneten: Bereits an ihrem ersten gemeinsamen Abend war sie offenbar so betrunken, dass sie die ganze Nacht auf dem Klo verbrachte, wo ihr ihr Zukünftiger die Haare aus dem Gesicht hielt, damit sie dieselben nicht vollkotzte. Seitdem liebte sie ihn. Und er sie. Er liebte sie sogar so sehr, dass sie ihn schließlich davon überzeugen konnte, kein überdimensionales FC-Bayern-Logo auf die Nordseite ihres gemeinsamen Eigenheims pinseln zu lassen, was von jeher ein Kindheitstraum von ihm gewesen war.

Selbstverständlich mussten wir als beste Freundinnen der Braut auch unseren Teil an Spötteleien beitragen und hatten extra für die Hochzeit einen Sketch einstudiert, bei dem die Braut von einem Mann gespielt wurde. Ich kann nicht mehr sagen, ob wir uns an den ursprünglich erdachten Text gehalten haben, weil ich zum Zeitpunkt der Aufführung schon zu beschwipst war – Günter rieb nämlich ständig lasziv sein Hinterteil an meiner durchgeschwitzten italienischen Seide, während wir schunkelnd auf den Bierbänken hintereinander standen –, ich weiß nur noch, dass das Publikum sehr gejohlt hat. Noch besser wurde die Stimmung allerdings, als das »Monatssaufen« begann. Dabei handelt es sich um ein Saufspiel, das so etwas war wie das Komasaufen der Achtzigerjahre. Die Band stimmt dabei folgende Melodie an: »Und wer im Januar Geburtstag hat, sauf aus, sauf aus, sauf aus.« Also mussten alle diejenigen, die im Januar geboren waren, ihr volles Glas ex trinken und danach ihr Glas umdrehen, um zu schauen, ob das köstliche Gesöff auch bis zum letzten Tropfen vernichtet worden war. Mogelte jemand oder wurde dabei erwischt, dass er seinen Wein mit Wasser verdünnt hatte, musste er eine vom Progoder oder der Kapelle gestellte Aufgabe erfüllen.

Als wir beim Monat Juni angelangt waren, war mir bereits klar, dass – egal, ob ich mein Glas auch noch so brav leeren würde – ich auf jeden Fall dran sein würde. Und siehe da: Irgendein kleines imaginäres Tröpflein wurde von allen klar und deutlich gesichtet, und meine »Strafe« bestand darin, dass ich allen Musikern einen Kuss auf den Mund geben musste. Schlagartig war ich wieder nüchtern. Ich war zwar schon einundzwanzig, hatte aber noch nie einen Mann auf den Mund geküsst. Und jetzt gleich vier Stück! Hintereinander! Auch den feschen Gitarristen! Und vor *allen* Leuten! Aber welche Wahl hatte ich schon? Die schadenfrohe Menge johlte, klatschte und peitschte mich nach vorn. Ich fing mit dem unattraktivsten Musiker an, nämlich dem kleinen dicken Schlagzeuger, der offensichtlich genauso schüchtern war wie ich und sich mit einem flüchtigen Bussi begnügte, das von meiner Wange in Richtung Ohr abrutschte. Puh, Glück gehabt. Die anderen beiden waren ebenso brav und ließen gleich wieder von mir ab, aber der Gitarrist freute sich diebisch, und als ich näher kam, riss er mich an sich und küsste mich lange und fest auf den Mund, wobei er mich umarmte und rückwärts über sein Knie legte. Und zwar so schwungvoll, dass der Träger von meinem Spaghettiträgerkleid riss. Da stand ich also: Meinen (quasi) ersten Kuss auf den Mund hatte ich am helllichten Tag im Innenhof einer Bauernwirtschaft vor über zweihundert leicht bedudelten, grölenden Hochzeitsgästen, die rhythmisch dazu klatschten, von einem Gitarristen bekommen, der erst von mir abließ, als er mir den Träger von meinem Kleid abgerissen hatte. Und so trabte ich mit hochrotem Kopf, den Träger von meinem Kleid festhaltend und damit den fleischfarbenen BH verdeckend, auf meinen Platz zurück. Ich war bedient. Am liebsten hätte ich losgeheult.

Irgendein weiblicher Hochzeitsgast hatte Gott sei Dank eine Sicherheitsnadel dabei, damit ich nicht völlig im Freien stand. Allerdings war mein Fauxpas schnell vergessen, denn jetzt waren andere dran, sich zum Deppen zu machen: Es war nämlich inzwischen Zeit für die lustigen Spiele. Bei diesen Spielen musste das Brautpaar zusammen mit anderen Hochzeitsgästen bestimmte Aufgaben erfüllen, zum Beispiel stellten sich fünf männliche Hochzeitsgäste zusammen mit dem Bräutigam auf einen Stuhl, entblößten dabei ihren Bauch beziehungsweise ihre Wampe, und die Braut durfte dann mit verbundenen Augen mit dem Zeigefinger in den Bauchnabeln der anwesenden Herren puhlen, um ihren soeben angetrauten Gatten herauszufinden. Ein Heidenspaß. Wirklich! Ich erinnere mich mit heller Freude an Geschicklichkeitsspiele, wo die Braut mit ihrem tüllbehangenen Hintern mit einem Blasebalg Luftballons aufblasen musste – im Wettstreit mit anderen Damen natürlich. Oder bei denen der Bräutigam mit Kopftuch und einer zum Weihwassersprenger umfunktionierten Klobürste die Gäste »segnete«, bevor er sich eine lauwarme Biersuppn einflößen lassen und dann auf Holzscheiten knien musste – als standesgemäße Vorbereitung auf die Härte des Ehelebens quasi.

Sternstunden des goldenen Humors waren auch die lustigen Einlagen, die Freunde für diesen feierlichen Anlass immer vorbereiteten: Wenn zum Beispiel die Kupplersendung »Herzblatt« nachgespielt wurde oder das Kennenlernen des Brautpaares in Reimform von fünf kichernden, beschwipsten Freundinnen der Braut abgelesen wurde, wobei textlich nur die Worte Musikpalast, Lagerfeuer und Asbach-Cola zu verstehen waren. Das Gleiche gab es auch vorgetragen von Kleinkindern zwischen drei und sechs Jahren, die allerdings nur leise flüsterten, sodass lediglich der Souffleurtext der stolzen Mutter zu hören war.

Es muss nicht extra erwähnt werden, dass bei der stimmungsvollen Druckbetankung in der »Weinstubn« kleinere Ausfälle nur schwer zu vermeiden sind: Ich kann mich an eine Hochzeit erinnern, bei der die angetrunkene Braut mitsamt ihrem zwölf Kilo schweren Brautkleid im Überschwang der Gefühle rückwärts in einen gut gefüllten Wassertrog gefallen ist, wobei ihre Beine so weit himmelwärts ragten, dass man nicht nur ihre halterlosen Strümpfe samt blauem Strumpfband sehen, sondern auch noch beinahe bis ins Gelobte Land schauen konnte.

Es gibt eine ältere Anekdote, nach der bei einer sehr traditionellen Hochzeit die Kranzljungfrau mitsamt dem Progoder auf dem Heuboden verschwunden ist und erst wieder auftauchte, als die Hochzeit schon fast überstanden war.

Ein guter Spezl von mir war einmal bei einer Hochzeit, bei der die Band bereits während der »Weinstubn« um siebzehn Uhr so betrunken war, dass sie nicht mehr spielen konnte, sodass die Braut in Tränen aufgelöst war, weil ihr schönster Tag im Leben gerade dabei war, sich als ihr größter Albtraum zu entpuppen. Ein Bekannter schaffte es, ein befreundetes Trio aufzutreiben, das bereit war, kurzfristig einzuspringen. Leider waren die Burschen nur in der Lage, fünf Lieder im Turnus zu spielen, und das Ganze nur für drei Stunden, denn danach waren alle drei – vielleicht auch, weil sie sich vorher schon Mut für ihre erste Hochzeit angetrunken hatten – so blunzenfett (also hackedicht), dass sie gegen zwanzig Uhr den Saal verlassen mussten. Wieder war die Braut in Tränen aufgelöst, aber irgendjemand trieb dann schließlich und endlich noch einen DJ auf, der den Abend doch noch sehr stimmungsvoll – auch für die Braut – enden ließ.

Diese Hochzeit endete pünktlich um Mitternacht, indem sich die verbliebenen Gäste, mit Sternwerfern ausgerüstet, im Kreis aufstellten, das Licht heruntergedimmt wurde und das Brautpaar seinen allerletzten gemeinsamen Tanz zu »Ganz in Weiß« in Angriff nahm (typisch wäre auch »Weusd a Herz host wi a Bergwerk« von Rainhard Fendrich gewesen).

Und während Braueltern schluchzten, verliebte Pärchen sich zurückerinnerten, wie es auf ihrer Hochzeit gewesen war, der Banker sich mit offenem Hosenstall und ohne Krawatte schwer schwitzend an seiner Verlobten festhielt, ich mit der einen Hand meinen Träger festhielt, während ich mit der anderen einen stinkenden Sternwerfer schwenkte, und die Band zur Melodie die Festzelte aufzählte, in denen sie demnächst in dergleichen Formation auftreten würde, bildeten die ersten Gäste schon mit erhobenen, verschränkten Armen eine Gasse. Denn durch diese hohe Gasse, da würde sie kommen, die Braut. Während sie sich nämlich vorsichtig ihren Weg durch Hände, Arme und Menschen die Treppe hinunter bahnte, wurde zum Schluss der Bräutigam auf ebendiesen Händen und Armen entlang getragen beziehungsweise geworfen, damit er ohne größere Blessuren (gut, man hatte ihn einmal kurz fallen gelassen!) zu seiner frisch angetrauten Gemahlin eilen konnte. Und da die Haustür des neu gebauten Eigenheims nicht zugemauert und kein ganzes Fuder Stroh im Haus verstreut war, das Bett nicht zerlegt und die Matratzen nicht entfernt worden waren, die neue Küche nicht von fünfunddreißig feierwütigen Freunden bevölkert wurde in Erwartung einer Gulaschsuppe oder eines Käsebrettls, stand einer romantischen Hochzeitsnacht eigentlich nichts mehr im Wege. Und so wurde wahrscheinlich voller Romantik und Leidenschaft die ganze restliche Nacht das Ehrgeld in den Kuverts gezählt. Und mit solch einer prachtvollen Hochzeitsfeier im Rücken leben sie noch immer glücklich, zufrieden und finanziell bestens aufgestellt, bis dass der Tod sie scheidet.

Der Häuslschleicha

Wenn man in Bayern Geschichten über das Leben auf dem Dorf und dessen Einwohner erzählt, dann darf man natürlich den »Häuslschleicha« nicht vergessen, denn entgegen mancher Aussagen ist diese Spezies nicht ausgestorben, sondern erfreut sich vielmehr bester Gesundheit und ist so umtriebig wie eine Ratte im Kuhstall. Beim Häuslschleicha handelt sich um eine ganz besondere Sorte Mensch, die vor allem in ländlichen Gegenden ihr Unwesen treibt, indem sie sich mit List und Tücke das Erbe von alleinstehenden Rentnern oder Rentnerpaaren erschleicht. Der Häuslschleicha kann sowohl männlichen als auch weiblichen Geschlechts sein, denn es stellt sich immer wieder bei Beobachtungen in freier Wildbahn heraus, dass der vor allem in Deutschland weitverbreitete Charakterzug der Gier geschlechterübergreifend ist.

Bei seinem Unterfangen lässt sich der Häuslschleicha auch von eventuell existierenden erbfähigen Anverwandten nicht abschrecken, im Gegenteil: Hindernisse dieser Art beflügeln seinen verbissenen Ehrgeiz noch. Der Häuslschleicha hat es dabei unter anderem auch auf Bargeld abgesehen, aber in Bauernkreisen und gerade im Zuge der Eurokrise ist besonders Grundbesitz jeglicher Art, also zum Beispiel eine kleine »Sache« (soll heißen, eine kleine Hofstelle mit geringem Grundbesitz), das bevorzugte Objekt der Begierde. Aber auch Mietwohnungen, Häuserblöcke, Baugrundstücke, Sparkonten, Münzsammlungen, Perserteppiche, Schmuck und alte Pelzmäntel werden immer gern genommen.

Hat er einmal Lunte gerochen, ist der Häuslschleicha wie ein guter Schweißhund auf der Jagd nicht mehr von seiner Fährte abzubringen und setzt alles daran, die Beute heimzubringen, also »das Heu einzufahren«, wie man in Bayern sagt.

Er handelt dabei nicht etwa aus einer wirtschaftlichen Notwendigkeit heraus, denn in der Regel ist er finanziell bestens aufgestellt, sondern seine Skrupellosigkeit und sein Ehrgeiz wurden ihm meist im Rahmen einer ausgeprägten Profilneurose (»Mia san mia, mia schreim uns ›uns‹, und uns kunn koana!«) von seinen Vorfahren vererbt. Deshalb wurde das Häuslschleicha-Syndrom auch schon bei sehr jungen Menschen von Anfang zwanzig diagnostiziert. Es hat sich beispielsweise in unserer Gegend folgender Vorfall zugetragen:

Der Sohn eines landkreisbekannten Häuslschleichas besuchte ein ihm völlig unbekanntes Ehepaar, das einen großen stattlichen Hof bewirtschaftet und durch einen tragischen Unglücksfall ein paar Jahre zuvor seinen einzigen Sohn und Hoferben verloren hatte. Kaum hatte er erklärt, woher er kam und von welchem Hof er abstammte, bat er mehr oder weniger um sofortige Adoption, weil er sich angeblich mit seinem Vater zerstritten und dieser ihn enterbt hatte. Das dreiste Bürscherl wollte am liebsten am gleichen Tag bei dem Ehepaar einziehen, wobei er nicht bedacht hatte, dass die beiden gestandenen Bauersleute nicht »auf der Brennsuppn dahergeschwommen« waren. Der selbstbewusste Bauer durchschaute sofort, dass die hanebüchene Geschichte des zwielichtigen Burschen erstunken und erlogen war, und verwies ihn des Hofes, nicht ohne ihm vorher zu versichern, dass er seinen schmucken Hof an seinen leiblichen Neffen und selbstverständlich nicht an einen dahergelaufenen Häuslschleicha vererben würde.

Aber auch diese peinliche Erfahrung wird den abgebrühten Häuslschleicha in zweiter Generation nicht von weiteren Schandtaten abhalten, denn ein guter, erfolgreicher Geschäftsmann lässt sich von einem Rückschlag nicht ausbremsen. Dazu braucht der Häuslschleicha auch kein Abitur oder gar ein Hochschulstudium, es reichen eine gewisse Bauernschläue, grenzenlose Raffgier, Neid und Geiz. Außerdem besitzt er in der Regel weniger Skrupel als ein Investmentbanker bei Goldman Sachs.

Meist geht der Häuslschleicha allerdings nicht so ungestüm und dreist vor wie der junge Mann im obigen Beispiel, sondern in der Regel plant er seine ausgeklügelten Schachzüge mit geradezu militärischer Präzision. Er greift dabei meist auf die sogenannte Fünf-Stufen-Taktik zurück:

Stufe 1: das Kuchenpräsent. Das alte Sprichwort »Mit Speck fängt man Mäuse« müsste umgesetzt auf unseren Häuslschleicha heißen: »Mit Kuchen kommt man zu Baugrund«, denn jedes Anwanzen und Einschmeicheln (auf Bayerisch auch gern als »Hi'schmusen« oder »Hi'schmeicheln« bezeichnet) lässt sich am harmlosesten und unverfänglichsten gestalten, wenn man bei seinem Opfer an einem faden Sonntagnachmittag – am besten unangekündigt – mit ein paar Stückl Kuchen aufschlägt. Dabei ist es besonders wichtig, dass man keinen *selbst gebackenen* Kuchen mitbringt, sondern auf einen Kuchen, der in einer ortsansässigen Konditorei gekauft wurde, zurückgreift. Dieser ist zum einen schön ordentlich und appetitlich verpackt, und zum anderen macht es in Bayern immer Eindruck, wenn Geld ausgegeben wurde. Das hebt das Selbstbewusstsein und steigert die Wertigkeit des Besuches. Der fortgeschrittene Häuslschleicha wird sowieso nur Creme- oder Sahnetorten mitbringen, denn Alltagsbackwerk wie trockene Kuchen gibt es im Zweifel im Opferhaushalt auch mal unter der Woche, und darüber hinaus sind Torten teurer (siehe oben).

Der Häuslschleicha achtet peinlich genau darauf, sein Opfer nicht zu überfordern, das heißt, er wird am Anfang nicht gleich seine komplette Familie mitbringen. Es soll schließlich so aussehen, als sei ihm diese nette Geste mit dem Sonntagskuchen spontan eingefallen, als er gerade dabei war, nach seiner Sommergerste zu schauen, die sich zufällig ganz in der Nähe des Opferanwesens befindet.

Allerdings wird er bei weiteren Besuchen anfangen, eine Art familiäre Verbindung zum Opfer herzustellen, er begibt sich also auf eine Art Kuschelkurs. Und damit wären wir bei der nächsten Stufe des Anschleichens:

Stufe 2: der »Kindertrumpf«. Wer könnte für diese Taktik der Familienanbindung besser geeignet sein als die junge, adrette Gattin des Häuslschleichas, am besten in einem feschen, aber nicht zu überkandidelten Dirndl, wobei die superkurzen und spitzenüberladenen Pornovariationen mit Swarowski-Applikationen, die man so häufig auf der Wiesn sieht, hierfür natürlich nicht infrage kommen. Für die Herstellung künstlicher Familienbande schreckt der Häuslschleicha auch vom Einsatz seines Nachwuchses nicht zurück, im Gegenteil. Am besten eignen sich Kinder zwischen drei und vier Jahren, da sie dann erstens gerade bei kinderlosen Frauen den Großmutter-Instinkt am leichtesten wecken und zweitens bereits kommunizieren können, dabei aber Anweisungen der Eltern noch meist kritiklos umsetzen, wie zum Beispiel:

»So, jetzt geh' schön hin zur Tante Maria und gib ihr die Hand!«

Dass es sich bei der zu begrüßenden Frau natürlich nicht um die leibliche Tante des Kindes handelt, muss wohl nicht extra erwähnt werden. Hilfreich ist auch, dass Kinder in diesem Alter mit hoher Wahrscheinlichkeit sauber sind, das heißt, kein störender Fäkalgeruch aus einer vollen Windel kann das diffizile Unterfangen des Anwanzens torpedieren.

Kennt das Opfer nun die gesamte Familie des Häuslschleichas, geht er zu Stufe 3 seiner Taktik über:

Stufe 3: Gassigehen mit dem Opfer. Der Häuslschleicha geht nun zum perfidesten Punkt seines Schlachtplans über, nämlich der ganzen Gemeinde zu demonstrieren, dass er zusammen mit seiner ganzen Familie schon seit Längerem ein enges Verhältnis zum Opfer hat. Aus diesem Grund wird die Tante Maria oder der Opa Hermann vom Häuslschleicha auf Dorffeste, Grillfeiern oder Volksfeste mitgeschleift, wo das Opfer – wie selbstverständlich – die Betreuung der Kleinkinder übernimmt, wie es sich für eine gute Tante oder einen guten Opa eben gehört.

Mit diesem Schachzug versucht man, etwaigem Gerede der Nachbarn und Bekannten den Wind aus den Segeln zu nehmen, was natürlich zum Gegenteil führt. Trotzdem hat sich bisher noch niemand in der Öffentlichkeit gegen einen dorfbekannten Häuslschleicha etwas zu sagen getraut. Daheim, in den eigenen vier Wänden, da wird bei Familienzusammenkünften gelästert: »Hosd'n gseng, den scheinheiligen Bruader, wia sich der an die Maria hi'wanzt, wia er sich ned schamt. Kriagt denn der gar nimmer gnua, wo er doch scho die ganzen Wohnblöck' von da Verwandtschaft geerbt hat, der Saudeife?«

Nur ein einziges Mal, am Sonntag nach dem Wirtshausbesuch, da brachte mein Bruder heim, dass heute einer der Stammgäste einem weithin bekannten Häuslschleicha, der früher heimging als die anderen, zurief: »Ah, muasst noch zum Café Härtl fahren und an Kuacha kaufen für dei' Sonntagstour?« Unter großem allgemeinen Gelächter zog der so Verspottete von dannen, nur um demjenigen, der ihn aufgezogen hatte, ein paar Tage später ein anwaltliches Schreiben zukommen zu lassen, um sich vor künftigen Spottiraden zu schützen. Manchmal wächst eben der Verstand mit dem Ego nicht mit.

Wenn aber nun das Opfer sich als Teil der Familie des Häuslschleichas fühlt, dann wird es natürlich allmählich Zeit, die Zuwendungen zu kanalisieren, denn der ganze Kuchen, die ganzen Hendln auf diversen Dorffesten, vom Benzingeld ganz zu schweigen, die wollen unterm Strich verrechnet sein. Deshalb geht der Häuslschleicha jetzt zur nächsten Stufe über:

Stufe 4: das »Wuiseln«. Unter »Wuiseln« versteht man in Bayern den Vorgang des Jammerns und Sich-Beklagens, wobei mit »Wuisler« durchaus nicht nur ein Jammerer, sondern auch ein Waschlappen gemeint sein kann.

Jedenfalls muss unser Häuslschleicha jetzt schauen, dass es ihm seine zu erwartende Ernte nicht noch verhagelt, indem die Tante Maria oder der Opa Hermann vielleicht – angeregt durch eine besonders schöne Sonntagspredigt – auf die Idee käme, das ganze schöne »Sach« der katholischen Kirche oder – viel schlimmer – dem Tierheim oder einem Kinderhospiz zu vermachen. Deshalb wird er seine eigene finanzielle Situation aufs Trübste schildern: »An neuen Kuhstall brauchert ma halt, damits weitergehen kannt, aber heid geht ja nur noch alles mit Melkroboter, was meinst, was des kost?« Die Zukunft der Opfer hingegen wird er natürlich aufs Rosigste darstellen: »Mir san halt immer da, mir fahren ned amal in Urlaub, mei Frau und ich. Also, mir san immer da, wenn mit euch amal was waar, gell, und wia leicht is' was!? Aber ihr brauchts bloß anrufen, schon san mir do. Und wennts ihr wirklich amal a Vollzeitpflege brauchts, dann holen mir halt a Polin. Für die san sechshundert Euro im Monat an Hauffa Geld, des verdient die daheim nicht im ganzen Jahr!«

Angesichts so viel familiärer Besorgnis ist meistens davon auszugehen, dass das ahnungslose Opfer den Häuslschleicha irgendwann mit einem Notarbesuch belohnen wird. Und wenn nicht, dann bleibt ihm immer noch Stufe 5, die er – ein klein wenig allerdings nur – auch in Stufe 4 schon aufgreifen wird, nämlich:

Stufe 5: das Drohen. Der Häuslschleicha wird hierbei niemals mit Gewalt oder Ähnlichem drohen, aber es wird durchaus klarstellen, dass ohne seine künftige Unterstützung und Zuwendung dem Opfer in Zukunft neben Vereinsamung und dem Verlust der soeben erstandenen Enkelkinder drohe, dass dessen Betrieb heruntergekommen werde, weil jetzt kein »Gscheiter« mehr da sei, der sich anständig darum kümmern könne. Und was könnte man einem alten Menschen, der sein Leben lang Haus und Hof in Schuss gehalten und hart gearbeitet hat, Schlimmeres androhen, als dass sein Lebenswerk der Verwahrlosung anheimfallen werde.

Jetzt werden Sie – völlig zu Recht – anmerken: Ja, aber wenn dieser sogenannte Häuslschleicha sich doch um die alten Menschen kümmert und ihren Betrieb in Ordnung hält, dann ist es doch mehr oder weniger legitim, dass er das Ganze nach dem Ableben der Alten erbt? Sicherlich, aber es gab bei uns auch schon Fälle, da wurde dem Erbschleicher Haus und Hof schon zu Lebzeiten notariell überschrieben, im Gegenzug zu einer angemessenen Leibrente, was sich dann als großer Fehler erwiesen hat: Die alten Leute wurden relativ zeitnah in ein Altersheim verfrachtet und haben ihren Hof, auf dem sie ihr ganzes Leben verbracht hatten, nie wiedergesehen. Und komischerweise gab es sonntags auch keine feine Torte vom Café Härtl mehr, sondern nur noch den trockenen Kuchen aus der Küche des Altersheims.

Die armen Seelen

Wie alle Kinder wollten wir von unserem Opa neben den Geschichten aus seiner Kindheit aus »der schweren Zeit«, wie der Opa sie immer nannte, vor allem unheimliche Geistergeschichten hören, nur um uns dann hinterher verängstigt bei unserer Mama zu versichern: »Gell, Mama, des stimmt alles gar ned. Es gibt keine Geister und Gespenster.« Und natürlich beruhigte uns unsere Mutter jedes Mal mit den tröstenden Worten: »Naa, Kinder, des sind alles nur Märchen, Geister gibt's keine.«

Sie sagte das natürlich, damit wir keine Albträume bekamen, obwohl meine Mutter durchaus an die Kraft der Seelen und zum Beispiel auch daran glaubt, dass sich manche Menschen bei ihrem Ableben von den Personen, die ihnen nahestanden, durch bestimmte Zeichen verabschieden. Sie wachte zum Beispiel eines Nachts auf und konnte gar nicht mehr einschlafen, weil sie so erschrocken war. Sie hatte nämlich das Gefühl gehabt, dass jemand ihre Hand genommen und laut zu ihr gesagt hatte: »Leni, vergelt's Gott!« Als sie meinem Vater am nächsten Morgen davon erzählte, sagte sie nur: »Da is' jemand gestorben!« Mein Vater allerdings, der mit übernatürlichen Kräften gar nichts am Hut hat, meinte nur: »Geh, was du schon wieder zammträumst!« Als sie dann aber beim Frühstück saßen, klingelte das Telefon. Mein Vater nahm das Gespräch entgegen. Am Telefon war der Scherer Wasti, der Cousin meines Vaters, der ihm berichtete, dass sein Vater letzte Nacht gestorben sei. Und meine Mutter wusste Bescheid. Denn der Vater vom Scherer Wasti, der alte Scherer von Grucking, hatte oft von meiner Mutter Schmalzgebackenes bekommen, das wir Kinder immer in einer Bäckertüte mit dem Fahrrad nach Grucking fahren mussten. Oft war er auch nicht da, dann hängten wir das frische Gebäck, das der alte Scherer so liebte, einfach an die Haustür. Und wenn er an einem der nächsten Sonntage meine Mutter nach der Kirche auf dem Weg zum Auto traf, dann hielt er sich mit der einen Hand an seinem Gehstock fest, und mit der anderen nahm er die Hand meiner Mutter, drückte sie ganz fest und sagte leise immer dieselben Worte: »Leni, vergelt's Gott!«

Auch unser Opa war der Meinung, dass manche arme Seele im Jenseits aus irgendeinem Grund keinen Frieden finden könne und deshalb »umeinandergeistern« müsse. So erzählte er uns immer folgende Geschichte, die uns Kinder jedes Mal so faszinierte, dass wir wieder am ganzen Körper Gänsehaut bekamen, obwohl wir sie schon oft gehört hatten und auch nicht wussten, ob sie überhaupt wahr war oder ob sich der Opa sie nur ausgedacht hatte, um uns ein bissl Angst zu machen:

In unserem Nachbarort gab es eine Magd, die auf einem Bauernhof lebte, der direkt an die Dorfkirche und den Friedhof angrenzte. Eines Nachts konnte die Magd nicht schlafen, weil sie merkte, dass ein helles Licht in ihre Kammer schien, aber der Vollmond konnte es nicht sein. Also stand sie auf, um nachzuschauen, woher das Licht kam. Als sie aus dem Fenster blickte, stellte sie fest, dass in der Kirche gegenüber Licht brannte. Da musste wohl der alte Dorfmesner, der allmählich immer tattriger wurde, vergessen haben, die Kerzen auszublasen. Da die Magd für den Altar- und den Blumenschmuck in der Kirche zuständig war, befürchtete sie, dass eventuell das schöne geklöppelte Tischtuch am Altar durch die Kerzen beschädigt werden könnte, also warf sie sich ein wollenes Tuch über ihr langes Nachthemd, schlüpfte in ihre Pantoffeln und machte sich auf in Richtung Friedhof. Sie hatte keine Angst vor dem Friedhof oder den Gräbern, denn – wie die Knechte auf ihrem Hof immer sagten – die Toten, die dort begraben lagen, waren ja tot, und »Angst muss ma nur vor die Lebenden ham!«

Als sie sich aber der Kirchentür näherte, hörte sie plötzlich Musik. Nein, sie täuschte sich nicht: Aus dem Kirchenschiff war leise Orgelmusik zu vernehmen, und da wurde ihr, der ansonsten so Furchtlosen, doch allmählich etwas unheimlich. Denn wer könnte denn um diese Nachtzeit die Orgel spielen? Der Organist wohnte doch zwei Dörfer weiter. Langsam zog sie die schwere Kirchentür auf, die sich knarrend öffnete, und als sie einen Schritt über die Schwelle machte, erblickte sie etwas, das sie am ganzen Körper erschauern ließ: Die ganze Kirche war gefüllt mit Menschen, die sich bei ihrem Eintreten umdrehten und sie ansahen. Und sie erkannte einige der schwarz gekleideten Anwesenden: Es waren allesamt verstorbene Gemeindemitglieder, in deren bleiche Gesichter sie blickte. Es waren Jüngere und Ältere, sogar Kinder unter ihnen. Eine grauenvolle unbändige Angst überfiel sie, und mit einem lauten Schrei ließ sie ihre Kerze fallen. Sie musste dort weg, bevor eine der Gestalten aufstehen und ihr nachrennen würde. Sie drehte sich um, wollte im Dunkeln nach draußen laufen, aber das Nachthemd war so lang, dass sie sich immer darin verhedderte, so als ob jemand ihr von hinten mit Absicht drauftrat, um sie festzuhalten. Sie riss panisch an ihrem Nachthemd, kam frei, stolperte fast und lief durch den Friedhof nach draußen. Dann hinüber zum heimatlichen Hof, wo sie sich in ihrem Zimmer verbarrikadierte und in der ganzen Nacht kein Auge mehr zutun sollte.

Als sie beim ersten Morgengrauen hörte, dass die Bäuerin in der Küche Feuer machte, ging sie, immer noch vor Angst zitternd, in ihrem Nachthemd in die Küche hinunter, um zu erzählen, was sie Schreckliches gesehen hatte. Nach und nach war sie umringt von den anderen Mägden, den Knechten und dem Bauern, deren Arbeitstag allmählich beginnen sollte. Vor allem die Knechte zogen sie mächtig auf und meinten, sie habe wohl schlecht geträumt: »Do musst halt auf d'Nacht a Halbe Bier trinken wie mir, dann schlafst gut, anstatt dass du so einen Schmarrn träumst!«

Sie beharrte aber darauf, dass sie die Toten gesehen, ja sogar einzelne Gesichter erkannt habe und dass sie nie wieder in die Kirche würde gehen können. Die Knechte wollten ihr beweisen, dass es diese Totenmesse nie gegeben hatte und dass die Kerzen bestimmt noch alle neu aufgesteckt auf den Kerzenständern auf dem Altar stünden, so wie der alte Dorfmesner sie eben nach der letzten Messe verlassen habe. Deshalb gingen zwei von den Knechten hinüber zum Friedhof, öffneten die Kirchentür, und was sahen sie, als sie eintraten? Die Altarkerzen waren alle bis auf den letzten Stumpen hinuntergebrannt, und gleich beim Eingang links neben dem Weihwasserkessel lagen die Hausschuhe der Magd.

An dieser Stelle der Geschichte kuschelte sich mein kleiner Bruder Sepp immer eng an den Opa, und wir alle sahen ihn mit großen Augen an. Der Opa meinte nur: »Kinder, es gibt halt arme Seelen, die finden nicht gleich immer a Ruh.« Wir Kinder hatten furchtbare Angst, dass die armen Seelen auf der Suche nach dem ewigen Frieden vielleicht auch bei uns im Zimmer vorbeischauen könnten, und wir fragten den Opa, was wir denn tun könnten, damit die armen Seelen einen größeren Bogen um den Heimer-Hof machen und zum Beispiel erst im Nachbarort Reichenkirchen nach ihrem Seelenfrieden suchen würden. Der Opa meinte daraufhin immer: »Kinder, man muss immer für die armen Seelen der Verstorbenen beten, damit sie ihren Frieden finden!« Und das taten wir dann ab sofort auch ganz brav: Ich betete jeden Abend vor dem Einschlafen für Mama, Papa, für meine Brüder, für Oma und Opa, für gute Noten in der Schule, für ein Sweatshirt der Marke Chiemsee, dafür, dass ich einen schönen Busen bekommen würde, und natürlich – last, but not least – für die armen Seelen. Und ich muss sagen, an meiner Bilanz gibt es nicht viel zu meckern: Gut, Oma und Opa sind längst verstorben, aber die Oma wurde siebenundachtzig und der Opa stolze fünfundneunzig Jahre. Mama, Papa und meine Brüder sind bis heute gesund, munter und fidel. Mein Abitur machte ich auch mit einem sehr ordentlichen Durchschnitt, und ein

Chiemsee-Sweatshirt bekam ich zwar nie von meinen Eltern, aber ich kaufte es mir schließlich bei Schuh & Sport Gerlspeck in Erding von meinem ersten Geld, das ich mit vierzehn jeden Freitag nach der Schule bei einer Baumarkt-Kette selbst verdient hatte. Nur beim Wunsch mit dem Busen muss Gott nicht ganz so genau zugehört haben oder von irgendetwas Wichtigerem abgelenkt worden sein. Nun ja. Wahrscheinlich hatte er einfach andere Prioritäten als ich, oder er hatte mit Heidi Klum so viel Arbeit, dass nicht mehr genügend Zeit für mich übrig blieb. Aber armen Seelen bin ich bis heute – toi, toi, toi – nicht begegnet, obwohl ich zugeben muss, dass mich keine zehn Pferde nachts auf einen Friedhof bringen würden. Und obwohl ich weiß, dass die Knechte damals recht hatten und die größte Gefahr nicht von den Toten, sondern von den Lebenden ausgeht, bete ich trotzdem ab und zu für die armen Seelen *aller* Verstorbenen. Sicher ist sicher.

Ungeschriebene Gesetze des Landlebens

Wenn man wie ich zeit seines Lebens auf dem Land gelebt hat, dann stellt man fest, dass es dort eine Art ungeschriebenes Regelwerk von klaren Richtlinien, Gepflogenheiten und Anstandsregeln gibt. Diese dienen nicht nur dazu, jeden einzelnen Tag und auch das ganze Jahr zu gliedern und zu regeln, sondern vereinfachen auch das gesellschaftliche und familiäre Zusammenleben. Die Regeln des bayerischen Landlebens werden meistens von Frauen festgelegt, aus dem einfachen Grund, dass nämlich die Frauen schon traditionsbedingt die Eckpfeiler des familiären und auch des gesellschaftlichen Lebens bestimmen. Und überhaupt: Weil sie – wie wir ja alle inzwischen wissen – das stärkere, weisere Geschlecht sind. Kurz gesagt: Sie wissen, wie der Hase läuft und wo der Frosch die Locken hat.

Meiner Meinung nach wäre auch das Stadtleben um ein gutes Stück einfacher und angenehmer, wenn man die eine oder andere unten aufgeführte Grundregel befolgen würde, denn man sollte eines immer bedenken: Der Mensch war früher mit Sicherheit nicht per se blöder als heute. Eher im Gegenteil.

Anbei also ein kleines Potpourri von Grundpfeilern des bayerischen Landlebens, so wie ich es erlebt habe:

Begrüßung Bayernweit gilt der Satz meines guten Freundes Bernhard Rötzer: »Ich grüß lieber einmal zu viel als einmal zu wenig!«

Zugegeben, in Münchens Fußgängerzone könnte sich die Durchführbarkeit dieses Satzes als etwas schwierig erweisen, aber beim Stadtbummel oder Spaziergang durch Ihre kleine Stadt oder Ihr Dorf grüßen Sie einfach jeden, der Sie länger als eine halbe Sekunde fixiert. Auch wenn Sie nicht den leisesten Schimmer haben, von wo und ob Sie ihn überhaupt kennen. Egal. Lieber einmal öfter grüßen anstatt jemanden zu ignorieren, der hinterher über Sie sagt: »Brauchst du nimmer grüßen, oder was?«

Beim Betreten eines Geschäfts, einer Metzgerei, eines Lokals, einer Arztpraxis et cetera müssen zwar nicht alle Angestellten einzeln begrüßt werden, aber ein für alle Umstehenden laut hörbar in den Raum gerufenes »Grüß Gott!« sollte es schon sein. Der Vorteil dieser Grußformel ist übrigens, dass sie zu jeder Tages- und Nachtzeit funktioniert, im Gegensatz etwa zum Italienischen, wo man ständig überlegen muss: »Heißt es noch »buongiorno« oder schon »buona sera« oder vielleicht gar »buona notte«?

Wenn man die zu Begrüßenden gut kennt, sagt man im Singular »Griaß di« und im Plural »Griaß euch«.

Siezt man die angesprochene Person, heißt es natürlich »Griaß Eahna«. Dieser Ausdruck hat bei einigen Sprachunkundigen schon oft für Verwirrung gesorgt: Ein Bekannter von mir, der aus Berlin zu Besuch war, fragte mich irgendwann: »Du, det mit der Begrüßung, det versteh' ick nich. Wat wollen die immer mit der Erna? Welche Erna? Wat meint ihr da?« Ich habe ihn dann über die imaginäre »Erna« aufgeklärt, aber irgendwie ergab es für ihn immer noch keinen Sinn.

Beim »Grüß Gott« muss dazugesagt werden, dass einige Klugscheißer eventuell mit »Das tue ich, wenn ich ihn sehe!« antworten werden. Allerdings ignoriere ich solche saudummen Antworten seit Jahren geflissentlich und erfolgreich (denn man kann ja schlecht erst »Grüß Gott« zu jemandem sagen, um ihm dann anschließend eine aufs Maul zu hauen, selbst wenn man das gern täte).

Die saloppere Version von »Grüß Gott« ist »Servus«, die

ebenfalls überall sowie zu jeder Tages- und Nachtzeit gilt. Allerdings spricht der Ureinwohner das Wort meist so schlampig aus, dass es eher wie »Seus«, »Seas« oder gar »Sesss« klingt. Mir persönlich gefällt auch das etwas prinzregentenhaft anmutende »Habe die Ehre«, das auch gern wie »Habe d'Ehre« oder gar »d'Ehre« ausgesprochen wird. Bei Letzterem zieht mein Freund Georg Hoanzl das letzte »e« immer so lange, dass es fast wie ein verkürzter Jodler klingt: »d'Ehreeeeeeeee«. Quasi ein Juchzer und ein Aufruf zu guter Stimmung gleichzeitig.

Anrede Dass der Bayer jeden seiner Mitmenschen fast ausnahmslos und ohne Aufforderung duzt, ist keine Unart, die Waldi Hartmann eingeführt hat, sondern tatsächlich eine weitläufig verbreitete Gepflogenheit. Gesiezt werden in der Regel nur Personen, denen überdurchschnittlicher Respekt entgegengebracht wird: Pfarrer, Lehrer oder Lehrerin, Hausarzt oder -ärztin und die meisten »Gstudierten«, aber auch Menschen, die mit einer solchen Respektsperson verheiratet sind. Die Gattin eines Mediziners zum Beispiel wird beim Metzger, Bäcker et cetera auf dem Land grundsätzlich mit »Frau Doktor« angesprochen, obwohl sie nicht auf der Uni, sondern auf dem Standesamt promoviert hat, aber der Arztberuf ist in Bayern – gerade auf dem Land – von jeher so hoch angesehen, dass der Bayer über solch kleine »Dipferlscheißereien« großzügig hinwegsieht.

Außerordentliche Respektspersonen zu duzen fällt jedem Bayern schwer, selbst wenn er eigentlich das Recht dazu hätte. In der Praxis meines früheren Zahnarztes war ein alter Bauer mit seiner gesamten Familie seit so vielen Jahren Patient, dass mein Zahnarzt ihn duzte. Der alte Bauer aber wollte seinem Doktor trotz Duzerei noch Respekt bezeugen, sodass er ihn immer mit »Du, Herr Doktor« ansprach.

Wenn man von seiner eigenen Ehefrau spricht, benutzen viele Bayern das Wort »mei Oide«, »d'Chefin«, »d'Regierung« oder – falls die Ehe schon längere Zeit andauert – auch gern die Bezeichnung »d'Mama« oder »d'Mam«. Selbstverständlich gefällt das nicht allen Gattinnen. Die Mutter meiner Freundin wurde von ihrem Mann nur ein einziges Mal »Mama« genannt. Das war während eines Champions-League-Spiels seines geliebten FC Bayern. Da der Getränkenachschub ins Stocken geraten war, er selber aber keine Minute des Spiels verpassen wollte, sagte er ganz nebenbei zu ihr: »Mama, bringst mir noch a Halbe.«

Als sie auch nach mehrmaliger Aufforderung immer noch ungerührt auf dem Sofa hockte, meinte er schließlich: »Was is'n?«

Sie schaute ihn lange an und meinte dann: »Wenn du mich noch ein einziges Mal ›Mama‹ nennst, dann wirst du auf diesem Stuhl vertrocknen, weil ich bin nämlich ziemlich viel, aber ned dei Mama!« Er schwenkte in dieser Sekunde für den Rest ihrer immer noch andauernden, glücklichen Ehe wieder auf »Maria« um.

Umgekehrt nennen die Frauen ihren Gatten in der Regel eher selten »mei Oida«, sondern benutzen meist das etwas respektvoll klingendere »da Babba« oder »da Babb«. Da ja der erste Mann, den jede Frau in ihrem Leben abgöttisch liebt, ihr Vater ist, nennen viele Ehefrauen ihren Gatten auch »Vati« oder »Vattl«.

Letzteres wird auch von den Standlfrauen auf dem Münchner Viktualienmarkt gern für die männlichen Kunden benutzt. Ich kenne zum Beispiel zwei äußerst temperamentvolle Damen, Mutter und Tochter, die auf dem Viktualienmarkt einen Würschtlstand betreiben und die es beide – was sowohl Sprechtempo als auch sprachliche Virtuosität anbelangt – locker mit mir aufnehmen können. Jüngere männliche Kunden werden von den beiden grundsätzlich mit »Schatzi« angeredet, während ältere Herren meist als »Vati« oder »Vattl« durchgehen.

Einmal kam ein durchgehend beigefarben gekleideter, älterer Herr an den Stand der beiden Münchner Originale. Optisch der Typ »Finanzbeamter Buchstabe L bis P«, denn er trug ein Polyesterblouson, eine etwas zu kurze Hose und Gesundheitshalbschuhe mit Lochmuster in einem etwas ockerfarbigem Beige, durch das man farblich passende Socken sehen konnte. Der etwas unsicher wirkende Mann war ganz offensichtlich noch nie am Stand der beiden Damen gewesen, denn er sah etwas verloren aus und starrte bestimmt fünf Minuten auf die schwarze Schiefertafel mit den Wurstgerichten. Dann näherte er sich zögerlich dem Fenster des Standls, zog einen speckigen brauen Geldbeutel aus seiner Hose und meinte: »Ich hätte bitte gern eine Weißwurst.« Aha. Ein Tourist. Wahrscheinlich aus NRW, denn in seinem Satz schwang ein wenig dieses typisch Kölsch-geschwängerte Frohsinnsrheinländisch mit. Die Seniorschefin schaute das beigefarbene Männlein fast mütterlich-mitleidig an und meinte: »Schaug her, Vati, *eine* Weißwurscht, des is' ja praktisch nix. Da kriegst jetzt zwei und a Brezn dazu, dann samma wieder gut.« Sprach's, servierte ihm sein Paar Weißwürscht mit einer großen Portion Senf und einer frischen Brezn und meinte fröhlich: »So, Vati, des macht dann vier Euro achtzig.«

Beim beigefarbenen Menschen erstarb jeder mögliche Widerspruch beim Anblick des breiten Lächelns der Chefin mit den gepflegten weißen Zähnen, dem üppigen Dekolleté und den beringten, manikürten Händen, also zahlte er brav und schritt zum Verzehr seiner zwei Weißwürscht, wie befohlen.

Besuch Wenn man irgendwo zu Gast ist, dann bringt man etwas mit. Immer. Zumindest eine Kleinigkeit, denn es geht nicht um den materiellen Wert eines Geschenks, sondern darum, dass der Beschenkte das Gefühl hat, der Schenker hat sich offensichtlich auf den Besuch gefreut und sich – das wäre der Idealfall – auch noch Gedanken gemacht, was derjenige, den man besucht, braucht, oder gar, was ihm gefallen könnte. Es darf ruhig auch etwas Selbstgemachtes wie Kuchen, Marmelade, Holundersirup oder Schnaps sein, allerdings sollte das jeweilige Geschenk noch nicht halb angefressen und noch genießbar sein. Denn auf keinen Fall darf sich der Gedanke beim Beschenkten aufdrängen: »Des hat wegmüssen.«

Frauen wie meine Mutter hatten immer Schachteln mit

gemischtem Gebäck und Pralinen vorrätig, »wenn ma amal schnell wo eingeladen is'!«. Auch Traubensaft (für Krankenhausbesuche bei älteren Bekannten) und ein paar Flaschen Spätlese (für Geburtstage, Namenstage und Krankenhausbesuche bei jüngeren Bekannten) waren bei uns immer daheim zu finden.

Das Verschenken von Tieren wie Katzen, Hunden, aber auch kleinen Ferkeln und Kälbern sollte vorher mit den zu Beschenkenden abgeklärt werden, da ein Geschenk ja Freude bereiten und nicht vor das Problem stellen soll: »Wo krieg ich auf die Schnelle Stall, Stroh und Heu her? Und wie in Gottes Namen entsorge ich in Zukunft größere Mengen Mist?«

Befinden sich in dem Gastgeberhaushalt Kinder, dann empfiehlt sich, diese ebenfalls zu beschenken: Das freut die Eltern meist noch mehr als die Kinder. Bei den Geschenken darf man sich vor allem bei jüngeren Kindern auf Kleinigkeiten beschränken. Damit sind nicht Tablets oder Smartphones gemeint, sondern wirklich Kleinigkeiten, zum Beispiel Tütchen mit Brausepulver oder Seifenblasenfläschchen. Falls die Kinder erst gar nicht wissen, worum es sich hierbei handelt, und beginnen, das Display zu suchen, lassen Sie sich bitte Ihre Irritation nicht anmerken.

Bei größeren Kindern wird im Zweifel eh alles Mitgebrachte als »uncool« und »greißlich« empfunden werden, deshalb würde ich vom Schenken von Kleidung, CDs und Süßigkeiten abraten und auf eher Ungewöhnliches zurückgreifen: Alko-Pops, Joints, Kondome oder Kotztüten (»Speibsackerl«, die Sie kostenlos in sämtlichen Airlines mitnehmen können). Ist der zu beschenkende Jugendliche älter als zwölf Jahre, dann können Sie in der Regel davon ausgehen, dass er oder sie mit diesen Dingen vertraut ist.

Die ungewöhnlichsten Geschenke, die ich je in meinem Leben von Freunden, Familie oder Fans bekommen habe:

- ein roter Blechhahn, der sich mit einem Teelicht illuminieren lässt

- ein Zinnteller aus Marzipan mit dem Wappen einer freiwilligen Feuerwehr (ich weiß leider nicht mehr, von wo, denn den Teller habe ich natürlich pflichtbewusst aufgegessen)
- ein Blumenstrauß, bestehend aus lauter geräucherten Würsten
- ein gerahmtes Foto eines privaten Pissoirs mit der Überschrift: »Piss on Art«
- ein parfümiertes T-Shirt mit der Aufschrift vorn: »Gruberlein, ich will ein Kind von dir!« (auf dem Rücken stand: »Der Bub wird Pablo Herodes Lettenbichler heißen.«)
- einen Erotikratgeber mit Abbildungen von Sexpraktiken, für die man entweder russische Kunstturnerin oder ein Schlangenmensch sein sollte (von einem *weiblichen* Fan!)
- eine Blechdose mit einem rostigen Löffel, auf dem ein zerfieseltes Post-it pappte, auf dem stand: »Auf einen Einladung zum Cappucino am Gardasee«. (Wörtlich! Wer aufgrund der schlechten Grammatik darauf schließt, dass es sich bei dem Verfasser der Botschaft um einen Italiener handelt, der liegt leider falsch!)
- eine gerahmte Fotomontage mit mir als glücklicher Braut (ebenfalls von einem männlichen Fan)
- ein echtes Kalb (das ich aber nicht angenommen habe, weil auf dem elterlichen Hof die ehemaligen Stallungen schon durch eine Maschinenhalle ersetzt wurden)
- einen schriftlichen Heiratsantrag eines österreichischen Gabelstaplerfahrers, der mich bat, ihn nicht nach zwanzig Uhr zu Hause anzurufen, denn dann würde ich seine Mutter aufwecken.

Umgekehrt gilt für den Gastgeber: Wenn man Besuch bekommt, bietet man ihm *immer* etwas zu trinken und – wenn zeitlich möglich – auch etwas zu essen an. Wenn ich von »Essen« spreche, meine ich nicht eine Handvoll staubtrockenes Knabberzeug aus der Tüte, sondern Essen im bayerischen Sinne: also mindestens Kaffee und Kuchen, im Regelfall allerdings eine Brotzeit, die kalorienmäßig den Monatsbedarf eines Triathleten abdeckt. Menschen, die mit einem erhöhten Cholesterinspiegel zu kämpfen haben, empfehle ich, vor einem Besuch in einem bayerischen Haushalt ihre Tablettendosis prophylaktisch zu verdoppeln. Denn auf dem Land gilt: Wenn dir jemand etwas zu essen oder zu trinken anbietet, dann isst und trinkt man. Naschen, Nippen oder gar lustloses Herumstochern in der kalorienhaltigen Kost ist verpönt und gilt als Stimmungskiller.

Als Entschuldigung für das Nichtzugreifen werden lediglich tödliche Krankheiten akzeptiert, nicht aber Allergien (s. unten), Wehwehchen (lächerlich), Stress (gibt es nicht beziehungsweise kann in kürzester Zeit mit bereits geringen Mengen Alkohol hinuntergespült werden) oder die Tatsache, dass man eine halbe Stunde zuvor bereits eine Schweinshaxe mit drei Knödeln, eine doppelte Portion Apfelstrudel und fünf Halbe Bier mit drei Obstlern hatte. Diese Informationen interessieren niemanden. Ebenso wenig interessiert sich die Landbevölkerung für Extravaganzen beim Essen:

Vegetarier kennt sie nur aus dem Fernsehen,

Allergien haben nur Weicheier, und

die Mehrheit der Menschen auf dem Land hält Laktoseunverträglichkeit für eine Erfindung der Pharmaindustrie oder der Grünen, um die konventionelle Landwirtschaft zu schädigen, den Milchpreis zu drücken und Medikamente zu verkaufen.

Eine Metzgersgattin, bei der ich gern einkaufe, wollte mir zum Beispiel einmal ein paar Rindersteaks für einen Kollegen, den sie sehr gern im Fernsehen sieht, mitgeben. Als ich ihr erklärte, dass ich die Steaks leider nicht annehmen könne, weil besagter Kollege Vegetarier sei und deshalb kein Fleisch esse, schüttelte sie ungläubig den Kopf, überlegte kurz, hielt mir dann eine Kochsalami unter die Nase und meinte: »Aber a Wurscht isst er scho?!«

Speisen Gegessen wird, was auf den Tisch kommt. Man isst immer auf. Und: Essen wird *niemals* weggeworfen. Klingt bedrohlich. Ist es auch, aber diese Regeln wurden in einer Zeit gemacht, als sogenannte Hamsterer (damit meinte man ausgebombte Familien aus München) aufs Land kamen, um die Bäuerin um ein Ei oder einen Löffel Schmalz, Butter oder eine andere fettähnliche Substanz zu bitten.

Reste, die vom Mittag- oder Abendessen übrig geblieben sind, zum Beispiel Knödel, werden kalt gegessen oder am nächsten Tag aufgeschnitten und mit einer Mischung aus Butter, Eiern und Speck zugepflastert und in der Pfanne zu »g'rösten Knödeln« verarbeitet und dann verputzt. Im Prinzip lässt sich fast jedes nicht mehr ganz taufrische Lebensmittel mit Fett, Zwiebeln, Speck und genügend Pfeffer in der Pfanne zu einer köstlichen Mahlzeit verwursteln: Nudeln, Kartoffeln, Leberkäs, Kochsalami, Braten, Brot oder gekochtes Gemüse. Ich habe es auch schon mal mit Fischstäbchen vom Vortag und Rosinensemmeln probiert, würde aber grundsätzlich eher davon abraten.

Sollte sich an Lebensmitteln Schimmel, Verfärbungen, grünlich-gelblicher Schleim oder Ähnliches befinden, werden diese Makel sofort mit dem Messer abgekratzt oder als dünne Schicht mit einem Löffel abgehoben, damit der verbliebene Rest selbstverständlich verzehrt werden kann. Ich kann mich an viele Marmeladengläser erinnern, bei denen die grüne Schimmelmatte von der Oma mit einem Kaffeelöffel dezent abgeschöpft und der verbliebene Rest als dicker Aufstrich für Streuselkuchen verwendet wurde. Gesundheitliche Bedenken sind der krisenerprobten älteren Generation eher fremd, frei nach dem Motto: »A Guter halts aus!« Mit dem Zusatz: »Und um an Schlechten is ned schad!«

Bei der Angabe eines Verfallsdatums auf einem Lebensmittel geht der Bayer auf dem Land davon aus, dass es sich hierbei lediglich um eine ungefähre Richtlinie, aber kein Dogma handelt: Im Gruber'schen Haushalt wurden Milchprodukte wie Joghurt oder Käse verzehrt, bei denen das Verfallsdatum teilweise über drei Monate abgelaufen war. Das Resultat: Die Familienmitglieder haben die Konstitution eines Ochsen und werden erfahrungsgemäß alle mindestens 87 Jahre alt.

Sollte man selber am Verfall von Lebensmitteln schuld sein, schämt man sich gehörig, weil man entweder zu viel gekauft oder aber zu wenig gegessen hat. Oder am besten geht man gleich zur Beichte wie unser Opa.

Ein echter Bayer – so grantig und nörgelig er auch sonst immer sein mag – meckert auch nicht ständig übers Essen, so wie es in letzter Zeit Mode geworden ist. Das ständige Lamentieren über das Essen in der Wirtschaft ist dem Bayern fremd, denn Essen gilt bei uns als schmack- und nahrhaft, wenn folgende Gegebenheiten zutreffen:

- Es ist heiß.
- Die Portion ist riesig.
- Der Hauptteil der Mahlzeit besteht aus Fleisch.
- Es ist genügend Soße drauf.

Ob bei dieser Mahlzeit frische Kräuter oder Gewürze verwendet wurden und ob man die fetten Kroketten nicht durch leichter verdauliche Salzkartoffeln hätte ersetzen können, ist dabei völlig unerheblich. Lediglich jüngere Frauen, die auf ihre Figur und den gesunden Nährwert ihres Essens achten, werden so etwas bemäkeln.

Es versteht sich von selbst, dass auch riesigste Portionen aufgegessen werden, denn der Bayer isst in der Wirtschaft nach dem Motto: »Lieber an Magen ausg'renkt, als am Wirt was g'schenkt!« Von der Pflicht des Aufessens befreit sind lediglich Kleinkinder und sehr alte Menschen, die sich in der Regel die Reste des Mittag- oder Abendessens einpacken lassen. Meine Oma kam zum Beispiel immer vom Altennachmittag nach Hause und hatte in ihrem schwarzen Handtäschchen mit dem geflickten Henkel eine Serviette, in die sie ein Paar Wiener eingewickelt hatte, denn die zwei Paar, die ihr dort serviert wurden, waren ihr immer zu viel. Aber schließlich war das Essen bezahlt, also nahm sie die Würschtl mit nach Hause und hat sie am nächsten Tag einfach noch einmal warm gemacht. Wir haben nie gefragt, wie sie schmeckten, aber sie hat sie immer gegessen. Sie oder der Babba.

Essen wird nur dann kritisiert, wenn folgende Punkte zutreffen:
- Das Essen ist eiskalt.
- Es ist komplett versalzen.
- Es befinden sich trotz Ankündigung auf der Speiskarte keine erkennbaren Spuren von Speck oder Fleisch auf dem Teller.
- Das Fleisch auf dem Teller hat einen auch für die Bedienung deutlich erkennbaren Stich, ist also für den menschlichen Verzehr wahrscheinlich nicht mehr optimal. Sollte allerdings ein Schnitzel »schweinseln« oder der Hirschbraten »böckeln«, weil der gute Hirsch vielleicht schon ein paar Jahre zu viel auf dem haarigen Buckel hatte, betrachtet das der Bayer als Schicksal und wird versuchen, so viel davon zu verzehren, wie er kann, ohne dass er Teile des Hirschen wieder von sich geben muss – frei nach dem Motto: »Is' ja schad ums Sach!«

Alle anderen Punkte wie zum Beispiel der Wunsch nach mehr Soße, einem Extraknödel, Salz, Pfeffer oder Maggi lassen sich problemlos mit der Bedienung im freundlichen Austausch klären und sind kein Grund zur Beschwerde.

Sollten die Portionen allerdings dauerhaft zu klein sein, wird sich der Durchschnittsbayer zwar nicht beschweren, aber einfach in Zukunft die Lokalität wechseln. Denn spätestens dann, wenn man den Wirt mit einem neuen Mercedes durch den Ort fahren sieht, wird der Bayer darin den Grund für die kleinen Portionen vermuten.

Es gibt allerdings auch in Bayern einige (wenige) Zeitgenossen, die gern und ausgiebig dem neuen Volkssport »Über-Essen-Lamentieren« frönen: Ein Spezl erzählte mir einmal, dass seine Oma der ganzen Familie ständig auf die Nerven ging, weil sie sich immerzu über das heimische Essen beschwerte. Schließlich wurde es ihrer Schwiegertochter zu bunt und sie meinte: »Geh, Oma, was willst denn immer. Du schmeckst doch eh nix mehr!« Worauf die Oma die Augenbraue hob und trocken konstatierte: »Was mir ned schmeckt, des schmeck i scho!«

Schlösser und Türen So lange ich mich erinnern kann, steckte bei uns daheim in jedem Fahrzeug der Schlüssel, und es stand tagsüber immer die Haustür sperrangelweit offen. Lediglich abends vor dem Schlafengehen wurden Fenster und Türen geschlossen und abgesperrt.

Wenn wir Kinder fragten, ob denn nicht Einbrecher alles mitnehmen würden, wenn nie etwas abgeschlossen sei, antwortete mein Vater immer nur: »Geh, Kinder, bei uns gibt's nix zum Stehlen. Außerdem: Wenn einer einakemma will, dann kimmt er eina!« Da waren wir Kinder beruhigt, denn es stimmte tatsächlich: Was sollte ein Einbrecher bei uns schon stehlen wollen? Bargeld war nie viel im Haus, und mit einem Scheck für eine größere Anzahl von verkauften Rindviechern hätte der Einbrecher nicht viel anfangen können. Außerdem war der wenige echte Schmuck meiner Mutter offensichtlich so gut versteckt, dass sie ihn selbst manchmal nicht mehr fand. Und sogar wir Kinder, die jede versteckte Süßigkeit, jede auf Vorrat gebunkerte Pralinenschachtel aufspürten wie Jagdhunde, haben ihn nie gefunden, und dabei hätten wir ihn bei unseren kostümierten Kutschfahrten oft so dringend brauchen können! Antiquitäten, die vielleicht etwas wert gewesen wären, waren alle schon dem Resopalwahn der Sechzigerjahre zum Opfer gefallen und »eingeheizt« oder für ein paar Markl an fahrende Händler verscherbelt worden, und wenn der Einbrecher sich etwas von den Schuxn oder den Aus'zogenen meiner Mutter genommen hätte, dann wäre lediglich zu hoffen gewesen, dass er sich bei den weniger Schönen bedient hätte. Ansonsten hätte ihm meine Mutter mit ihrem riesigen hölzernen Kochlöffel das Klauen wohl innerhalb kürzester Zeit abgewöhnt.

Der Umgang mit dem Preißn Man muss leider über den Preißn sprechen, obwohl es eigentlich viel interessantere und aktuellere Themen gäbe, aber der Preiß per se klebt an Bayern wie das Elend am TSV 1860 München.

Obwohl der klassische Preiß sich stets über Bayern, dessen Bevölkerung, ihren Dialekt, ihre Gebräuche und Gepflogenheiten lustig macht, neigt er dazu, bereits nach seinem ersten Besuch Bayern nicht mehr verlassen, ja schlimmer noch, gleich seinen ganzen Anhang dazu anzustiften, ebenfalls in Bayern einzufallen, um sich dauerhaft dort niederzulassen. Der Preiß liebt Bayern eben. Seine Landschaft, die Skigebiete, den Tegernsee und leider auch die bayerische Tracht. Urige Gasthäuser findet er »griebig« (er meint natürlich griabig) und »bärig« (sagt kein Bayer), und wenn er in seiner »Sepplhose« auf »der Wiese« (der Wiesn, also dem Oktoberfest) ein oder zwei »Maas« Bier intus hat, dann fühlt er sich in seinem Element und im siebten Himmel, in Bayern eben.

Aber die Liebe des Preißn zu Bayern beruht meist nicht auf Gegenseitigkeit: Es gibt dazu den legendären Ausspruch von Franz Josef Strauß, der sinngemäß meinte, man dürfe nie einen Preißn erschlagen, auch wenn man sich noch so über ihn ärgern würde, denn zur Beerdigung kämen Hunderte andere Preißn nach, die alle dableiben wollen. Wir sind zwar alle Deutsche, aber trotzdem mental, humoristisch und auch weltanschaulich so weit voneinander entfernt wie Frau Katzenberger von einem Hochschulstudium. Es ist ein bisserl so wie mit der eigenen Verwandtschaft: Sie gehört zur Familie, aber man ist froh, wenn man sie nur dann sieht, wenn jemand heiratet oder jemand stirbt, wobei es einem immer lieber ist, wenn jemand stirbt, weil dann das Ende des Elends absehbar ist, bei der Hochzeit geht der ganze Zinnober meist erst los.

Aber wenn er einmal in Bayern angekommen ist, der Preiß, sich breitgemacht hat und keine Anstalten unternimmt, den Rückzug anzutreten, dann leidet der Bayer unter seinem größten Manko: der ihm angeborenen Zurückhaltung und seiner abwartenden Haltung, die ihm oft als Schwerfälligkeit und Tumbheit ausgelegt wird. In Wahrheit verkauft sich der Bayer einfach schlechter als der Preiß. Beispiel: Frag einen Preißn, ob er sich vorstellen könne, mit einem Spaceshuttle zum Mars zu fliegen, um unbekannte Sphären zu erkunden, dann dauert es genau eine halbe Sekunde, bis er sich hinstellt und mit stolzgeschwellter Brust behauptet: »Dafür bin ich geradezu prädestiniert, denn bereits als Zweijähriger konnte ich nicht nur perfekt lesen und schreiben, nein, ich war auch in der Lage, die Carrera-Bahn meines Bruders zu zerlegen *und* wieder zusammenzubauen, ohne Anleitung und ohne fremde Hilfe. Wären meine Eltern nicht unvermögende Versager gewesen, wäre ich bestimmt seit zehn Jahren auf der Forbes-Liste der hundert einflussreichsten Menschen der Welt!«

Macht man denselben Vorschlag einem Bayern, würde er wahrscheinlich eine Viertelstunde überlegen und dann raunzen: »Zum Mars? Mei, ich weiß ned. Habt's denn gar keinen anderen Deppen gefunden für den Schmarrn!«

Und genau das ist der Grund, warum der Preiß in Bayern so schnell die Karriereleiter nach oben klettern konnte, auch in Bereichen, in denen er eigentlich gar nichts zu suchen hat, weil der Preiß nicht so lang überlegt, während wir Bayern unten stehen und ihm die Leiter halten.

Oder wie mein guter Freund Egon Bauer es einmal formuliert hat: »Bevor du als Bayer ›Schweinsbraten‹ gsagt hast, hod'n da Preiß gfressen!«

Schon mancher Bayer hat versucht, den einen oder anderen Preißn wieder aus Bayern zu vertreiben, indem er ihn wie einen Taubstummen oder ein Kleinkind behandelt und deshalb *über* und nicht *mit* ihm spricht, das heißt in der dritten Person. Aber auch diese Taktik verfehlt meist seine Wirkung, denn der Preiß hat eines mit dem Bayern gemeinsam: zähes Sitzfleisch. Eine Freundin von mir war mit jemandem befreundet, der aus der Nähe von Köln stammte. Beim ersten Besuch in der bayerischen Heimat seiner Angebeteten saß besagter Süd-Schwede bei seiner zukünftigen Schwiegermutter am Küchentisch, und es gab Schweinsbraten. Die Unterhaltung muss sich laut der Schilderung meiner Freundin ungefähr so zugetragen haben:

Mama: »Mog er überhaupt an Schweinsbraten?«

Freundin: »Ja, frag ihn halt selber.«

Mama: »Ich weiß ja ned, ob er mich überhaupt versteht? Also, mag er an Braten?«

Freundin: »Ich glaub scho.«

Mama: »Und Knödel? Isst er die?«
Freundin: »Werd er scho essen.«
Mama: »I hob mir nur denkt, ob er's vielleicht gar ned kennt. Weil da, wo er her is', werden's vielleicht mehra Kartoffeln essen. Oder Nudeln, ha?«
Und obwohl er brav die Knödel und den Schweinsbraten von der Mama gegessen hatte und sich auch, wie es sich für einen braven Gast gehört, noch einmal hatte nachlegen lassen, wurde er dann doch nicht ihr Schwiegersohn.

Finanzen Man zahlt seine Schulden. Immer. Sofort und, wenn es geht, in bar. Als Ausrede gelten lediglich: ein Krankenhausaufenthalt oder der Tod. Ist Letzteres der Fall, geht die Schuld selbstverständlich sofort an den Ehepartner beziehungsweise die Kinder über.

Mitmenschen, die ihre Rechnungen oder Schulden nicht begleichen, werden als »Grattler« oder »Obergrattler, oreidige« (heißt übersetzt der unterste Bodensatz der Menschheit, mit dem der anständige Teil der Bevölkerung nichts zu tun haben möchte) bezeichnet und gelten als gesellschaftlich geächtet.

Da der Bayer nur dem vertraut, was er sieht, steht er Kreditkarten generell eher skeptisch gegenüber, denn nur Bares ist Wahres. Wären alle Händler an der Wall Street Bayern, wäre es wohl nie zu einer Pleite wie bei Lehman Brothers gekommen, denn mit etwas zu handeln, das nur auf dem Papier, aber nicht in der Realität existiert, ist dem Bayern fremd: »Wenn ich's ned seh, dann gibt's es ned.«

Kleidung In der Kirche, bei Hochzeiten, Beerdigungen, Familienfeiern et cetera zieht man sich ordentlich an und ist sauber frisiert, also »gschniegelt und gschneuzt«, alles andere gälte als respektlos. Das heißt keine Essensreste an der Kleidung, keine abgelatschten Schuhe, keine Sport- oder Trainingsklamotten, am besten auch keine Jeans, und Frauen geben nicht einen Teil ihrer Emanzipiertheit auf, wenn sie bei oben genannten Anlässen bevorzugt einen Rock oder – noch besser –

ein Kleid tragen. Allerdings empfiehlt es sich, unter selbigem stets Unterwäsche zu tragen, was ich jeder Frau nur nahelegen kann, nachdem ich vor einigen Jahren bei einer Hochzeit in München den ausgeprägten Hintern der Trauzeugin in einer weißen durchsichtigen Leinenhose zum Altar vorwackeln sah wie ein riesiges Dreimannzelt. Ganz offensichtlich für jedermann trug die Frau nichts darunter. Das Orgelspiel verstummte, das Getuschel und Gekicher ging los, und das arme Mädel hatte wohl auch noch das Gefühl, heute besonders sexy zu sein, weil niemand ihr vorher gesagt hatte: »Du, ich glaub, du hast dei Unterhosn vergessen!«

Außerdem muss ich immer an die Geschichte von der Mutter einer Freundin denken, die auf dem Heimweg von einem Badesee in einen Unfall verwickelt wurde und von der Feuerwehr aus ihrem Wagen geschnitten werden musste. Ihr Auto war auf dem Dach liegen geblieben, und sie trug ein loses sommerliches Hängerchen, das ihr – auf dem Kopf stehend – über selbigen gerutscht war. Leider hatte sie nach dem Baden das Bikinihöschen aus- aber keinen Slip angezogen. Sie dachte, das würde sich für die paar Kilometer nicht rentieren. Sie erzählte mir – rot bis über beide Ohren –, dass sie bis heute den Blick der Feuerwehrmänner nicht vergessen könne, die als Erstes an die Unfallstelle kamen.

Umgang mit Großeltern Großeltern wohnen in der Regel bis zur ihrem Ableben mit der Familie in ein und demselben Haus und kommen – wenn überhaupt – nur im Falle einer schweren Krankheit und auch dann nur in den letzten Monaten ihres Lebens in ein Seniorenheim.

Als vollkommen inakzeptabel für eine Abschiebung ins Heim gelten immer folgende Gründe:
♦ Inkontinenz
♦ Sinkende Lust auf Körperpflege
♦ Zunehmender Altersstarsinn von Opa und Oma, da er nachweislich bei jedem irgendwann eintritt und deshalb als hinzunehmen gilt. (Bei mir begann der Altersstarrsinn be-

reits mit zwölf, als ich anfing, sonntags das Dessert immer vor der Suppe zu essen!)
- Der frei werdende Wohnraum wird für den Nachwuchs als Hobby- oder Probenraum benötigt. (Meine Brüder teilten sich ein Zimmer, bis sie beide volljährig waren!)
- Der frei werdende Wohnraum wird als Abstellkammer für Gerümpel benötigt, das man sowieso nie wieder braucht.

Großeltern werden respektiert und geachtet, auch wenn man sich angenehmere Dinge vorstellen kann, als sein Badezimmer mit seiner fünfundachtzigjährigen Oma sowie fünf anderen Personen zu teilen. Aber wie heißt es immer so schön: »Das Leben ist kein Wunschkonzert.« Und manche Dinge sucht man sich nicht aus, sie werden erledigt und hingenommen, weil man Verantwortung übernommen hat und Blut eben dicker ist als Prosecco.

Nomen est omen

Besonders in Bayern. Denn wenn man in Bayern vom Bauernhof stammt, hat man automatisch mehrere Namen, die auf den ersten und manchmal sogar auf den zweiten Blick überhaupt nichts miteinander zu tun haben. In meinem Führerschein steht zum Beispiel mein Taufname, Gruber also. Dieser Name ist jedoch nur ein kleiner Teil meiner Identität, denn auf dem Land ist der entscheidende Name der Hofname beziehungsweise der Name des »Sachs«, also des Anwesens, von dem man stammt.

Meistens bezieht sich der *Hofname* auf die Vorfahren, so wie in meiner Familie: Der Stiefvater meines Großvaters hieß nämlich Heilmeier, was, schlampig ausgesprochen, zu dem Wort »Heimer« führt. Und so wird unser Hof seit circa neunzig Jahren der Heimer-Hof genannt. Ich war also für alle Menschen in unserer Gemeinde nie die Gruber Moni, sondern immer nur »as Heimer-Dirndl«. Und da ich noch unverheiratet bin, bin ich bei den Älteren in unserer Gemeinde auch im zarten Alter von zweiundvierzig noch das »Heimer-Dirndl«.

Im Teenageralter, in dem heute die jungen Mädels ihre Namen wie Isabella oder Franziska in »Isi«, »Bella« oder »Franzi« abkurzen können und dabei immer noch einen ziemlich guten Schnitt machen, wie ich finde, oder eben von Haus aus unverhunzbare Namen wie Laura oder Anna haben, da wurde ich von den Burschen in unserer Landjugend nur »d'Heimerin« genannt. Manchmal sogar »d'Heimer-Bäuerin«. Bei dem Wort sieht wohl jeder eine füllige, rotbackige Bäuerin in Kittelschürze mit Gummistiefeln, Kopftuch und Strickjacke vor seinem geistigen Auge, ein Bild, das definitiv noch schlimmer ist als das eines sechzehnjährigen Teenagers, der mit seinem Haferlhaarschnitt, seiner beige-braunen Hornbrille, von der Mama gestrickten Streifenpullis und überhaupt mit seinem gesamten Äußeren hadert. Als ob das Leben in der Pubertät nicht so schon schwer genug wäre, aber wenn einen immer der Hauch latenter Verarschung umweht, rückt das Thema Selbstfindung und Eigenliebe in geradezu unerreichbare Ferne.

Manchmal bezieht sich der Hofname aber auch einfach auf den Ort, an dem sich der Hof befindet, was besonders bei Weilern und bei allein stehenden Höfen der Fall ist. Da gibt es dann Hofnamen wie zum Beispiel der Felber z'Felben oder der Grasser z'Grass. Was wie eine überflüssige Doppelung klingt, ist einfach eine Bestätigung à la »Da san mir her, da ghören mir hin!«. Die Tatsache, dass es einen Ort gibt, zu dem man sich seit Generationen zugehörig fühlt, egal, ob dieser Ort Außenstehenden als landschaftlich idyllisch perfekt gelegen oder als geradezu grotesk in seiner Trostlosigkeit erscheint, ist für mich immer ein wichtiger Teil des Begriffs »Heimat« gewesen.

Die Hofnamen hängen natürlich oft auch mit den Berufen der Vorfahren zusammen: In den meisten bayerischen Ortschaften wird es deshalb ein Schuster-Anwesen (gesprochen: beim Schuasta), einen Huber-Hof (gesprochen: Huaba-Hof) oder ein Maler- oder Kramer-Anwesen geben.

Oft lässt sich der Hofname nicht so leicht ableiten, und weiß nur die Familie selber den Ursprung zu erklären. Bei uns im Ort gibt es zum Beispiel eine Familie Scheiel, aber jeder im Ort sagt nur: »I fahr schnell zum Holler naus.« Auch bei dem Wort »Liebl Elisabeth« muss man selbst als Dorfbewohner kurz überlegen, bis man darauf kommt, dass damit die »Stimmer Liesi« gemeint ist. Und – ganz wichtig – in Bayern wird immer erst der Nach- und dann der Vorname genannt, also quasi der Stall, aus dem man kommt. Vor vielen Jahren nach einem Faschingsball der Sportgemeinschaft Reichenkirchen hat mich meine Mama am nächsten Morgen gefragt, mit wem ich denn

alles getanzt hätte, und ich sagte ihr wahrheitsgemäß: »Mit'm Helmut Maier.«
»Mit wem?«
»Mit'm Helmut Maier halt.«
»Kenn ich ned.«
»Geh, du kennst doch an Helmut Maier vom Elektrogschäft!«
»Ah, du meinst an Maier Helmut – geh, sags doch gleich!«

Furchtbar praktisch finde ich auch, dass der Bayer nicht nur Haus- und Hofnamen, sondern mit großer Begeisterung auch Spitznamen verwendet. Dieser ist natürlich oft personenspezifischer, da er sich zum Beispiel nach dem Beruf der jeweiligen Person richtet. Der Vorstand eines Lagerhauses, wo die Bauern aus der Umgebung ihren Kunstdünger, Spritzmittel et cetera kaufen, heißt mit Vornamen Toni, aber aufgrund seiner Lagerhaustätigkeit wird er von allen nur »der Stickstoff-Toni« genannt.

Und weil wir in Bayern ja noch immer in der Hochburg des Patriarchats leben, heißt sein Frau, die Maria, logischerweise d' Stickstoff-Toni-Mari.

Oder bei uns in Erding gibt es einen Elektrohändler namens Ewald Nachbar. Also offiziell heißt er so. Aber wenn du in Erding lebst und dein Fernseher kaputt ist, dann würde es heißen: »Geh halt zum Fernseh-Tschak und kauf' dir an neuen!«

Als ich als Kellnerin beim Alten Wirt in Goldach arbeitete, erzählte mir mein Chef Heinz, dass er in seiner Münchner Gastrozeit einen Stammgast hatte, den alle nur als »Gauner-Edi« kannten. Dieser hatte seinen prägnanten Spitznamen bekommen, weil er stets öffentlich verkündete: »Anständig verdientes Geld, des langweilt mich!«

Falls mir irgendjemand irgendwann einmal aus einem unerfindlichen Grund etwas schenken möchte, dann kann er immer gern in Erding zum »Puffi« reinschauen, der weiß zum Beispiel immer, was mir gefällt. Und Sie brauchen jetzt keine Angst zu haben, denn beim Puffi handelt es sich nicht etwa um ein schmieriges Hinterhofkabuff für Erotikbedarf. Nein, der Puffi hat einen Obst-, Gemüse- und Weinladen in der Erdinger Innenstadt und heißt mit bürgerlichem Namen Adelsberger Herbert. Und während ich dies schreibe, fällt mir siedend heiß ein, dass ich den Puffi dringendst fragen muss, woher sein einprägsamer Spitzname eigentlich stammt.

Manchmal richtet sich der Spitzname auch nach den Hobbys der jeweiligen Personen: In der Kneipe, in der ich jahrelang bedient habe, gab es einen Stammgast, der leidenschaftlicher Fischer war und das Ergebnis seiner Fangkünste auch gern selber räucherte und Kostproben davon an seine Lieblingsbedienungen und Stammgäste verteilte. Deshalb hieß er bei allen nur der Forellen-Seppe.

Des Weiteren gab es in der Kategorie Kleintiere noch den »Ross-Hanse« und einen begeisterten Hasenzüchter, den Hasen-Schorschi. Er und seine Frau, die Hasen-Schorschi-Rita, boten mir in meiner Kellnerzeit immer wieder mal an, mir beim nächsten Besuch ein paar Scheiberl von ihrem selbst gemachten Hasenleberkäs mitzubringen. Ich habe jedoch jedes Mal dankend abgelehnt, denn das, was ich am normalen Leberkäs am meisten schätze, ist die Tatsache, dass man keine Ahnung hat, was eigentlich drin ist. Was man jedoch sicher weiß, ist, dass sich weder die genannte Leber noch Käse in der bayerischen Nationalspeise befinden. Und das ist das Problem beim Hasen-Leberkäs, nämlich eine entscheidende konkrete Information zuviel – zumindest für mich. Außerdem finde ich Hasen irgendwie süß. Ich hatte sogar einmal einen als Kuscheltier. Und ich kann nichts essen, was ich schon mal als Kuscheltier hatte. Mein Lieblingskuscheltier war ein rosa Kätzchen. Allein deshalb kann ich also nie nach China reisen und dort in einer lokalen Kneipe vom Katzen-Hio und seiner Frau, der Katzen-Hio-Ling, deren chinesischen Katzenleberkäs probieren. Auch gut.

Nach ihren sportlichen Hobbys waren bei uns im Lokal folgende Stammgäste benannt: der »Radl-Franze«, weil er bei Wind und Wetter mit dem Radl unterwegs war, der »Puff-Luggi«, weil – na ja, wie soll ich sagen: Er hatte definitiv *keinen* Obst-, Gemüse- und Weinhandel, sondern seine Leidenschaft galt eher den Fleischeslüsten.

Und es gab den »Brauser«, der von allen so genannt wurde, weil er nämlich am Telefon immer sagte, wenn er von Freunden gefragt wurde, ob er denn mit zu uns in den Bierteufel gehen wolle: »Scho, aber ich muass mi zerscht noch brausen!«

Ein Spezl meines Bruders wurde von allen jahrelang nur »Drogo« genannt, weil er in seiner Sturm-und-Drang-Zeit öfter mal ein gepflegtes Getränk zu sich nahm. Das war in der Clique meines Bruders jetzt noch nichts Ungewöhnliches, weil er aber dabei eine fast psychedelische tranceartige Lässigkeit an den Tag legte, verpasste man ihm dieses Prädikat, das zu seinem jahrzehntelangen Markenzeichen wurde. Sein Spitzname war Alt und Jung in der ganzen Gemeinde so geläufig, dass der eigentliche Vorname irgendwann fast in Vergessenheit geriet. Da er bei einem großen Telekommunikationsunternehmen tätig war, musste ich ihn eines Tages dringend sprechen, und als die nette Dame von der Telefonvermittlung fragte, wen ich denn gern sprechen würde, fiel mir auf, dass ich weder seinen Vor- noch seinen Nachnamen parat hatte, und wenn ich nach »Drogo« verlangt hätte, hätte sie mich wahrscheinlich an die Anonymen Alkoholiker verwiesen.

Wenn unsere Stammgäste kein eindeutiges Hobby hatten, dann wurden sie häufig nach ihren Lieblingsgetränken benannt: Es gab den »Dunkle-Weißbier-Franze«, den »Barolo-Hans«, die »Chardonnay-Christine«, den »Apfelschorle-Hans«, den »Asbach-Kurti« und so weiter.

Wenn jemand eine spezielle körperliche Auffälligkeit aufweist, dann schlägt sich diese natürlich auch oft in seinem Spitznamen nieder: Ein dauerhumpelnder Gastwirt in der näheren Umgebung wird von seinen Gästen nur der »Ein-Zylinder« genannt. Ein sehr schmächtiger Stammgast von uns hieß bei allen nur »Spaghetti«, und eine Dame, die eine zuckersüße und anschmiegsame Figur hatte, hörte stets auf den Namen »d'Schatzi«.

Wenn man beim Thema Namen in Bayern im Allgemeinen angelangt ist, dann muss unbedingt erwähnt werden, dass in meiner Jugend in christlich geprägten Haushalten der Vorname eine enorm wichtige Rolle spielte. Denn der Vorname war nicht wie heute ein modisches Accessoire, das irgendwann einmal davon zeugen wird, dass die Eltern peinlicherweise einmal Fan eines durchgeknallten Teeniestars waren, der ständig nackig rumrannte und dessen Intelligenzquotient noch unter dem des Affen lag, den er als Kuscheltierersatz auf Reisen mitzunehmen pflegte. Nein, der Vorname spiegelte in einer bäuerlichen Familie nicht nur einen Teil der Familientradition wider, weshalb der erstgeborene Sohn in der Regel auf denselben Namen getauft wurde wie schon der Vater, der Großvater, der Urgroßvater und so weiter, sondern es wurde auch darauf geachtet, dass es zu dem ausgewählten Namen einen passenden Heiligen gab. Deshalb ist auch in unserer Familie der Namenstag selbst heute noch fast wichtiger und feiernswerter als der Geburtstag. Runde Geburtstage, goldene Hochzeiten, Fünfzigjährige Mitgliedschaften in der freiwilligen Feuerwehr, dem Schützenverein, Kegelclub, Krieger- und Soldatenverein oder Sportverein sind davon ausgenommen.

Der Geburtstag steht ja lediglich für das schnöde Datum, an dem man zur Welt kam, eine Randnotiz, eine Laune der Natur. Der Vorname, den man trägt, hingegen repräsentiert einen echten Heiligen und macht einen selbst damit zum Teil von etwas Höherem. Würden die ganzen Frauenzeitschriften dem Vatikan gehören, würde da, wo das Horoskop steht, die Lebensgeschichte der Schutzheiligen stehen. Was den Vorteil hätte, dass immer das Gleiche dastünde und einen der Gedanke nicht länger nervös machen müsste, dass Mitte nächster Woche eine lebensverändernde Begegnung mit einer charismatischen Person ansteht. Es würde einfach nur die Lebensgeschichte des eigenen Schutzpatrons abgedruckt, und man könnte sich beruhigt auf die Bügelwäsche konzentrieren, denn mit so viel Frömmigkeit im Rücken können selbst aufwühlendste Begegnungen oder finanzielle Turbulenzen den Kosmos der eigenen Fabelhaftigkeit nicht erschüttern. Schließlich ist man ja offizieller Nachfahre eines Heiligen.

In meinem Fall bin ich lebende Namensvetterin der heiligen Monika. Diese wurde und wird als Mutter des heiligen Augustinus zur Seelenrettung der Kinder angerufen, da sie die Frauen und Mütter beschützt, denn sie hatte ihren eigenen Ableger, eben den heiligen Augustinus, nach jahrelangem gutem Zureden und wahrscheinlich mit der Aussicht auf eine sagenhafte Belohnung schließlich dazu gebracht, sich vom Heidentum zum Christentum zu bekehren. (Die arme Monika hatte nämlich einen heidnischen Römer geehelicht, der auch noch viel zu früh verstarb und sie mit Haushalt, renitenten Kindern und finanziellen Sorgen zurückließ. Man kennt das ja.)

Ich finde, die Geschichte passt wunderbar zu mir, denn das Seelenheil der Kinder liegt mir – falls Sie jemals in einem meiner Programme waren, wissen Sie das – tatsächlich sehr am Herzen. Aber wie soll man bloß Kinder beschützen, deren Eltern bei der Verteilung der Vernunft offensichtlich gerade in einer Spielhalle Fotos von sich mit zwölf Whisky-Cola im Gesicht getwittert haben? Eltern, die über den Namen, den ihr Kind sein Leben lang tragen wird müssen, kürzer nachdenken als über eine Bestellung beim Drive-in von McDonald's? Eigentlich muss man schon froh sein, dass die wehrlosen kleinen Kreaturen nicht Fish Mac oder Royal TS heißen, aber ehrlich gesagt finde ich Sean-Preston, Jaden-James, Sheilo-Novel oder Maisie-Melody auch nicht besser.

Und was für eine Geschichte gibt es bitte zu einem Namen wie Kevin? Gibt es überhaupt eine? Außer dass die Mama offensichtlich ein Mal zu viel den Film *Bodyguard* gesehen hat und ein großer Fan von Kevin Costner zu sein scheint? Ich habe mir die Mühe gemacht und aufs detaillierteste recherchiert, und jetzt halten Sie sich fest, nehmen Sie jetzt Ihre Beruhigungstropfen: Es gibt keinen heiligen Kevin! Ich hatte so was vermutet, aber jetzt ist es traurige Gewissheit. Der heilige Kevin, wer sollte das auch sein: der Schutzpatron der Skateboarder? Oder die heilige Mandy? Wessen Schutzpatronin sollte sie sein? Die der Nagelkosmetikerinnen? Der Laufhaus-Schönheiten? Gut, als Eltern braucht man sich ja auch keinen Heiligen als Namenspatron aussuchen, da die Kinder ja heute das ganze Jahr über geradezu mit Geschenken zugeschissen werden. Da kann man auf einen weiteren Geschenktag ruhig verzichten.

Aber ich frage mich immer verzweifelt: Gibt es irgendeine besondere Geschichte, einen tieferen Sinn hinter der Tatsache, dass es Menschen gibt, die ihr Kind Mailo Ibrahim Hieronymus oder Stuart Heinz nennen? Handelt es sich hierbei um eine Kombination aus einem Lieblingspopstar, einem befreundeten Iman, den man im Türkeiurlaub vor fünf Jahren kennengelernt hat, und einer Reminiszenz an Opa Heinz? Wünschen sich die Eltern, dass ihr Kind im Kindergarten oder in der Schule ausgelacht wird, weil sie glauben, dass es somit besser auf die Härte des Lebens vorbereitet wird? Wenn sie bei der Zeugung nüchtern waren, warum waren sie dann bei der Namensfindung in einem monatelangen Dauerdelirium? Oder ist ihnen das alles einfach völlig egal und sie nennen ihr Kind nur aus dem einen Grund Pumuckl, weil es die beste Kindersendung aller Zeiten war? Oder war die Hebamme schuld? Als nämlich der kleine Zwerg am Tag seiner Geburt rausflutschte, schrie sie laut vor Entzückung: »Es is' ein Bub, und er schaut aus wie da Pumuckl!« Obwohl: Die Einzigen, bei denen dieser Satz tatsächlich zutreffen könnte, wären wahrscheinlich die Besenkammererzeugnisse von Boris Becker.

Ich glaube ja, dass sich manche Menschen den Namen für ihr Haustier besser überlegen als den Namen für ihr Kind. Und dass sie länger darüber diskutieren, ob nun der furnierte Couchtisch aus der frühen Resopalepoche zur blauen Alcantaracouch aus der späten IKEA-Phase passt als der gewählte Kindsname zum Familiennamen.

Vielleicht haben sie aber schlicht und ergreifend überhaupt keinen Sinn für Ästhetik und kein Gespür für Symmetrie und Harmonie und tragen aus diesem Grund gern Trekkingsandalen zur Anzughose beziehungsweise zum Sommerkleid. Das würde erklären, warum es Kinder mit folgenden Namenskombinationen gibt: Cinderella Lettenbichler, Romeo Rock Hinterhuber oder Amber Rose Hühnerbein. Bleibt nur zu hoffen, dass diese armen Hascherl später keinen Beruf ergreifen, bei dem sie gezwungen sein werden, ein Namensschild am Kragen oder auf dem Kittel zu tragen. Obwohl der Name Amber Rose Hühnerbein für viele Kunden an der heißen Theke in der Metzgerei Stuhlberger vielleicht sogar verkaufsfördernd, weil appetitanregend sein würde.

Und für den kleinen Rokko Elvis Niedermaier gibt es ja die Resthoffnung, dass er einmal bei »Voice of Germany« gewinnen und als künftiger Rockstar dann nur noch seine beiden Vornamen brauchen wird oder von allen einfach nur »The Rock« genannt werden wird.

Wie sich allerdings die Lehrkräfte in den Schulen heutzutage Namen wie Alucia Maruja Naja, Lajos Elijah, Alvaro Noah Quirin, Anakin Levin oder Ninja Makana merken sollen, ist mir absolut schleierhaft. Ich an deren Stelle würde einfach durchnummerieren: »Nummer vierzehn, zum Diktat an die Tafel, und wenn du noch einmal bei Nummer dreizehn abschreibst, dann fangst a paar!«

Eine befreundete Lehrerin hat mir übrigens erzählt, dass sie bei Kindern, die ausgefallene Namen tragen, immer schon vorab weiß, was für Eltern da zum Elternsprechtag angetrabt kämen. Die Mutter der kleinen Holly Finja hat zum Beispiel ihrem Kind folgende Entschuldigung für die Lehrerin mitgegeben: »Die Holly Finja konnte die Hausaufgaben nich machen, wir waren shoppen.«

Erlaubt ist in Deutschland mittlerweile fast alles, auch Namen wie Armani Karl-Heinz, Prada, Rolex, Sunil, Lenor, Winnetou und sogar Tarzan. Auf den Standesämtern gibt es in solchen Härtefällen eine Erklärung, die die Eltern unterschreiben müssen, um nachzuweisen, dass sie darüber aufgeklärt wurden, dass ihr Kind aufgrund des ausgefallenen Namens eventuell Probleme bei der Sozialisation haben könnte. Mein Freund Karli arbeitet seit über zwanzig Jahren in einem Münchner

Standesamt, und er meinte einmal zu mir: »Des is' dene alles wurscht, die unterschreiben *immer*. Moni, ich hab oft das Gefühl, ich hab beim Untergang des Abendlandes einen Logenplatz gebucht!«

Ich sag dann zu ihm: »Wenn ich der Gesetzgeber wäre, würde ich Folgendes machen: Eltern, die ihren Kindern bescheuerte Namen geben, werden dazu verpflichtet, zehn Prozent ihres Nettogehaltes (falls vorhanden) für Erforschung schwerer Erbkrankheiten zu spenden und darüber hinaus zwölf Stunden pro Tag ein T-Shirt zu tragen, auf dem in großen Lettern zu lesen ist: ›Ich bin wahnsinnig, denn mein Kind heißt Priscilla Birnbichler!‹ Außerdem werden sie gesetzlich dazu verpflichtet, einmal im Leben bei ›Frauentausch‹ oder bei ›Die Auswanderer‹ mitmachen zu müssen. Bei Letzterem müssten sie allerdings gegen eine Zahlung von 50 000 Euro aus der deutschen Staatskasse unterschreiben, dass sie nie mehr nach Deutschland einreisen werden. Während die Kinder im Gegenzug die Möglichkeit bekommen, sich im Alter von sechzehn Jahren kostenlos einen anderen Namen auszusuchen und ihren eigenen Eltern ebenfalls einen völlig neuen Vor- und Nachnamen verpassen dürfen. Heißt der Vater von Kimberly Princess Leia Haftlmacher zum Beispiel Jürgen, würde ich den wohlklingenden Namen Skywalker Domestos Arschgeige vorschlagen.«

Servicewüste Gruber

Vierzehn Jahre meines Lebens habe ich gekellnert. Anfänglich nur so nebenbei. Denn in meinem früheren Leben hieß ich »Personal Assistant to the Vice President Consumer Marketing for Europe, Middle East and Africa« und war als solche bei einer großen amerikanischen Computerfirma angestellt, die allerdings ein paar Jahre nach meinem Ausscheiden von ihrem nimmersatten Heuschrecken-Manager-Gschwerl an die Wand gefahren wurde. Die offizielle Bürosprache damals war Englisch, und so fristete ich an vier Tagen die Woche mein Dasein im dunklen Hosenanzug (am Freitag durfte jeder in Jeans auftauchen) zwischen grauen Endloskorridoren, einer grauen Kantine und einem dunklen Büro in der tristen Peripherie von München. Zehn Stunden täglich wickelte ich belanglose Korrespondenz und Reisekostenabrechnungen für Menschen ab, für die ich mich nicht interessierte und die sich nicht für mich interessierten – umso mehr freute ich mich immer auf das Wochenende.

Denn wenn ich meist komplett in Schwarz gekleidet und auf riesig hohen schwarzen Plateau-Turnschuhen im Lokal auftauchte, mir meine schwarze Schürze und den schwarzen Gürtel mit dem Geldtascherl umband, dann sah ich aus wie ein 1 Meter 85 großer blonder Kellnertransvestit: zu groß für eine Durchschnittsfrau, dunkle Raucherstimme und ein Make-up, das auch drei Unterwassershows des Cirque du Soleil überstanden hätte ... Dann war ich auf meiner Bühne, und die Gäste waren die bedauernswerten Zuschauer, die über meine

Sprüche lachen und mir dafür ein ordentliches Trinkgeld geben sollten. Dort fühlte ich mich wohl, ich wurde gemocht, meine Arbeit wurde geschätzt, und außerdem verdiente ich mir etwas »Schwanzelgeld«, also das Geld, das wir Frauen gern mal einfach so für Dinge hinausblasen, die kein Mensch braucht und die wir immer dann entdecken, wenn wir durch die Stadt bummeln (»schwanzeln«).

Ein paar Jahre später, als ich mich mit siebenundzwanzig Jahren dazu entschloss, meinem mauerblümchenartigen Bürodasein den endgültigen Garaus zu bereiten und die Schauspielschule zu besuchen, musste ich allerdings tatsächlich meinen Lebensunterhalt komplett mit Kellnern bestreiten. Also ging ich untertags auf die Schauspielschule, und abends jonglierte ich an circa fünf Abenden in der Woche Cola-Weißbier, Salat Pute und Teufelstoasts durch die eng gestellten Tische einer Kneipe in Erding, die den klingenden Namen »Bierteufel« trug und im bajuwarischen Volksmund natürlich »Bierdeife« ausgesprochen wurde. Zusätzlich – schließlich war die Schule und vor allem auch das Benzin von Erding nach München und wieder zurück teuer – kellnerte ich über mehrere Jahre hinweg jeden Sonntagmittag beim Alten Wirt, einem gutbürgerlichen Speiselokal in der Nähe von Freising.

Aber die meiste Zeit meines Kellnerdaseins habe ich mit Sicherheit im Bierteufel verbracht, einem leicht angeranzten, völlig verrauchten Pilspub, in dem ein guter Querschnitt der Bevölkerung verkehrte: vom arbeitslosen Alkoholiker über den zockenden Chirurgen bis hin zum Elternbeirat des örtlichen Gymnasiums und vielen (Hobby-)Sportlern. Darunter waren zum Beispiel – sehr zu meiner Freude – die Profieishockeyspieler von den Eisbären Berlin, die immer dann bei uns vorbeischauten, wenn sie gegen unser Erdinger Team gewannen. Ich bin mir nicht sicher, ob nun das kraftintensive Training oder ein spezielles Steroid-Weißbier-Doping schuld war, aber diese Kerle waren fast alle von so mächtiger Statur, dass es jedes Mal dunkel wurde, wenn sie unser gemütliches Etablissement betraten und unter lauten »Hey, here we are again, sweetheart«-Rufen die Theke bevölkerten. Allen voran ein riesiger italo-kanadischer Hüne names Giuseppe »Joe« Busillo, der aussah, als wäre er einer amerikanischen Mini-Serie über Hannibal entsprungen, und der mich immer leicht amüsiert durch sein Vollbartgestrüpp angrinste, während ich die ersten Humpen zapfte, und mit brummigem Bass meinte: »Still looking gorgeous!« Ich ging meistens gleich unter dem Vorwand, noch ein paar Limetten für die zu erwartenden Dutzenden Cuba libres holen zu müssen, in die Kühlung, denn sonst hätte jeder – selbst bei unserem sehr schummrigen Kneipenlicht – gesehen, dass ich genauso rot im Gesicht wurde wie die Plastikverkleidung unserer Kaffeemaschine. Nicht nur Bierzapfen, sondern auch Flirten will gelernt sein. Und während ich in der Bierkühlung etwas durchschnaufte und mich auf einen sehr langen Abend einstellte, steppte am Tresen schon der Bär: Einige Spieler hatten die Musikanlage gekapert und suchten nach Songs von Motörhead und Lou Reed, während die anderen zwischen diversen Kurzen dabei waren, sich mit den Dekoartikeln an der Wand – Säbeln und Helmen im Kaiser-Wilhelm-Stil – zu schmücken, sodass sie nach zehn Minuten aussahen wie von Heimatpflegern eingekleidete Gladiatoren, die noch schnell einen hinter die Binde kippen, bevor sie gleich in der Arena den Tigern mit bloßen Händen die Knochen brechen würden. Alles in allem also: eine gepflegte, stimmungsvolle kleine Runde, die sich um den Tresen scharte.

Dieser Teil der Kneipe war aber auch der gemütlichste mit seiner rechtwinkligen Theke, an deren Ende ein kleines Bänkchen war, auf dem gerade mal zwei Personen (oder ein halber italo-kanadischer Eishockeyspieler) Platz hatten. Seit sich einmal ein verliebtes Pärchen vor den verdutzten Augen der Stammgäste dort verlobt hatte, nannten wir diesen Sitzplatz nur noch »das Verlobungsbankerl«.

Mit seinen verwinkelten Ecken, den abgeschabten Tischen, die über ein bis zwei Treppchen zu erreichen waren, mit der dunklen Holzverkleidung und der spärlichen indirekten Beleuchtung strahlte der Raum die Gemütlichkeit einer Tiroler

Skihütte aus, sodass die Nächte selbst an einem ganz gewöhnlichen Montag oft länger waren, als die Polizei es erlaubte. Dem Wirt, der von allen nur Börnie oder Fuchsi gerufen wurde, machte das nie etwas aus: Wie die meisten Menschen in der Gastronomie war er ein Nachtmensch, und obwohl er aussah wie ein XXL-Popeye, der morgens zur Dornkaat-Schorle kleine Kinder frühstückt, war er ein grundgutmütiger Kerl: Er war für jede noch so alberne Gaudi zu haben und hatte nie das Herz, einer guten Party den Stecker zu ziehen. Und er liebte es, mich und die Gäste zu verarschen. Er erzählte zum Beispiel einmal einer kompletten Lufthansa-Crew, die zum ersten Mal im »Bierdeife« zu Gast war, dass ich früher mal ein Mann gewesen sei und vor meiner Geschlechtsumwandlung Günter geheißen habe. Als ich die Fassungslosigkeit in den stark geschminkten Gesichtern der gepflegten Stewardessen sah, musste ich mich hinter der Kaffeemaschine verstecken, um nicht laut loszulachen und Börnie somit auffliegen zu lassen. Zum Beweis, dass er keinen Schmarrn erzählte, rief er mir in bester Laune über den Tresen hinweg zu: »Du, Günter, bist so nett, und machst mir an Capu?«

Als ich mit etwas dunklerem Timbre als sonst antwortete: »Logisch, koa Problem!«, nickte der Börnie dem verdutzten Piloten und seiner Crew verschwörerisch zu und sagte nur: »Wenn ma genau hinschaut, dann sieht ma's ja: des lange Gstell, die große Nas'n, an der Stimm' merkt ma's bsonders. Aber den Busen ham's schon gut hinkriegt, nur untenrum steht halt noch die OP an.«

Während ich die Milch für den Cappuccino aufschäumte, konnte ich spüren, dass die Lufthansler versuchten, mich nicht anzustarren, es aber natürlich trotzdem taten.

Börnie freute sich wie ein Kind an Weihnachten über seinen Coup und flüsterte den Gästen zu: »Aber bitte erzählen's des nicht rum in Erding, weil des wissen nur ganz wenige Leut, und mir san halt doch a Kleinstadt, wo viel geredt wird!«

Daraufhin wieder verständnisvolles Nicken und Murmeln der ganzen Flugcrew, die mir am Ende des Abends ein extrem gutes Trinkgeld gab. Vor lauter Mitgefühl mit einem armen, unglücklichen Provinztranssexuellen namens Günter Monika Gruber.

Und obwohl Börnie es liebte, sich über mich lustig zu machen (»Wenn dein Hintern noch dicker wird, müssen mir bald die Thek'n rausreißen, sonst kommst nimmer an den Zapfhahn hin!«), war er doch zusammen mit seiner Frau Michaela einer der wenigen, die es gut fanden, dass ich auf meine alten Tage die Schauspielschule besuchte.

Darüber hinaus war er so nah am Wasser gebaut, dass er jedes Mal feuchte Augen bekam, wenn ich ihm nach der Sperrstunde bei einem Absacker an der Theke von meinem neuesten Liebeskummer berichtete. Und der Mann hatte im Laufe der Jahre weiß Gott öfter mal feuchte Augen. Da saßen wir dann so gegen Viertel vor zwei in der Früh: todmüde, jeder ein Achterl österreichischen Weißburgunder und die Reste einer Tiefkühlpizza vor sich, ich erzählte ihm meine neuesten amourösen Dramen, und er versuchte geduldig, mich zu trösten, während Hubert von Goisern dazu wehmütig »Du bist so weit, weit weg von mir« sang.

Aber wenn gerade keine großen emotionalen Verwicklungen meinerseits anstanden, dann kam es nicht selten vor, dass der Börnie, der ein großer Liebhaber des Kölner Karnevals war, im leeren Lokal Partykracher auflegte, während ich laut grölend mit einem Kübel voll Putzwasser und einem Lappen über die Tische wischte, dazu probierten wir die neuesten Weine von der Weinmesse.

Ab und zu – wenn wir so aufgedreht waren, dass an Schlafen nicht zu denken war – gingen wir noch in eine Disco. Natürlich nicht, um zu tanzen, denn dann hätten die anwesenden Kids im Lokal wahrscheinlich peinlich berührt das Etablissement verlassen, sondern um bei einer Currywurst und einem letzten Drink am Tresen das Nachtleben Erdings auszuspähen. Manchmal begleiteten uns Stammgäste oder Bernhard Rötzer, der beste Freund von Börnie: Bernhard ist der weitgereiste Wirt vom Gasthof zur Post in Erding, der tiefsinnige Gespräche über den Sinn des Lebens im Allgemeinen und die unterschiedlichen Kulturen im Besonderen liebt, und dabei die Statur eines Schwergewichtsboxers hat.

Heute erzählt er immer, dass er mich anfangs nicht ausstehen konnte. Er stand immer seitlich an der Theke, beobachtete jeden meiner Handgriffe und meinte zum Börnie: »Die mog i ned, die is' so arrogant!« Irgendwann muss er wohl bemerkt haben, dass meine vermeintliche Arroganz reine Unsicherheit und Verlegenheit war, vielleicht auch ein klein wenig Selbstschutz vor allzu aufdringlichen Gästen. Seitdem sind wir eng befreundet. Vielleicht fing er auch nur deshalb an, mich zu mögen, weil ich für seine Kinder immer Monis Kinder-Caipirinha mixte. Wenn er manchmal gegen achtzehn Uhr kurz mit seiner Mädels-Orgelpfeifen-Riege im Bierdeife vorbeischaute, servierte ich ihnen immer eine Mischung aus Limetten, Rohrzucker, Crash-Eis, Lime Juice, Minze und Apfel- und einem Spritzer Maracujasaft. Seine kleine Tochter Maxi, die damals fünf Jahre alt gewesen sein dürfte, hockte meistens auf dem Zigarettenautomaten, schlürfte ihren Caipi und immer, wenn ich an ihr vorbeiging, rief sie laut: »Moni, mach noch amal die böse Hexe!« Und wenn ich – neben Kinder-Caipirinhas mixen – etwas gut kann, dann ist es, mit knarziger Stimme eine böse, alte Schrumpelhexe zu spielen. Da muss ich mich nämlich weniger verstellen als beim freundlichen Umgang mit manchen Gästen.

Grundsätzlich mochte ich meine Arbeit im Bierdeife sehr gern, zumal Börnie und seine Frau Michaela die großzügigsten Chefs waren, die man sich wünschen konnte: Ich durfte zum Beispiel im Lokal immer essen und trinken, was ich wollte. Meistens habe ich aber die Reste gegessen, die auf den Tellern zurückblieben. Wenn ich also in der Küche stand und mir ein halbes Schnitzel, das ein Gast übrig gelassen hatte, auf einem kleinen Teller klein schnitt und dann im Stehen hinunterschlang, stand plötzlich der Börnie hinter mir und meinte angewidert: »Du kriegst fei scho was Gscheids auch!«

»Passt scho!«

»Grausts dir ned?!«

»Geh, der Gast hat doch ned draufgspuckt!«
»Des weißt du ja ned!«
»Doch, doch. Des is' a ganz a Gepflegte, die arbeitet in der Parfümerie Howerka, die macht so was ned!«
»Scho, aber des Schnitzel is' doch kalt!«
»Schnitzel schmeckt aa kalt!«
»Macht des schee? Dann friss ich's auch.«
»Nützt bei dir nix mehr, Börnie!«
»Danke. Wenn ma dich nicht hätten, dann könnt ma a Sau fuadern!«

Ich war eben günstig im Unterhalt: kaltes Schnitzel, kalte Pommes, kaltes Putenschnitzel auf Salat, kalte Pizza. Gut, ab und an stibitzte ich auch ein paar Pommes vom Teller, bevor ich ihn zum Gast brachte, achtete dabei aber immer darauf, dass ich fürs Kauen aber nur die vier Meter Korridor von der Küche bis zum Tresen Zeit hatte. Alles eine Sache des Trainings: Ich lernte, Pommes am Stück zu schlucken und große Stücke Putenbrust und halbe Baguettescheiben so hinunterzuwürgen, dass ich bereits an der Kaffeemaschine nicht mehr kaute. Außerdem mied ich alle Lebensmittel mit Dressing und Knoblauch, denn Flecken auf dem T-Shirt oder eine Knoblauchfahne waren eindeutige Trinkgeldbremsen.

Sonntagmittags jedoch – und meist auch einmal unter der Woche – fuhr ich zum Alten Wirt nach Goldach, um meine Mittagsschicht runterzureißen. In der Regel hatte ich am Vorabend im Bierdeifel gearbeitet, das heißt, ich kam selten vor drei ins Bett. Oft wurde es sogar noch später, weil ich nachts, wenn ich heimkam, noch duschen und Haare waschen musste, denn ich stank wie ein Riesenschnitzel, das längere Zeit in einem Aschenbecher gelegen hatte. Meistens warf ich meine gesamte Kleidung sofort in die Waschmaschine, damit sich der Gestank von Rauch und Frittierfett nicht auch noch in der ganzen Wohnung ausbreitete.

Wenn dann der Wecker um halb zehn klingelte, hockte ich mich erst einmal einen Viertelstunde auf den Badewannenrand, um überhaupt zu merken, dass es mein Körper war, den ich da grauhäutig und mit verquollenen Augen im Spiegel sah. Damals sagte ich oft laut zu mir: »Zefix, hoffentlich haut des mit dieser Schauspielerei hin, nicht dass die ganze Bucklerei umsonst war!«

Eine Dreiviertelstunde und zwei Aspirin später, nachdem ich mühsam meinen Eyeliner auf die geschwollenen Lider gepinselt und die letzte saubere Schürze der Woche eingepackt hatte, musste ich bereits los, um pünktlich mit dem Eindecken der Tische zu beginnen.

Zum Glück gab es keine Zeit zum Hinsetzen, dazu war unser Koch, der Kofler Hans, Exil-Österreicher und Frauenversteher: Meist ahnte er schon, in welch desaströser Verfassung ich angekrochen kommen würde, und wenn er gegen viertel nach elf läutete, wusste ich, er hatte wieder die weltbeste Arbeitsgrundlage hergerichtet, die man sich nach wenig Schlaf und viel Alkohol wünschen konnte. Denn sobald ich meinen geschundenen Servierkörper durch die grüne Küchentür schob, kehrten meine Lebensgeister und mein Siegeswillen wieder zurück, wenn ich erblickte, was er mir kredenzte: knusprig gebratene Schweineripperl mit selbst gemachter Barbecuesoße. Dafür – und für seinen himmlischen Zwetschgendatschi mit Streuseln – liebte ich ihn! Dann meinte er mit leicht vernachlässigtem Steirer Akzent, breit grinsend: »I hob mir denkt, die könnten vielleicht heid ned schaden, oder!« In diesem Moment hätte ich ihn küssen können. Ich glaube, ein- oder zweimal habe ich das sogar gemacht.

Dazu gab es ein eiskaltes Cola, das ich manchmal mit Wasser verdünnte (Cola-Schorle), und ich war gerüstet für alle etwaigen Anstürme und Sonderwünsche. Und von Letzteren gab es vor allem sonntags immer ausreichend: Sonntag war nämlich Familientag und die Völkerschlacht bei Leipzig dagegen ein Kindergeburtstag. Es wurde alles in die Wirtschaft geschleift, was sonst nie ins Wirtshaus ging. Oder nur dann, wenn jemand anderes bezahlte. Da rückten ganze Familienclans an mit Kind und Kegel, Dackel und Golden Retriever,

Oma, Opa und Erbtante im Schlepptau. Es wurden auch Familienmitglieder ins Wirtshaus geschleppt, die noch nicht oder nicht mehr laufen konnten, das heißt, der Korridor und meist auch der enge Raum zwischen den einzelnen Tischen waren vollgestellt mit Rollatoren, Rollstühlen, Kinderwägen, Buggys, Bobbycars und Gerätschaften, deren Namen ich nicht kannte und die aussahen wie Fitnessgeräte, auf denen oben eine Art Wippe thronte. Heinz, der Wirt, meinte immer nur kopfschüttelnd: »Monique (gesprochen: Monikä!), gut, dass mir zwei so windschnittige Astralkörper ham, weil a anderer kaammert nimmer durch!«

Ich lernte viel im Laufe der Jahre: Ich kannte die Reichweite eines jeden Babyfons, ich wusste, dass Brüste beim Stillen aussehen konnten wie riesige, mit bläulichen Adern durchzogene Euter, deren Brustwarzen-Vorhöfe riesengroß waren und aussahen wie rohe Rehschnitzel. Und ich wusste, dass Maxi-Cosi kein weiterer bescheuerter Vorname war, den durchgeknallte Eltern für ihren hochbegabten Ableger ausgesucht hatten.

Irgendwie hatten manche Leute am Sonntag mehr Zeit und Muße als unter der Woche, um sich irgendwelche Sonderwünsche zu überlegen, mit denen sie uns Bedienungen traktieren konnten. Schließlich ist der Gast ja König. Wenn schon nicht daheim, dann wenigstens in der Wirtschaft:

Dem Vati ist sein Bier zu kalt? – »Kein Problem, der Herr, ich wärm's Ihnen an!« Obwohl du dir in dem Moment natürlich denkst: »Dann sauf halt an Kaffee, wenn dir's Bier zu kalt is', du Waschlappen!« Ein warmes Bier?! Dazu noch Vierzig-Grad-Fieber-heiße Schleimsuppe garniert mit einem Schweineschmalzbrustwickel und Thrombosestrümpfen, das Ganze serviert auf einem lauwarmen Kirschkernkissenbett und als Digestif eine lauwarme Latte (macchiato) mit Honig. Herrlich! Dagegen ist jede Party bei Elton John ein fader Seniorennachmittag.

Ein Gläschen Babynahrung in der Mikrowelle aufwärmen? – »Immer gern, gnä' Frau, dann haben Sie daheim keine Arbeit, gell, weil zum Haarewaschen san Sie offensichtlich auch schon seit Wochen nimmer gekommen, was?«

Eine *kleine* Apfelsaftschorle mit wenig Apfelsaft, aber viel Leitungswasser? – »Ein kleines gepantschtes Apfel-Wassi – das ist doch meine Lieblingsübung. Ich sag immer: Ich kann kein stilles Wasser trinken, weil ›still‹ bin i ja selber, gell!«

Ein Achtel Ente, dazu ein *halber* Knödel, aber extra viel Soße? – »Selbstverständlich, aber kosten darf's schon was? Kleiner Spaß, der Herr! Ich sag immer: Nur der Not keinen Schwung lassen, die dreifuffzig sollen hin sein!«

Was, Ihr Kind beschwert sich, weil die Spätzle so nach Eiern schmecken? – »Ah, da frag ich gleich in der Küche nach, wie das hat passieren können: hausgemachte Spätzle, die nach Eiern schmecken! Da schau ich gleich nach, vielleicht hamma irgendwo noch einen alten Fertigknödel?«

Ein gemischter Salat, aber *ohne* Tomaten, Gurken und Paprika? – »Aber Salat dürf' ma schon reintun … in den Salat, Herr Doktor, gell? Na, Gaudi muss sein!«

Ein Wassi fürs Hundi? – »Angewärmt – freilich, wie's Bierli fürs Herrli, das machen wir sehr, sehr gern!«

Und die Dame hätte gern was? Aha, eine kleine Portion Kaiserschmarrn auf zwei Tellern, einmal ohne Rosinen? – »Des geht sicher, kein Problem, ich sag sofort unserem Koch Bescheid, gell!«

Ja, freilich sagte ich ihm Bescheid. Was blieb mir denn anderes übrig? Also näherte ich mich unserem Koch, dem Hans, ganz vorsichtig und sagte mit meiner sanftesten Nicht-Günter-Stimme zu ihm: »Duhuu, Hahans, ähhhm … tätst du mir einen Gefallen?«

Da der Hans sowohl mich als auch das Sonntagmittagspublikum lange genug kannte, schaute er mich mit prüfendem Blick unter seiner dunklen Lockenpracht hervor an und meinte süffisant: »Was gaaberts?«

Dann schoss es aus mir heraus wie Wasser, das sich in einem prall gefüllten Gartenschlauch aufgestaut hatte: »Du glaubst es nicht, Hans, an Tisch sechs hockt so eine depperte Wachtel, die will allen Ernstes, dass ich aus einer Portion Kaiserschmarrn, die bei uns eh bloß vier fuffzig kostet, eine *kleine* Portion mach', aber auf zwei Tellern. Und einmal ohne Rosinen! Ich weiß ... sag nix: für drei Euro ein Dessert für zwei Personen, für das du zwei verschiedene Pfandl brauchst und bei dem nach Abzug von allem zehn Cent verdient san, so was *darf* man eigentlich nicht annehmen. Aber bitte sag' jetzt, dass du mich nicht hasst, weil ich deine Lieblingsbedienung bin?!«

Gott sei Dank war der Hans sowohl ein gutmütiger Zeitgenosse als auch ein leidenschaftlicher Koch, und er hatte genauso gern zufriedene Gäste wie ich, denn ich bin sicher, bei den meisten anderen Küchenchefs hätte ich mich für so eine hirnrissige, unverschämte Bestellung ducken müssen, um der tief fliegenden Pfanne auszuweichen.

Wenn allerdings Stammgäste oder Freunde des Hauses mit obskuren Sonderbestellungen daherkamen, erlaubte sich der Wirt, Heinz, immer seinen beliebten Satz: »Mach ma alles, kein Problem! Derfs sonst noch was sein: Espresso, Ramazotti, Obstler oder a Trumm Watschn?«

Worüber meine damalige Chefin Andy und ich immer sehr schmunzeln mussten, ist die Tatsache, dass es manchen Leuten, vor allem den älteren Herren, gerade am Sonntag offensichtlich am meisten pressiert. Sonntag, der Tag, wo eigentlich alle Zeit haben müssten und es doch genießen könnten, dass sie gemütlich im Restaurant sitzen dürfen und sich bedienen lassen können. Ohne Stress, ohne Hektik. Von wegen! Das geht vielleicht in Italien oder Spanien, aber bei uns: Da hat die Mama den letzten Bissen von ihrem Schweinsbraten noch nicht hinuntergewürgt, da winkt der Papa schon mit dem Geldbeutel der Bedienung und plärrt durch das ganze Lokal: »Fräulein, zahlen!«

Ich pflegte immer zu sagen: »Pressiert's Ihnen? Müssen's zum Flieger?«

Kurzes Zögern, ein ungläubiger Blick, dann: »Äh … nein, warum?«

»Ja, warum ham's es dann so eilig? Ihre Kanapée-Nordwand steht auch in einer Stund noch da. Wie wär's noch mit einem Dessert, einem Espresso oder Digestif?«

»Was?«

»Dessert oder Espresso?«

»Na.«

»Dann vielleicht ein Digestif?«

»Na, des brauch' ma ned, aber ein Schnaps wär' ned schlecht.«

Ich sag's ja: Ein bissl was geht immer.

Nach insgesamt vierzehn Jahren Kellnerei finde ich ja, dass es ein Unterrichtsfach »Umgangsformen und Tischmanieren« geben sollte: Wenn man sich allein anschaut, wie manche Leute ihr Besteck halten beziehungsweise damit durch die Gegend fuchteln, dann überlegt man sich als Bedienung zweimal, ob man diesen Freizeitsamurais überhaupt ein Steakmesser bringen darf, weil man Angst haben muss, dass sie sich damit diverse Körperteile amputieren. Bei vielen Männern würde sich auch anbieten, Hinweisschilder für den Gebrauch der bereitliegenden Servietten aufzustellen oder selbige gleich mit folgendem Spruch bedrucken zu lassen:

»Keine Deko, bitte Pfoten und das Goscherl damit abwischen! Das unappetitliche Hineinschneuzen wird mit Lokalverbot und einem Extra-Trinkgeld für die Bedienung geahndet. Zu Risiken und Nebenwirkungen fragen Sie Ihren Wirt oder HNO-Arzt!«

Aber Hauptsache, es sind genügend Zahnstocher am Tisch. Es ist doch immer ein erbaulicher Anblick, wenn drei erwachsene Männer in ihren Gebissleisten herumstochern und dabei Geräusche von sich geben, als würden sie gerade Giftschlangen verscheuchen.

Wobei ich fairerweise sagen muss, dass der Großteil der Gäste immer ausgesprochen liebenswert und unkompliziert war, frei nach Heinz' Motto: »A paar Deppen hast halt immer!«

Gerade zu den Stammgästen, die fast jede Woche kamen, hatte ich schon fast ein familiäres Verhältnis, denn ich bekam ja alles mit: Schwangerschaften, Geburten, Taufen, runde Geburtstage, Umzüge, Urlaube, Haftstrafen, Diäten, Autounfälle, Erbschaftsstreitigkeiten, Krankheiten, Allergien und Todesfälle, also im Prinzip: alles bis auf die Empfängnis. Ich wusste, dass die Söhne auf Computerspiele und auf den neu angeschafften Pizzaofen der Familie standen, dass die Mama gern Leopardenmuster und Cabrios mochte, während der Papa sonntags immer Sakko trug und erst ein leichtes Weißbier bestellte (»fürn Durscht!«), um danach auf dunkles Bier umzuschwenken.

Und wenn der Sohnemann nach seinem Schnitzel mit Bratkartoffeln auf die Dessertkarte schielte, dann wusste ich in dem Moment, was er bestellen würde: einen Kaiserschmarrn ohne Rosinen, und für die Mama gab es immer einen Latte macchiato. Eigentlich gab es bei uns gar keinen Latte, sondern nur Cappuccino und Espresso, aber bei solch treuen Gästen musste der Wirt, der von solchem »neumodischem Schmarrn« wenig hielt, eine Ausnahme machen. Und er machte sie gern und servierte deshalb der Reisinger Jutta ab sofort immer ihren geliebten Latte in einem extra für sie gekauften Glas. Wenn solche Gäste mal ein oder zwei Wochen ausblieben, dann fragte selbst Hans in der Küche schon: »Waren Reisingers heid no gar ned da?« Denn man wusste ja, dass sie nicht im Urlaub sein konnten, der Italientrip war ja erst für Juli geplant. Und wenn man sie länger als drei Wochen nicht zu Gesicht bekommen hätte, dann hätte wohl die gesamte Belegschaft des Alten Wirts besorgt bei Reisingers angerufen, um zu fragen: »Hat irgendwas ned passt beim letzten Mal? Oder is' was mit der Oma?«

Die Familien aus dem Ort kamen unterm Jahr nicht so häufig, sondern meist nur bei größeren Familienfeiern, waren dann aber immer mindestens zu zehnt, bestellten reichlich und waren vollkommen unkomplizierte und sehr angenehme Gäste. Sie arbeiteten selber hart und wären nie auf die Idee gekommen, jemanden wie mich zu schikanieren. Wenn ich in der Hitze des Gefechts mal ein Getränk vergaß oder wenn mir etwas Soße aufs Tischtuch tropfte, dann hieß es nur: »Wenn's nix Schlimmeres gaabert!« Sie freuten sich, dass sie sich bedienen lassen konnten, dass das Essen gut war und dass Andy und Heinz hinterher immer ein Schnapserl ausgaben. Sie gaben anständig Trinkgeld, machten kein »Gschiss« ums Essen, hatten ihre Kinder im Griff, keine Allergiker oder Vegetarier am Tisch, alles in allem also: Traumgäste, wie sich Wirt und Bedienung sie nur wünschen konnten.

Es gab auch ein sehr altes Ehepaar, das sehr oft an den Sonntagen kam und immer am selben Tisch saß. Manchmal war auch die Enkelin mit dabei. Zur Vorspeise teilten sie sich immer eine Suppe, bestellten dann jeder eine Seniorenportion Schweinsbraten, und während sie auf ihre Desserts warteten – die alte Dame trank immer einen Espresso mit etwas Milch, und ihr Mann bestellte sich stets eine Kugel Vanilleeis –, hielten sie immer Händchen, obwohl sie schon so lange Jahrzehnte verheiratet sein mussten. Die beiden gingen so rührend liebevoll miteinander um, dass ich sie richtig beneidete um das, was sie sich über all die Jahre bewahrt hatten. Umso mehr habe ich mich gefreut, als sie mir nach Jahren gestanden, dass sie nur meinetwegen jeden Sonntag kämen, weil ich immer so nett zu ihnen sei. Da war ich so gerührt, dass ich mich schnell zur Kaffeemaschine verdrückte, damit das laute Prusten des Milchschäumers mein Geschniefe übertönte.

Bei solchen Gästen war es mir auch egal, wie viel Trinkgeld sie mir gaben, weil sie mich so behandelten wie ich sie: mit Anstand und Respekt.

Diese Gäste ließen einen vergessen, dass jeder, der in der Gastronomie arbeitet, es ab und an mit menschlichen Total-

ausfällen zu tun hat. Hier die Top five meiner Vollknaller-Gästeliste:
- Ein weiblicher Gast, Typ gschaftige Business-Lady, die, als sie merkte, dass man bei uns nicht mit Kreditkarte zahlen konnte, vollkommen austickte und anfing, mich wüst zu beschimpfen, und mir – obwohl ich sie den ganzen Abend freundlich und zuvorkommend bedient hatte – keinen Cent Trinkgeld gab. (Okay, die Rache folgte auf dem Fuß: Zehn Minuten, nachdem sie bockig das Lokal verlassen hatte, kam sie noch einmal zurück und fragte, ob ich ihren Haustürschlüssel irgendwo auf dem Tisch gefunden hätte. Als ich dies verneinte, zog sie sich wütend den Rock hoch, kroch auf allen vieren unter den Tisch, um dort nachzuschauen. Als sie mit hochrotem Kopf – ohne Schlüssel – wieder auftauchte, meinte ich nur breit grinsend: »Schaun's, kleine Sünden bestraft der Herr sofort!«)
- Ein Businessmensch, Typ Computerfuzzi im mittleren Management, der mit fünf Kollegen eine Zeche von genau 189,20 Mark hatte, wollte mit einem 1000-Mark-Schein bezahlen. Leider konnten weder Heinz, der Wirt, noch meine Wenigkeit den Schein kleinmachen, worauf er eine Schimpftirade über die bayerische Provinz im Allgemeinen und über unsere »Bauernwirtschaft« im Besonderen losließ und mir als Zeichen seiner Anerkennung – ohne mich dabei auch nur eines Blickes zu würdigen – achtzig Pfennig (!) Trinkgeld zuwarf. Die musste ich ihm dann leider mit den Worten »Tut mir leid, aber ich nehme nur Trinkgeld und keine Almosen!« wieder zurückgeben.
- Ein ziemlich betrunkener Typ, der mit einer Gruppe sehr netter Stammgäste im »Bierdeife« saß und den ganzen Abend lang versuchte, plump mit mir zu flirten. Ich gab ihm freundlich, aber relativ deutlich zu verstehen, dass ich an einem näheren Kontakt kein Interesse hätte. Als er jedoch immer aufdringlicher wurde und seine Freunde ihn schließlich aufforderten, er solle mich doch gefälligst in Ruhe lassen, meinte er nur: »Die soll sich ned so anstellen. A Bedienung

is' doch eh bloß a bessere Nuttn!« Bevor ich etwas darauf erwidern konnte, war der Börnie schon hinter seiner Theke hervorgesprungen, um ihm deutlich zu verstehen zu geben, dass man so mit *keiner* Frau zu reden hätte.
- Eine junge Mutter, die ihr ungefähr einjähriges Kind bei einer Abendeinladung mit Freunden ihres Mannes im Alten Wirt dabei hatte. Das arme Baby war so übermüdet, dass es im Hochstuhl nur noch vor sich hinquengelte und auch nur ein paar Löffel von den Spätzle mit Soße essen wollte. Die Mutter wollte das Kind jedoch weiter zum Essen zwingen, worauf das Kind einen Strahl aus Apfelschorle und Spätzle auf Hochstuhl, Tisch und Boden erbrach. Daraufhin blieb die Mutter in aller Seelenruhe sitzen und sah sich das Dilemma an, während ich mit Putzeimer und Lappen anrückte, um das Malheur zu beseitigen, weil ich den anderen Gästen den ziemlich unangenehmen Hautgout nicht zumuten wollte. Als der Tisch bezahlt hatte, kam der Ehemann der jungen Mutter zu mir an die Theke, gab mir fünf Euro und meinte: »Ich schäme mich für meine Frau.«
- Ein stadtbekannter Taugenichts, der eher selten bei uns im »Bierdeife« vorbeikam und immer drei verschiedene Getränke gleichzeitig bestellte (Bier, Rotwein und Ramazotti) und dazu drei verschiedene Packungen Zigaretten auf seinem Platz ausgebreitet hatte, begann ein Gespräch mit meiner Freundin, die mit ihrem Mann an der Theke saß. Plötzlich begann der Typ, obwohl er vollkommen nüchtern war, den Mann meiner Freundin, der Engländer ist, auf Englisch und Deutsch als »Scheißengländer« und »depperten Ausländer« zu beschimpfen. Ich sagte ihm, er möge sofort zahlen und gehen, da er ab sofort Hausverbot habe, denn in unserem Lokal würden keine Ausländer beschimpft, nur Deppen, und die Tatsache, dass jemand ein Depp sei, sei ja wohl länderunabhängig. Der Typ, der einen guten Kopf größer war als ich, machte sich über mich lustig, grinste mich höhnisch an und sagte, ich hätte gar kein Recht, ihn hinauszuschmeißen. Da Börnie an diesem Tag frei hatte, packte ich ihn an

seiner Lederjacke mit den Worten: »Burli, da hamma scho Größere nausgschmissen wie dich – und deine Getränke gehen aufs Haus!« Der Typ war riesengroß und wehrte sich, aber mithilfe eines Stammgastes konnte ich ihn schließlich zur Tür hinausschieben, während er laut vor sich hinbrüllte. Drei Tage später wurde ich aufs Polizeipräsidium Erding gebeten: Der Typ hatte tatsächlich die Frechheit besessen, mich wegen schwerer Körperverletzung anzuzeigen. Der zuständige Beamte schüttelte aber nur lachend den Kopf und meinte: »Mir wissen selber, dass des ein Depp is', aber wir müssen halt jeder Anzeige nachgehen, verstehen S'!« Ich verstand und verzichtete meinerseits auf eine Anzeige wegen rassistischer Äußerungen.

Obwohl ich diese Liste noch eine Weile fortsetzen könnte, würde ich jedem jungen Menschen, der in der Lage ist, mehr als hundert Schritte geradeaus zu gehen und 3,20 und 2,50 addieren kann, ohne dazu sein iPhone benutzen zu müssen, raten, eine Zeitlang in der Gastronomie zu jobben. In kürzester Zeit wird jeder zwei Dinge verstanden haben: Ohne Fleiß kein Preis, und Freundlichkeit zahlt sich unterm Strich immer in barer Münze aus. Eine Lektion, die mir im Leben schon oft von großem Nutzen war.

Die Bühne

Eine der häufigsten Fragen, die ich in den letzten zehn Jahren gestellt bekommen habe, lautet: »Wie sind Sie eigentlich zum Kabarett gekommen?«

Eine Frage, die ich immer mit dem Satz beantworte: »Ich wusste immer, ich werde irgendwann Schauspielerin.« Dann kommt immer als Rückfrage: »Aha, nicht Kabarettistin?«

Darauf weiß ich oft nicht so recht, was ich antworten soll. Ich weiß gar nicht, ob ich wirklich eine Kabarettistin bin. Und ehrlich gesagt, ist mir das auch vollkommen wurscht. Ich denke sowieso nicht in diesen Schubladen ... Kabarettistin oder Komikerin? Clown oder Comedian? U- oder E-Unterhaltung? Alles Schwachsinn. Ich wollte einfach immer nur Schauspielerin werden.

Komisch eigentlich, denn niemand in meiner Familie – weder väterlicher- noch mütterlicherseits – hatte jemals zuvor einen künstlerischen Beruf ergriffen. Wahrscheinlich weil man auf dem Land gemeinhin der Meinung war, dass »Kunst« und »Beruf« zwei Dinge sind, die sich eigentlich ausschließen. Schon allein deshalb, weil sich mit Kunst doch höchstens posthum Geld verdienen lässt. Und wer bitte würde sich so etwas allen Ernstes für seinen Ableger wünschen?

Trotzdem: Schon als Kind war ich fasziniert von Schauspielern und diesem völlig verrückten Beruf. Ich war süchtig nach Fernsehserien, vor allem den amerikanischen, denn dort waren selbst die kleinsten Nebenrollen perfekt besetzt, und alle spielten um ihr Leben. Oft versuchte ich vor dem Alibert-Spiegel in unserem Bad auf Kommando zu weinen oder den kühl-spöttischen Blick von Lauren Bacall zu imitieren, die ich vergötterte. Ich versuchte, mein Gegenüber im Spiegel – also mich selbst – möglichst lange, ohne zu blinzeln, zu fixieren, um dann in ein diabolisches Lachen auszubrechen, wie ich es immer bei Christopher Walken bewunderte. Nur, dass es bei mir weniger nach diabolischem Lachen als nach seltsamem Wiehern klang, das mich leider sehr an unsere beiden gefräßigen, aber gutmütigen Zwergponys erinnerte. Wenn mich jemand aus meiner Familie dabei ertappte, war es mir peinlich, und auf die Frage, was ich denn da im Bad für einen »Zirkus« veranstalten würde, antwortete ich nur: »Ich übe.« Obwohl ich wusste, dass ich niemals im Leben so gut sein würde wie meine Idole, war ich mir vollkommen sicher, dass die Schauspielerei der einzig richtige Beruf für mich sei.

Ich zog mir alles rein, was meine Eltern mir erlaubten, und auch das, was sie mir nicht erlaubten: Kinderfilme, Westernserien, deutsche Serien von »Schwarzwaldklinik« bis zum »Traumschiff«, natürlich die bekanntesten amerikanischen Serien wie »Dallas«, »Denver-Clan«, »Magnum« und »Falcon Crest«, ich habe alle Folgen von »Rudis Tagesschau« gesehen, Didi Hallervordens »Nonstop Nonsens« und alles von Loriot. Sonntagabends lief im Bayerischen Fernsehen immer »Das Königlich Bayerische Amtsgericht«, oft gefolgt von einem »Komödienstadl«, der damals noch keine Themaverfehlung war, sondern den bekanntesten und beliebtesten bayerischen Volksschauspielern eine schöne Plattform bot. Ich liebte Maxl Graf, Michl Lang, Gustl Bayrhammer, Ludwig Schmidt-Wildy, Erni Singerl, die oft gar nichts sagen mussten, um komisch zu sein.

In der Ferienzeit schlich ich mich oft nachmittags unbemerkt ins Wohnzimmer, schnappte mir ein Kissen, setzte mich ganz nah ans Gerät und schaltete es ein, um das »Ferienprogramm« zu schauen, obwohl meine Eltern es lieber hatten, dass ich draußen spielte. Ich konnte nur auf niedrigster Lautstärke schauen, sonst hätte mich irgendwer gehört und mich ins Freie verbannt.

Und an ganz seltenen Tagen, wenn niemand außer Oma und Opa zu Hause waren, war ich der glücklichste Mensch der Welt, denn ich war die alleinige und zeitlich unbegrenzte Herrscherin über fünf (!) Programme: ARD, ZDF, Bayerisches Fernsehen, ORF1 und ORF2. Besonders die Samstagnachmittage liebte ich, denn auf ORF1 und 2 liefen meist Schwarz-Weiß-Filme mit Hans Moser und Paul Hörbiger, Fünfzigerjahre-Heimatschnulzen oder Hollywoodfilme mit Gene Kelly, Fred Astaire oder Doris Day. Und für ein paar Stunden war ich in einer völlig anderen Welt: einer Welt von Glamour, wunderbarer Musik, schönen Frauen und lustigen Begebenheiten. Ich liebte die Filme mit Jerry Lewis und Dean Martin, ich staunte über Louis de Funès, und ich war der größte Fan von Peter Alexander, der singen, tanzen und schauspielern konnte und dabei der charmanteste Entertainer seiner Zeit war.

Obwohl ich mir so sehr wünschte, Menschen mit meinem Talent ebenso unterhalten zu können wie diese Künstler, hätte ich mich während meiner Schulzeit am Gymnasium nie getraut, mich als Mitglied der Schultheatergruppe zu bewerben. Nicht, weil die Stücke so anspruchsvoll waren – das waren sie natürlich dank der Auswahl von Herrn Kretschmann, dem Leiter der Theatergruppe, schon –, sondern in erster Linie, weil ich dafür akzentfrei Hochdeutsch hätte sprechen müssen. Dies stellte bei meinem Carolin-Reiber-R ein nahezu aussichtsloses Unterfangen dar. Also verhielt ich mich still und beneidete meine Mitschüler, so zum Beispiel Tobias Berg, der in den Schulaufführungen mit Talent, Verve und Charme glänzte. Und einem makellosen Hochdeutsch. Verdammt.

Aber es musste doch einen Weg geben, um trotzdem auf die Bühne zu kommen, die oft zitierten Bretter, die die Welt bedeuten? In meinem Fall waren es dann vielleicht eher Brettl. Und zwar die Dielenbretter vom Gasthof Rauch in Grucking: Dort nämlich führte die Katholische Landjugend Reichenkirchen jedes Jahr einen bäuerlichen Schwank unter der Regie unseres Chorregenten Franz Xaver Hintermeier auf, und ich durfte ein paar Jahre in so kulturellen Highlights wie »Bäckermeister Striezel« mitwirken. Ich glaube, ich war lausig und habe meine mangelnde Bühnenerfahrung und fehlende Sprechtechnik mit Lautstärke und Grimassen kompensiert – einem Stilmittel, dem ich wohl auf der Bühne treu geblieben zu sein scheine. Aber: Die Gemeindemitglieder, Nachbarn und Verwandten, die unten im Publikum saßen, lachten! Tatsächlich! Und zwar bei allen gedachten Pointen. Vielleicht in erster Linie, weil sie mich lächerlich fanden, aber egal: Zumindest lachten sie. Zum ersten Mal in meinem Leben wusste ich, ich kann es – ich kann Menschen zum Lachen bringen. Und sei es nur durch mein blödes Gschau. Egal.

An dieser Stelle kommt normalerweise dann immer die zweithäufigste Frage, die mir in den letzten Jahren gestellt worden ist: Warum, Frau Gruber, sind Sie dann nicht nach dem Abitur auf die Schauspielschule gegangen?

Ja, warum nicht? Ehrlich gesagt, weil ich mir nicht vorstellen konnte, dass jemand wie ich so einfach hergeht und den Beruf Schauspieler erlernt. Wie hätte ich das meinen Eltern erklären sollen? Schauspielerei ist kein Beruf, sondern lediglich ein Hobby. Jemand wie ich wird Lehrerin. Oder Ärztin, wenn es sehr gut läuft. Oder studiert BWL oder VWL, wenn es schlecht läuft. Oder Sekretärin. Mit Schwerpunkt Fremdsprachen. Genau. Fremdsprachen lagen mir immer schon. Die Schule dauerte nur zweieinhalb Jahre, und die Berufsaussichten waren damals im New-Technology-Boom Anfang der Neunzigerjahre ziemlich gut. Meine Eltern waren nicht euphorisch, aber ein ansehnliches Anfangsgehalt in einem der größten deutschen Medienkonzerne wie der Kirch-Gruppe war zumindest ein Argument. Eine Eigentumswohnung, die ich damit anzahlen konnte, ein weiteres. Der Bayer liebt Sicherheit.

Auch als ich bereits nach einem Jahr zu einer Computerfirma wechselte und noch mehr verdiente, waren meine Eltern zufrieden. Ich war es auch. Anfänglich. Trotzdem wusste ich tief in meinem Inneren immer, irgendwann würde ich das machen können, was ich wirklich gern machen möchte: Ich würde Schauspielerin werden. Denn schließlich war ich mir sicher, dass ich eines schönen Tages von jemandem entdeckt werden würde.

Klar, so würde es sein: Ich würde in der Schlange eines Supermarktes stehen, und der Kunde vor mir würde seinen Joghurt für damals 59 Pfennig mit der Scheckkarte bezahlen, die aber nicht funktionierte, er würde daraufhin eine andere Karte zücken, um mit dieser zu bezahlen, die dann auch nicht funktionierte. Und die Kassiererin würde ungeduldig werden, und während ich ihn anschrie, ob er noch ganz sauber sei, einen Betrag von 59 Pfennig mit der Karte zu bezahlen und damit den ganzen Betrieb aufzuhalten, würde mir jemand von hinten auf die Schulter tippen, ich würde mich – noch immer hochrot und schäumend vor Wut – umdrehen, um denjenigen, der mich da angetippt hatte, anzublaffen: »Was is'n?« Und da würde er vor mir stehen: Steven Spielberg. In Jeans und Karohemd, mit seinem leicht zotteligen Bart und lichter werdendem Haupthaar, würde er mich amüsiert über den Rand seiner Nerd-Brille anblinzeln und mich in astreinem Deutsch fragen: »Könnten Sie sich vorstellen, in meinem nächsten Film die Hauptrolle zu spielen?« Und ich würde natürlich kurz zögern und ihn fragen: »Sind Sie sich sicher, Mister Spielberg, dass Sie *mich* haben wollen?« Und er würde immer noch lächelnd antworten: »Absolut!« Jetzt würde im Hintergrund sanfte Geigenmusik einsetzen, wir würden uns in die Arme sinken, und ich würde an der Kasse drei vom Tengelmann in Altenerding einen Vertrag über fünfzig Millionen Dollar für die Hauptrolle in Steven Spielbergs nächstem Blockbuster *Indiana Jones und das Aschenputtel aus Tittenkofen* unterschreiben. Ziemlich genau so hatte ich es mir immer vorgestellt.

In der Realität waren tatsächlich immer mal wieder irgendwelche Trottel vor mir an der Supermarktkasse, die irgendwelche läppischen Beträge mit einer ihrer achtzehn Kreditkarten bezahlten, und ich regte mich ziemlich oft auf und sah mich auch ständig dabei um, aber irgendwie schien Steven Spielberg nur ganz selten im Tengelmann von Altenerding einzukaufen. Gott, wenn der Mann gewusst hätte, was ihm entging. Ich spielte die komplette Shakespeare-Palette rauf und runter: von tiefster Verzweiflung über Mordgelüste bis zur Todessehnsucht. Vergeblich. Keiner sprach mich an, keiner wollte mich aus dem immer gleichen, öden Büroalltag reißen. Und ich wusste: Wenn ich meinen Hintern nicht bald hochkriegen würde, würde ich mein Leben vergeuden und wahrscheinlich irgendwann als verbitterte, grantige Alte enden, die mit sechs Katzen in ihrer vermüllten, aber abbezahlten Eigentumswohnung haust.

Da fiel mir ein, dass es in München ein kleines Theater gab, die Iberl-Bühne in Solln, die bekannt war für die kraftvolle, urige Sprache, die ihr Chef, Georg Maier, in seinen Stücken verwendete. Und wie ich gehört hatte, beschäftigte er auch immer wieder mal den einen oder anderen Laienschauspieler in seiner Truppe, da sein Theatersaal – ich war vor vielen Jahren einmal dort gewesen – nur für circa hundert Zuschauer Platz hatte und er deshalb keine sehr hohe Gage zahlen konnte. Ich würde einfach mal hinfahren und ihn fragen, ob er mich brauchen könne, schließlich war ja die Landjugend Reichenkirchen mit Maestro Hintermaier nicht die schlechteste Referenz, haha. Nein, im Ernst. Ich würde einfach einen Termin bei Herrn Maier machen und zu ihm sagen: »Herr Maier, da wär' ich. Ich würd' gern bei Ihnen spielen!«

Und das tat ich dann. Genau so.

Georg Maier blinzelte mich aus blauen Augen an und strich amüsiert über seinen gepflegten Bart: »Aha«, sagte er. »Sie san also jetzt da, Frau ähhhh, wie war der Name?«

»Gruber. Monika Gruber.«

»Frau Gruber, aber was ham Sie denn für eine Schauspielausbildung?«

»Ja, ähhhh … keine. Aber des macht nix, weil des, was Sie von mir brauchen, des kann ich.«

Angesichts von so viel Frechheit und Anmaßung musste Georg Maier wieder amüsiert lächeln.

»Sie ham also nicht amal eine Sprechausbildung?«

»Nein, aber dafür a schönes Bayerisch!«
»Stimmt, aber wissen Sie, Frau … ähhh … Gruber, wir sind zwar nur eine kleine Bühne, aber ich arbeite schon am liebsten mit Schauspielern, die wissen, was sie tun.«
»Ich bin mir sicher, Herr Maier, ich würd' mich ned schlecht schlagen.«

Kurzes Zucken um seine Mundwinkel. Nippen am Haferl Cappuccino.

»Das glaub ich Ihnen sogar, aber jetzt mach ma's so: Sie nehmen Schauspielunterricht, ein halbes Jahr, ein Jahr und dann schaun's wieder bei mir vorbei, und dann könn' ma ein Vorsprechen machen.«
»Ja, und könnten Sie mir da eine gute Schule empfehlen?«
»Die Schauspielschule Zerboni, die is' privat, aber ned schlecht.«
»Ja, dann frag ich da mal an.«
»Des machen's, Frau … wie war der Name?«
»Gruber. Und dann meld' ich mich wieder bei Ihnen.«

Wenn man schon bei einer so kleinen, rustikalen Bühne Schauspielunterricht braucht, dann würde ich mich eben gleich bei einer renommierten Schauspielschule bewerben. Jetzt, wo ich diesen Schritt endlich machte, sollte es die beste Schule sein und nicht »Lissis Sprechtechnikkurs«, den eine alkoholkranke Exschauspielerin in ihrer Zweizimmerwohnung im Rückgebäude eines abgeranzten Giesinger Mietshauses gab, die irgendwann vor dreißig Jahren in einer Schiller-Aufführung eines Münchner Kellertheaters den dritten Räuber von rechts gespielt hatte. Mein größtes Problem war nur: Ich war bereits siebenundzwanzig Jahre alt, und somit war es theoretisch schon zu spät, um eine Schauspielausbildung zu beginnen. Theoretisch. Praktisch sah es so aus: Ich war Chefsekretärin in einer amerikanischen Computerfirma, hatte ein Einser-Abitur in der Tasche und eine abgeschlossene Ausbildung zur Europasekretärin, und ich jobbte seit vierzehn Jahren regelmäßig nebenbei in der Gastronomie. Was konnte mir also im schlimmsten Fall passieren? Ich könnte als Schauspielerin nicht genug Geld verdienen, um davon leben zu können. Dann würde ich eben mit Kellnern etwas dazuverdienen, und sollte ich langfristig von der Hand in den Mund leben müssen, dann würde ich als Sekretärin für längere Zeit ins Ausland gehen – was ich eh schon längst hätte tun sollen – oder mein eigenes Lokal eröffnen, falls mir irgendeine Bank der Welt dafür Geld geben würde.

Falls mich eine Schule nehmen sollte, würde ich meine Lebenshaltungskosten komplett mit Kellnern verdienen müssen. Ich kritzelte eine grobe Übersicht meiner monatlichen Kosten auf die Rückseite einer Faxbestätigung:

- Kreditrate für die Eigentumswohnung, die ich auf keinen Fall aufzugeben gedachte
- Nebenkosten der Wohnung
- private Krankenversicherung, die ich auch auf gar keinen Fall aufzugeben gedachte, denn dass wir einem Zwei-Klassen-Gesundheitswesen entgegensegelten, war mir bereits damals klar
- Auto
- Versicherungen
- Lebenshaltungskosten
- eventuell Schulkosten

Puh, eine stolze Summe, die da unter dem Strich zusammenkam. Und da war noch kein einziges neues Paar Schuhe mitgerechnet. Ich brauchte, um meinen Lebensstandard halten zu können, mindestens einen zweiten Kellnerjob, wenn nicht einen dritten. Meine Eltern anzupumpen wäre nie für mich infrage gekommen: Es war mein Leben und meine Entscheidung.

Das war der Plan. Also kündigte ich meine Stelle bei der Computerfirma, ohne zu wissen, ob mich überhaupt eine Schauspielschule der Welt aufnehmen würde. Aber: No risk, no fun.

Und es war in der Tat nicht so leicht, wie ich dachte: Die staatlichen Schauspielschulen, zum Beispiel die Otto-Falckenberg-Schule in München oder auch das Max-Reinhardt-Seminar in Wien, würgten meine Anfrage nach einer Bewerbung bereits nach wenigen Sätzen ab, als sie mein Alter hörten. Die Dame von der Falckenberg-Schule lachte sogar, während sie zu mir sagte: »Um Gottes willen, Frau Gruber, in Ihrem Alter, sind's doch froh, dass Sie ein festes Einkommen haben. Bleiben Sie dort, wo Sie sind. Wenn Sie sich verändern wollen, suchen Sie sich eine neue Wohnung oder machen S' a Reise!«

Ich war ernüchtert. Aber nicht gewillt, so leicht aufzugeben. Jetzt, wo ich mich endlich durchgerungen hatte, meinen Traum wahr werden zu lassen.

Da fiel mir wieder die Schauspielschule Ruth von Zerboni ein, die Georg Maier erwähnt hatte. Ich suchte die Nummer aus dem Telefonbuch, rief an, und siehe da: Sie luden mich gleich zu einem Vorsprechen ein, das idealerweise bereits für die Woche, in der ich anrief, angesetzt war.

Wow! Der erste Schritt war getan. Ich hatte ein Vorsprechen!!! Das Problem war nur: Was um Himmels willen sollte ich vorsprechen? Der Termin war in drei Tagen. Das hätte gereicht, um ein Rilke-Gedicht einzustudieren und beim Achtzigsten der Oma nett vorzutragen. Aber drei Tage, um einen Monolog der Desdemona einzustudieren oder der Maria Stuart? Und gab es davon überhaupt eine bayerische Version? Nicht, dass ich wüsste.

Was tun? Egal, ich war so euphorisiert, dass ich beschloss, einfach hinzugehen und dem Gremium auf der hell erleuchteten Bühne der Schule die Karten auf den Tisch zu legen: »Hören Sie, ich weiß, des klingt jetzt vielleicht ein bissl blöd, wenn ich Ihnen jetzt sagen muss, dass ich nix einstudiert hab', weil die Zeit einfach nicht gereicht hätte, um es ordentlich zu tun (und akzentfrei Hochdeutsch) zu lernen, aber ich weiß, ich bin für diesen Beruf bestens geeignet!«

Schweigen im dunklen Raum unterhalb der Bühne.

Die warme Stimme der Schulleiterin, Frau Behrmann von Zerboni, fragte: »Wie? Sie haben … nichts einstudiert?«

Unruhiges Stühlerücken beim Rest des Auditoriums. Ich

merkte, ich war dabei, die Chance meines Lebens zu verspielen.

»Ich weiß, Frau Behrmann von äh Dings, das mag jetzt für Sie ein bissl ungewöhnlich klingen …«

»Das tut es in der Tat.«

»… aber ich könnt' Ihnen spontan etwas vorspielen.«

»Spontan? Etwas vorspielen?«

Räuspern und undefinierbares Gemurmel im Zuschauerraum.

»Ja.«

»Und an was konkret hätten Sie dabei gedacht, Frau Gruber?«

»Ich arbeitete für einen holländischen Chef, der mich an Gordon Gekko aus *Wall Street* erinnert, und wir kommunizieren den ganzen Tag über in einem Mischmasch aus Deutsch, Englisch, Holländisch und Bayerisch … und Französisch, wenn Kollegen vorbeischauen! Es ist chaotisch und für Außenstehende wahrscheinlich komisch, denn mein Chef ist sehr dominant und ehrgeizig, das heißt, er kauderwelscht mir seine Befehle entgegen, ich führe sie aus, und wenn einer der Befehle sich als weniger intelligente Idee herausstellt, entschuldige ich mich bei ihm dafür, und so kommen wir wunderbar miteinander aus.«

»Aha. Dann zeigen Sie uns das. Bitte.«

Und ich schwöre bei Gott, dass ich keinen einzigen Satz mehr nacherzählen könnte, den ich damals auf der Bühne von mir gegeben habe. Aber ich werde nie das Gefühl vergessen, das ich empfand, als die Ersten unten im Zuschauerraum anfingen zu lachen. Ich weiß auch gar nicht mehr, wie lange ich spielte. Ob es zwei, fünf oder zehn Minuten waren. Irgendwann sagte Frau Behrmann von Zerboni: »Danke, Frau Gruber, das reicht. Gehen Sie bitte kurz raus, und warten Sie auf uns.«

In dem Moment dachte ich: »Das war's. Du blöde Kuh, hast grad deine vielleicht einzige Chance verpasst, Schauspielerin zu werden. Scheißescheißescheiße, verdammte Scheiße!«

Ich hockte auf dem grauen verschlissenen Sofa in einem kalten Flur – es war Januar. Und ich wartete. Ich weiß nicht, wie lange. Plötzlich öffnete sich die Tür vom Bühnenraum, und eine der älteren Schülerinnen, ein blondes Mädchen namens Ronny Weise, kam zu mir und bat mich mit einem Lächeln wieder hinein. War's das?
Frau Behrmann von Zerboni bat mich, am Bühnenrand Platz zu nehmen, und begann: »Frau Gruber ...«
(Scheißescheißescheiße – das war's!)
»... Sie haben eine sehr niedrige Hemmschwelle ...«
(Ist das gut oder schlecht?)
»... das ist für unseren Beruf gut. Außerdem haben Sie schauspielerisches Talent ...«
(Sag ich doch.)
»... und auch wenn einige unserer Lehrerschaft Zweifel haben ...«
(Scheiße!)
»... würde ich Sie gerne an unserer Schule aufnehmen ...«
(WAHNSINN!!! YEAH!)
»... aber ...«
(O Gott, jetzt kommt's!)
»... haben Sie sich schon mal überlegt, ob Sie nicht Kabarett machen möchten?«
»Kabarett? Äh, nein, Frau Behrmann. Ich möchte eigentlich Schauspielerin werden.«
»Sie sollten aber das Thema Kabarett im Hinterkopf behalten. Und deshalb hätte ich gerne, dass Sie uns nach jedem Trimester neben den einstudierten Rollen auch jedes Mal etwas von Ihnen selbst Geschriebenes vorspielen. Fünf bis zehn Minuten. In Ordnung?«
»In Ordnung.«

Ich weiß nicht mehr, ob ich Hände schüttelte und mich bei allen im Gremium bedankte oder einfach nur verabschiedete. Ich war wie in Trance. Ich war eine Schauspielschülerin. Also, noch nicht ganz, aber ganz bald.

Was würden meine Freundinnen sagen, die alle nicht einmal von dem Vorsprechen wussten? Alle bis auf Kim, meine ehemalige Arbeitskollegin und Freundin, die mir ständig in den Ohren lag, ich solle doch den Absprung schaffen, bevor es zu spät sei.

Was würden meine Brüder sagen? (»Spinnst jetzt?«) Und meine Eltern? Wahrscheinlich erst einmal gar nichts. Bis sie sich von dem ersten Schock erholt hätten. Und der Schock war tatsächlich groß: Wir saßen bei meinen Eltern im Wohnzimmer und schauten fern, als ich eine Werbepause dazu benutzte, ihnen zu erklären, dass ich meine Stellung gekündigt, einen Platz bei einer privaten Schauspielschule ergattert hatte und die nächsten zweieinhalb Jahre vom Kellnern leben würde, um die Schule, meine Wohnung und die Krankenversicherung weiterhin finanzieren zu können. Laut ausgesprochen klang es nun auch für mich wenig nach Erfolgsstory, sondern eher nach dem gescheiterten Lebensentwurf eines grenzdebilen Träumers. Oder nach einem mittleren Desaster. Denn wenn ich an das Gesicht meiner Mutter denke, dann erinnere ich mich noch heute an diese Mischung aus Ungläubigkeit, Enttäuschung und Panik in ihren Augen. Die Reaktion wäre wohl dieselbe gewesen, wenn ich ihr gestanden hätte, dass ich meine Eigentumswohnung, meine Lebensversicherung und mein Auto verzockt und deshalb beschlossen hatte, ab morgen auf den Strich zu gehen, nebenbei noch für einen Kerl namens Miro mit Drogen zu dealen und mit ihm in einem schäbigen Wohnwagen irgendwo neben der Autobahn in Ramersdorf zu hausen. Ich glaube, sie fing, drei Sekunden nachdem ich die Bombe hatte platzen lassen, zu weinen an. Und hörte längere Zeit nicht mehr auf.

Mein Vater starrte mich fassungslos an und sagte nur: »Spinnst jetzt?«

»Naa, Babba, aber ich muss des probieren!«

»Ja, aber – warum?«

»Weil ... weil des schon immer mein Lebenstraum war!«

»Ja aber, Schauspieler?! Davon kann man doch ned leben?«

»Mei, des weißt du doch ned.«
»Aber du?«
»Des werden mir dann scho sehen! Des muss ma ausprobieren.«
»Die ham doch da ned auf dich gwart'!«
»Doch, Babba, die ham auf mich gwart', weil so was wie mich ham die noch nie gsehen!«
Kurzes Innehalten meines Vaters mit ungläubigem Blick auf meine Mutter, dann: »Unser Dirndl spinnt. Die spinnt!«
Das dachten sie wohl auch noch die nächsten Jahre, als ich bis zu sechs Tage die Woche abends und immer sonntagmittags kellnerte und fast gar nicht mehr nach Hause kam, weil ich entweder in der Schule oder beim Arbeiten.
Und ich erzählte auch nicht alles, was ich in der Schule so erlebte: Wir hatten eine geniale, aber sehr strenge Sprechlehrerin, Astrid von Jenny. Als ich ihr zum ersten Mal einen Absatz aus irgendeinem beliebigen Text vorlesen sollte, damit sie meine Stimme beurteilen konnte, war ihr Urteil ernüchternd bis vernichtend: »Mein Gott, eine Stimme wie ein Reibeisen. Und ob wir das rollende R rausbekommen, in Ihrem Alter, tja, das wird schwer bis nahezu unmöglich.« Ich war geschockt. Aber fleißig. Ich übte und übte. Atemübungen, Satzfragmente, die es immer und immer wieder zu wiederholen galt, bis man die richtige Technik halbwegs draufhatte. Frau von Jenny war, wie gesagt, sehr streng, aber Fleiß und Disziplin imponierten ihr und wurden belohnt. Und nach einem Jahr glaubte ich zu spüren, dass sie mich sogar mochte.
Sie übte oft auf sehr, na ja, unkonventionelle Art mit uns: »Sie müssen die Worte ausscheiden. Also, stellen Sie sich hin, und sprechen Sie mir nach … locker lassen … den Bauch, den Schließmuskel … ganz locker lassen! Und sprechen Sie mir nach: ›Pissen, Furzen, Scheißen.‹ Und noch mal von vorn … Und locker lassen! Und spüren Sie schon was?«
(»Ja. Ich muss aufs Klo!«)
Wie hätte ich so etwas meiner Mutter erklären sollen, wenn sie mich gefragt hätte: »Und? Was habts 'n Schönes gelernt?«

»Äh, ja, Mama, mir ham atmen gelernt.«

»Atmen? Warum, hast des noch ned können? Tsssss.«

»Äh, doch, aber wie man beim Sprechen atmet, also, locker lässt, den …, äh, Mama, des lässt sich ganz schwer beschreiben.«

Die Skepis meiner Eltern gegenüber meinem neuen »Beruf« verbesserte sich etwas, als ich bei der Iberl-Bühne anfing, denn nachdem ich circa ein halbes Jahr auf der Schauspielschule war, bekam die Schulleitung einen Anruf von Georg Maier, der meinte: »Is' bei euch an der Schule a so a Freche aus Erding, a große Blonde? Mir is' nämlich grad eine Schauspielerin ausgefallen, und da is' mir die wieder in den Sinn kommen.«

Also fuhr ich nochmals zur Iberl-Bühne, die nur zehn Minuten von der Schauspielschule entfernt war, sprach vor und wurde mit einem Textbuch von Georg Maier wieder heimgeschickt. Zum Lernen. Die Schulleitung erlaubte mir, nebenbei dort zu spielen, denn Frau Behrmann war es lieber, ich verbrachte Zeit im berufsnahen Bereich als im Nachtleben.

Auf den Brettern der Iberl-Bühne habe ich auch zum ersten Mal eine selbst geschriebene »Stand-up«-Nummer vor Nicht-Schauspielschülern und -lehrern aufgeführt, und zwar beim sechzigsten Geburtstag von Georg Maier. Ich hätte gern den Text der Laudatio an dieser Stelle abgedruckt, aber leider scheint sie wohl in den Untiefen meines Schreibtisches oder in irgendeinem virtuellen Mülleimer verschollen zu sein. Jedenfalls kam die Laudatio offensichtlich so gut an, dass mich anschließend ein Regisseur des Bayerischen Fernsehens ansprach und mich fragte, ob ich mir denn nicht vorstellen könne, etwas in dieser Art auch fürs Fernsehen zu machen: Ich könne mir eine Figur ausdenken, die in jeweils drei bis fünf Minuten ihren satirischen Blick auf ein bestimmtes Thema meiner Wahl dem Fernsehpublikum zum Besten gibt. Natürlich konnte ich mir das vorstellen, und ich wusste auch sofort, wie diese Figur heißen würde, nämlich »Kellnerin Monique«, also genau so wie ich selber in meinem Paralleldasein als Bedienung. Diese Figur gab mir die Möglichkeit, über alles zu reden, was das

Leben hergibt: verzogene Kinder, Feiertage, das ewige Mann-Frau-Thema, Politik, einfach alles. Einer meiner ersten von vielen Drehtagen, die ich fürs Fernsehen zusammen mit dem Regisseur Helmut Milz hatte, der inzwischen ein enger Freund ist, war bei gefühlten zwanzig Grad unter null an einem Sonntagmorgen um halb acht vor der Iberl-Bühne. Und ausgerechnet an diesem wichtigen Tag hatte ich auch noch verschlafen, sodass das kleine, aber völlig durchgefrorene Team um Helmut vor den Türen des Iberls warten musste, bis ich schließlich mit halbstündiger Verspätung angewackelt kam, denn ich hatte als Einzige einen Schlüssel. Einen der drei Texte, die ich damals mit blauen Lippen in die Kamera sprach, habe ich noch finden können:

Kellnerin Monique:
»Es weihnachtet sehr ...«

(Es ist ein kalter, trüber Nachmittag
in der Vorweihnachtszeit. Monique
steht in dicker Jacke, aber mit ihrer
Kellnerschürze vor dem Lokal und
macht eine Zigarettenpause ...)

Is des ned ein Wahnsinn: Jetzt hamma bald schon wieder Weihnachten! Ich nenn's immer das »Fest der 3 großen Ks«, weil da für jeden was dabei is': Kerzenschein-Romantiker, Konsumjunkies und Katastrophenfreaks! Es fängt alles relativ harmlos damit an, dass einem irgendwann, wenn man die ersten Lebkuchen und Schokonikoläuse im Supermarkt sieht (also so ungefähr Ende August ...) der vage Gedanke durch die sonnenverkohlten Gehirnzellen wabert, dass irgendwann gegen Ende des Jahres wieder dieses »Fest der Liebe« auf einen lauert. Und im gleichen Moment nimmt man sich vor, dass man heuer ausnahmsweise die Geschenke rechtzeitig kauft, und es passiert das, was jedes Jahr passiert: nämlich NIX! ... Mit dem Ergebnis, dass man ein paar Tage vor Weihnachten geschenketechnisch noch überhaupt's keinen Peil hat. Logisch! Weil man ja die letzten Wochen vollauf damit beschäftigt war, sämtliche Weihnachtsfeiern von der Mutter-Kind-Gruppe bis zum Kegelverein abzuklappern.

(ironisch) Mei, wie's halt so is'… in der »staaden Zeit«! Unsereins is' natürlich happy, weil da Umsatz stimmt und 's Trinkgeld auch, und der Durchschnittsarbeitnehmer is' aa happy, weil er sich auf Firmenkosten so richtig schön vollaufen lassen kann …

Und mit dem ganzen Gefeiere merkst gar ned, dass plötzlich der D-Day vor der Tür steht: Heiligabend! Panik macht sich breit, die Nerven liegen blank. Da braucht's dann schon einen minutiös ausgeklügelten Schlachtplan, damit man den Überblick nicht verliert und der Familienfrieden gewahrt wird:

So gegen sieben Uhr morgens beginnt **Phase 1:** Lebensmittelhamsterkäufe, die in dem Maß auszuführen sind, dass sie selbst dem Einbruch des 3. Weltkriegs bzw. einer Invasion der Russen standhalten würden … das volle Programm quasi: Bäcker, Metzger, Super- und Getränkemarkt, wahlweise auch Feinkost- oder Weinhändler.

Phase 2: Sicherung eines adäquaten, den häuslichen Gegebenheiten angemessenen Weihnachtsbaumes, wobei ois erlaubt ist – vom Plastikbaam bis zur geklauten Freilandtanne.

Phase 3 des »X-mas survival plans«: der Sturm auf örtliche Parfümerien und Juweliergeschäfte. Ziel: der alljährliche, unkontrollierte Last-minute-Erwerb von Verlegenheitsgeschenken für die Menschen, die einem am nächsten stehen, unter völliger Außer-Acht-Lassung des individuellen Geschmacks der zu Beschenkenden. Nach dem Motto: Her mit dem Glump, wurscht, was es kostet, Hauptsache, es macht wos her, weil was drin ist, wird eh nach Weihnachten wieder umtauscht!

Auf diese kritische Phase folgt **Phase 4:** Schmücken des Weihnachtsbaumes aus Phase 2, wobei es durchaus zu empfehlen is', dass man sich hierbei mithilfe von Glühwein oder Punsch promillemäßig schon amal an kleinen Vorsprung verschafft.

Phase 5 ist dann der übliche Schmarrn: festtägliche Raubtierfütterung gefolgt von der alljährlichen Geschenkorgie. Da muss dann ein jeder a bisserl gute Miene zum bösen Spiel machen: Die Kinder zum Beispiel, weil d'Mama unbedingt will, dass sie auf ihrem alten Akkordeon a paar Weihnachtslieder spielen, weil's gar so schee is … Und da Papa, weil er sich – wie jedes Jahr – furchtbar freuen muss, dass er wieder so a schön's Aftershave kriegt hat, dass er's gleich gar nicht auspackelt.

Aber nach dem ganzen Bescherungskrampf kommt der beste Teil des Abends: die Christmette! Des vorher war alles nur's Pflichtprogramm, aber der Besuch der Christmette is' die Kür! Wos, Sie gehen seit Jahren nicht mehr hin?? Ja, weil Sie nicht mehr up to date san und einfach des Beste verpassen: das Schaulaufen der teuersten und exklusivsten Weihnachtsgeschenke präsentiert am lebenden Objekt. Da flaniert dann bei Weihrauchgeruch in sanftem Kerzenlicht die lokale Damenwelt mit Pelzmänteln, Schmuck und exklusiven Lederwaren an einem vorbei und offenbart, wer den Göttergatten mit der meisten Kohle beziehungsweise mit dem schlechtesten Gewissen hat. Wichtig ist dabei, dass man mindestens eine halbe Stunde vor Beginn des Gottesdienstes da sein muss, weilst dann noch an Logenplatz am Laufsteg kriegst, wo dann alle Weiber wie wandelnde Christbäume an dir vorbeischweben ... beschwingt vom Schampus und vom Wert ihrer teuren Geschenke. Wennst dann nach circa einer Stund' wach wirst und der Chor zum Abschluss »Stille Nacht, heilige Nacht« singt und du eingehüllt von Duft der Kerzen und deines neuen Parfüms im Kirchenstuhl sitzt, dann weißt wieder: Des war heuer wieder amal das schönste Weihnachtsfest aller Zeiten!

In diesem Sinne, Herrschaften: Merry Christmas ... wie der Bayer sagt. Und ... Ciao-ciao, bussi, servus!

Dieser Gruß zum Schluss war nach einigen Sendungen irgendwie zu meinem Markenzeichen geworden, sodass sogar Verkäuferinnen in der Metzgerei mich mit »Ciao-ciao, Bussi, Servus« verabschiedeten. Wir produzierten unzählige dieser »Kellnerin Monique«-Sketche, und irgendwann fragte mich Helmut, ob ich nicht Mitglied der Fernsehsendung »Die Komiker« werden möchte, denn der damaligen Truppe um Günter Grünwald, Andreas Giebel, Michael Altinger und Eva Mähl sei grad eine Kollegin abgesprungen und sie hätten bei der zu besetzenden Position an mich gedacht. Und da war ich nun umringt von Kollegen, die ich bisher nur selbst am Bildschirm bewundert hatte. Ich weiß noch, dass ich vor dem ersten Kennenlernen etwas Panik hatte, sie könnten mich nicht für gut genug halten. Aber nach dem anfänglichen Beschnuppern freundeten wir uns ziemlich schnell an, und die Außendrehs, die wir über die Jahre gemeinsam immer in Helmuts alter Heimat Kempten hatten, gehören zu den schönsten, lustigsten und familiärsten Drehtagen, die ich erleben durfte.

Das Basislager dieser Drehtage war immer das Haus von Helmuts Schwester Petra, die uns zusammen mit Mann, Kindern und Mama so herzlich umsorgte, bekochte und verwöhnte, dass uns die Abreise jedes Jahr schwerfiel, auch wenn die Drehtage immer recht lang und anstrengend waren. Wir arbeiteten mit dem kleinstmöglichen Aufwand und einem minimalen Team: Wir schrieben alle Sketche selbst, Helmut inszenierte und machte Kamera, wir hatten einen Kollegen für Licht und einen für Ton am Set, Helmuts Assistentin Tanja war gleichzeitig für Script und Continuity zuständig, und die unersetzliche Mel(anie) Graf, ein original Allgäuer Gewächs und inzwischen fester Bestandteil des Grünwald-Freitagscomedy-Teams, war Mädchen für alles: Setaufnahmeleiterin, Kameraassi, Location Scout und Fahrerin. In Petras Keller war der Kostümfundus und ein langer Tisch für die beiden Maskenbildner eingerichtet, im Erdgeschoss war der Mittelpunkt fürs Catering, denn Petra kochte jeden Tag für die äußerst verfressene Crew, und der Rest des Hauses – Schlaf- und Kinderzimmer inklusive – musste uns teilweise als Set zur Verfügung stehen.

Wir vom Team wohnten in einem Familienhotel eine Minute von Petras Haus entfernt, aber trotzdem hingen wir auch in jeder freien Minute bei ihr in Küche, Wohnzimmer und Garten herum, weil wir uns dort so wohl fühlten. Wir belagerten das Haus regelrecht über eine Woche lang, doch was für jede andere Familie der fleischgewordene Horror gewesen wäre, war für Petra und ihren Mann Armin kein Problem. Im Gegenteil: Wie immer hatte eines der Mädel ihre Tage? Petra stand mit Buscopan, einem heißen Tee und tröstenden Worten zur Seite. Irgendwer im Team war gerade frisch verliebt oder frisch getrennt oder stand gerade vor der Trennung? Kein Thema: Petra und Armin plünderten den privaten Weinkeller, hörten sich geduldig alle noch so unwichtigen Details an, gaben Ratschläge, trockneten Tränen und hatten nichts dagegen, dass man abends stundenlang das häusliche Festnetz blockierte, denn Handys waren damals noch die Ausnahme. Am nächsten Morgen stellte immer irgendwer fest, dass eines von den fünf Gläsern Rotwein schlecht gewesen sein musste? Egal: Petra hatte immer so viel Aspirin in ihrer Küche, dass sie selbst Charlie Sheen bis an sein Lebensende damit hätte versorgen können. Es stand ein Drehtag in sommerlicher Gluthitze bevor? Keine Panik: Petra reichte bereits zum morgendlichen Cappuccino Sonnencreme mit Lichtschutzfaktor 50. Irgendetwas am Set musste in letzter Minute noch geklebt, gedübelt oder geschraubt werden? Kein Problem: Armins Werkstatt gab alles her, sodass er eigentlich den Titel »Bob, der Baumeister« verdient hätte.

Einmal durfte sogar Petras jüngste Tochter Carolin in einem Sketch in einer Sprechrolle mitspielen und bekam natürlich eine offizielle Gage für ihren Auftritt. Ich glaube, es waren damals fünfzig Mark, und Carolin war ganz stolz auf ihr erstes selbst verdientes Geld. Und sie erzählte ihrer Schwester Isabell davon, während sie beide unter den Schminktischen im Keller saßen, wo Eva und ich gerade als Nutte, Rotkäppchen oder böse Nachbarin gestylt wurden, so genau weiß ich es nicht mehr. Aber ich weiß noch sehr genau, wie wir plötzlich Isabell zur kleinen Carolin sagen hörten: »Du, fünfzig Mark, das ist nicht schlecht, aber wenn du mich deine Agentin sein lässt, dann hol ich mehr für dich raus!«

Tja, drei Tage im Ellerschen Einfamilienhaus und das oberflächliche Filmgeschäft hatte bereits deutliche Spuren hinterlassen.

Als wir wieder zurück in München waren, fragte mich Günter Grünwald während eines Studiodrehs, warum ich denn kein eigenes Soloprogramm schreiben würde. Ich antwortete ihm: »Ich weiß doch gar nicht, ob ich das kann.«

Er meinte nur: »Aber wieso nicht, du schreibst ja jetzt auch schon dein eigenes Zeug.«

Ich dachte noch: Da hat er eigentlich recht. Aber ein ganzes Programm? Allein vor Publikum? »Wer sollte da kommen?«, fragte ich ihn.

»Ich komme«, antwortete er. »Ich komme, sitze in der ersten Reihe, und ich verspreche, ich werde auch lachen.«

Und so kam es. Ich fing an zu schreiben, und noch bevor ich mein Programm fertig hatte, fragte ich Georg Maier, ob er mir den Iberl-Saal an einem spielfreien Tag für meine Premiere zur Verfügung stellen würde. Würde er. Also lud ich Freunde, Bekannte, Familie und Kollegen ein. Und alle kamen. Und in der ersten Reihe saßen Günter Grünwald, Eva Mähl und Helmut Milz, der Mann, dem ich meinen ersten Drehtag im Fernsehen verdanke und der seitdem alle meine Solo-Programme fürs Bayerische Fernsehen aufgezeichnet hat.

Was für ein wunderbarer, anstrengender, launischer, hochemotionaler, verrückter Beruf das doch ist. Und wie dankbar ich bin, dass ich ausüben darf.

Sobald mein Bekanntheitsgrad den Erdinger Landkreis überstieg, stellte sich bei meinen Mitmenschen ein fast skurriles Interesse an meiner Person ein. Eine Tatsache, die mich bis heute immer wieder erstaunt, zumal mein Privatleben mir selber stets als relativ spießig, um nicht zu sagen langweilig vorkam. Oder wie es mein geschätzter Kollege und Freund, Günter Grünwald, einmal formuliert hat: »Mein Privatleben ist so fad, das lappt schon leicht ins Öde hinein.« Dito, lieber Günter.

Daher musste ich über folgende Top 5 der »heißesten« und gleichzeitig auch dümmsten Gerüchte um meine Person sehr lachen:

♦ *Ich habe mir die Nase operieren lassen.*
Ich bitte Sie! Wenn ich mir die Nase hätte machen lassen und die würde so aussehen, wie sie jetzt aussieht, hätten Sie alle sicherlich über den Prozess, den ich gegen den Schönheitschirurgen geführt hätte, in der Zeitung gelesen. Zumal ich ihn sicherlich auch noch gewonnen hätte. Es sei denn, ich hätte als Nasenwunsch »Cyrano de Bergerac« angegeben.

♦ *Ich habe mir den Busen machen lassen.*
Siehe Punkt 1, falls ich eine Brustvergrößerung angestrebt hätte. Falls ich allerdings eine Brustverkleinerung gehabt hätte, wäre diese durchaus gelungen, aber es hätte sich ja dabei um eine Verkleinerung von Normalgröße auf Mäusefäustchen gehandelt, was im besten Fall absurd klingt. Sie können sicher sein, dass ich im Zweifel mein Geld eher für Klamotten und Schuhe als für Schönheits-OPs ausgebe.
♦ *Monika Gruber ist mein Künstlername und in Wahrheit heiße ich Petra Braun.*
Da fehlen sogar mir die Worte. Aber wenn ich mir schon einen Künstlernamen ausdenken würde, dann wohl kaum »Monika Gruber«, sondern etwas in der Liga einer »Véronique de Castelbajac« oder »Gloria Star«. Andererseits, wer möchte schon heißen wie der Star in einem Travestie-Club, wenn er oder sie gar kein Tranvestit ist?
♦ *Ich habe ein Kind, das allerdings nicht bei mir aufwächst sondern bei meiner Mutter.*
Dieses herrliche Gerücht hat eine ehemalige Mitschülerin von mir, Steffi Eibl, im Café Krönauer in Erding in der Schlange vor der Kuchentheke vernommen. Sie hörte mit, wie eine ältere, sehr gschaftige Dame zu ihrer Freundin sagte: »Die Gruber, die hat fei ein Kind, aber weil sie keine Zeit hat, wächst des Butzerl bei ihrer Mutter auf.«
Meine Freundin Steffi wollte loyalerweise für mich Partei ergreifen und mischte sich beherzt in die Diskussion mit ein: »Entschuldigung, aber ich kenne die Monika Gruber persönlich, und wenn sie ein Kind hätte, dann wüsste ich das.«
Kurzes Zögern der älteren Dame, die dann im Brustton tiefster Überzeugung meinte: »Doch, doch, die hat ein Kind, das weiß ich sicher ... aus erster Hand!«
Aha! Ja, aber wieso weiß sie dann nicht, dass ich das Kind nicht zu meiner Mutter abgeschoben, sondern verkauft habe? An ein kinderloses russisches Oligarchenehepaar? Dafür gehören mir jetzt zehn Paar Prada-Schuhe, fünf Chanel-Handtaschen, eine goldene Rolex und zweitausend

Hektar Land am Baikalsee. Als Altersversorgung quasi. Ja, denn schließlich nennt man Irkutsk doch das Ibiza Sibiriens. Oder bin ich da vielleicht einem Irrtum aufgesessen?

♦ *Ich möchte das soeben von mir fertiggestellte Haus verkaufen, weil ich mich von den Bewohnern des Seniorenheims nebenan gestört fühle.*

Wie sollte mich der Lärm der anfahrenden Krankenwagen und Bestattungsdienste stören, wo ich doch *nie* zu Hause bin. Ich bin entweder auf der Bühne oder in meiner Ferienvilla in Irkutsk (siehe oben). Gut, der Anblick der zahlreichen Rollatoren ist kein angenehmer, wo er einen doch mit dem eigenen bevorstehenden Verfall konfrontiert. Aber wozu hat man schließlich Jalousien? Außerdem ist mein Büro im Keller meines Hauses – ich nenne es scherzhaft auch mein »Spaßbergwerk« – und darüber hinaus komplett schallisoliert und stockdunkel, sodass sich Unangenehmes kinderleicht ausblenden lässt. Davon abgesehen, habe ich doch meinen Bauplatz extra gegenüber einem Seniorenheim gewählt, damit ich auch im Pflegefall in meinem Haus wohnen bleiben kann, während das Pflegepersonal einfach über eine Rampe lebenswichtige Güter wie Schinken-Käse-Toasts, Prosecco, Nougatschokolade, Lipgloss und einmal wöchentlich die *BUNTE* sowie einmal monatlich die *InStyle* liefern kann. Ich habe extra zusammen mit meinen Nachbarn einen Fahnenmast installieren lassen, damit das Küchenpersonal des Seniorenheims anhand der Farbe der Fahne erkennen kann, nach welchen Speisen uns heute gelüstet: Rot steht für Fleisch, Blau für Fisch, Grün für den *Veggie Day* und Gelb für Champagner ohne Ende. Man nennt so etwas betreutes Wohnen für freilaufende Senioren. Ja, auch verlotterte Komiker denken an die Zukunft.

Ganz zum Schluss ...

... möchte ich noch loswerden, dass ich wenig darüber sagen kann, was als Nächstes kommen wird in meinen Leben (außer, dass ich jetzt gleich mein Spaßbergwerk verlassen und zu meinen ehemaligen Chefs Andy und Heinz fahren werde, um mir in ihrem neuen Restaurant eine warme Mahlzeit zu besorgen und Heinz mit Sonderwünschen zu quälen: »Ist die Soße auch wirklich glutenfrei?«). Ansonsten habe ich beschlossen, diese ewige Plänemacherei sein zu lassen, denn wie heißt es so schön: »Wenn der Mensch Pläne macht, lacht Gott im Himmel.«

Es wäre zwar wunderbar, noch ein paar schöne Filmrollen spielen zu dürfen, zum Beispiel interessante, spannende Frauenrollen, die nicht unbedingt lustig sein müssen. Es wäre natürlich traumhaft, selber ein Drehbuch zu schreiben, es vielleicht sogar selber produzieren zu dürfen und irgendwann einmal selbst Regie führen zu können. Und ich fände es unglaublich beruhigend zu wissen, dass ich noch ein paar Bühnenprogramme schreiben können werde, die vielleicht sogar der ein oder andere von Ihnen sehen möchte.

Ich werde all das angehen und probieren, werde arbeiten, noch mehr träumen, manches planen, hoffentlich sehr viel lachen und mich nur ganz wenig ärgern. Aber vielleicht kommt ja alles ganz anders: Vielleicht werde ich eines Tages über den Münchner Viktualienmarkt spazieren, mir eine kühle Radlerhalbe im dortigen Biergarten genehmigen, zum Alten Peter hochschauen und mir denken: »Jetzt mach' ich amal ganz was anderes ... irgendwas, was ich überhaupt noch nie gmacht hab'!« Und dann eröffne ich ein veganes Hängemattenstudio. Oder eine laktosefreie Prosecco-Bar. Oder einen Swingerclub, in dem sich alle Gäste als Märchenfiguren verkleiden müssen. Oder ein Kino, das nur meine Lieblingsfilme zeigt – mitten in einer sauren Wiese in Tittenkofen. Oder ich eröffne einen Stand auf dem Viktualienmarkt, der nur »Schuxn« und »Auszogene« nach dem Rezept meiner Mutter verkauft, und ich werde alle männlichen Kunden mit »Vati« (die Älteren) oder »Schatzi« (die Jüngeren) anreden. Vielleicht miete ich mir auch ein kleines Büro an, in dem ich ausschließlich Liebesbriefe für andere Menschen schreibe und jedem, der an meinem Schaufenster vorbeigeht und grantig schaut, eine schöne Rose durch eine kleine gläserne Luke reiche. Oder ich werde Innendekorateurin beim Papst? Modeberaterin der Kanzlerin? Weinkönigin? Champagnerkaiserin? Schuhgräfin? Oder ich werde eine schrullige Alte, die immer alle Farben des Regenbogens gleichzeitig anzieht und einen weißen Dutt trägt, der wie ein zerfetztes Vogelnest aussieht. Dann schiebe ich mit einem Einkaufswagen durch die Stadt, rede dabei laut mit meinem schwarzen Pudel namens Franz Josef und erzähle allen Passanten, die mich länger als eine halbe Sekunde anstarren, dass ich mal ein bisschen berühmt war. Oder es kommt alles ganz anders.

In jedem Fall habe ich mir vorgenommen, den Spruch einer offensichtlich sehr weisen und berühmten Dame zu beherzigen, die so berühmt war, dass mir der Name entfallen ist, die aber einen wunderbaren Satz gesagt hat, wie ich finde: »Wenn ich mein Leben noch einmal ganz vor vorn leben dürfte, dann würde ich mich trauen, mehr Fehler zu machen!«

Wie recht sie doch hat, die Gute! Nicht nur, weil man aus Fehlern lernt, sondern weil man manchmal einfach das tun sollte, worauf man Lust hat, auch wenn man ahnt, dass das Unterfangen vielleicht nicht zu den drei grandiosesten Ideen gehören wird, die man je in diesem Leben hatte, Wurscht! Wer nicht mehr liebt und nicht mehr irrt, der ist tot, meinte Goethe. Oder war es Franz Beckenbauer? Egal, ich werde mich also trauen, weiterhin Fehler zu machen, mich zu irren, manchmal unfassbar faul und dann wieder aberwitzig fleißig zu sein, mich zur richtigen Zeit in die falschen Männer zu verlieben, mich zu blamieren und mit Anlauf in Fettnäpfchen ... ach, was sage ich, in riesige Fettcontainer zu springen.

Klar, lässt man dabei ein paar Federn und bekommt Falten, aber welche Frau braucht schon Federn ...

Oder wie es Uschi Obermaier einmal einer Freundin von mir gegenüber formulierte: »Woaßt, im Leben is' alles eine Frage der Ättitude!« Und als ehemalige Geliebte von Mick Jagger muss sie doch schließlich wissen, wie man Spaß im Leben hat.